Go 프로그래밍 개발 환경에서
의존성 주입 실습

Go 프로그래밍 개발 환경에서 의존성 주입 실습

Go 개발 환경에서 읽기 쉽고,
유지 관리와 테스트가 편리한 클린 코드 작성법

코리 스캇 지음 이준 옮김

에이콘

에이콘출판의 기틀을 마련하신 故 정완재 선생님 (1935-2004)

아내 메이에게,

당신의 도움과 지원 없이는 이 책을 완성하지 못했을 것입니다.

– 코리 스캇

| 지은이 소개 |

코리 스캇 Corey Scott

현재 호주 멜버른에 거주하고 있는 시니어 소프트웨어 엔지니어다. 2000년부터 전문적으로 프로그래밍을 해왔으며, 최근 5년 동안에는 Go 언어를 사용해 대규모 분산 서비스를 구축했다.

때로는 다양한 소프트웨어 관련 주제로 기술 발표와 블로그 활동을 하고 있으며, 높은 품질의 소프트웨어를 디자인하고 구축하는 데 많은 열정을 쏟고 있다. 소프트웨어 엔지니어링 분야는 다듬어지고, 논의되고, 지속적으로 개선돼야 하는 기술 분야라 믿고 있다. 또한 코딩에 대해 실용적이고 신중한 접근 방법을 취하고 있으며 소프트웨어 엔지니어링, 지속적 배포 Continuous Delivery(CD), 테스트 또는 클린 코딩 clean coding에 관해 언제든 토론을 할 준비가 돼 있다.

우선 이 프로젝트에 참여하고, 내용을 검토하고, 프로젝트를 완료할 수 있도록 격려해준 아내 메이 May에게 감사의 말을 전한다.

기술 감수를 맡아준 라이언에게도 감사한다. 라이언의 기술 감수를 통해 얻은 많은 제안을 바탕으로 이 책의 내용이 한층 업그레이드됐다.

또한 이 책의 개요를 검토하고 훌륭한 제안을 해준 창 Chang과 엔지 Ang에게도 감사한다.

마지막으로, 이렇게 좋은 기회를 준 시리람 Shriram과 팩트출판사에 감사의 말을 전한다.

| 기술 감수자 소개 |

라이언 로우 Ryan Law

주변 세계를 이해하면서 시간을 보내는 것을 좋아하는 소프트웨어 엔지니어다. 그랩 Grab의 초창기 엔지니어로, 웹 포털 구축과 Go 언어를 사용한 분산 서비스 디자인, 그랩의 모든 클라우드 인프라 관리 등을 아우르는 폭넓고 다양한 기술을 두루 경험했다.

이 책을 감수할 수 있도록 긴 시간 동안 배려해준 가족과 동료들에게 감사한다. 언제나 그렇듯이, 코리와 함께 책을 출간하는 과정은 너무나도 즐거운 시간이었다.

| 옮긴이 소개 |

이준

경희대학교 컴퓨터공학과를 졸업하고 동 대학원에서 네트워크 분야 석사 학위를 받았다. 졸업 후 네트워크 장비 개발 업체에서 소프트웨어 개발자로 근무하며 경력을 쌓았다. 현재 기아자동차에 재직 중이며, 커넥티드 카 서비스를 위한 클라우드 인프라 및 플랫폼 설계 업무를 담당하고 있다. 주요 역서로는 『개발자를 위한 쿠버네티스』(에이콘, 2019)가 있다.

Go는 2009년 구글이 개발한 프로그래밍 언어로 쉽고 단순한 문법을 특징으로 하며, 개발 용이성 등에 힘입어 최근 IT 분야에서 각광받고 있다. Go 언어는 객체지향에 필요한 대부분의 기본 기능을 제공하므로 객체지향 프로그래밍에 많이 활용되고 있다.

객체지향 프로그래밍을 실무 단계에서 적용할 경우에는 객체 간의 결합도를 낮추는 설계 및 구현을 우선적으로 고려해야 한다. 객체 간의 결합도를 낮추기 위한 가장 대표적인 방법이 바로 의존성 주입이며, 이를 통해 프로그램의 유연성과 확장성을 향상시킬 수 있다.

이 책은 Go 언어를 활용해 객체지향 프로그래밍을 수행할 때 알아야 할 Go 언어의 특징과 다양한 의존성 주입 방법을 예제와 함께 설명하고 있으므로 쉽게 읽을 수 있다.

의존성 주입을 올바르게 이해한 후 재사용성이 높고 수정과 유지 보수가 용이한 코드를 작성하는 데 이 책이 많은 도움이 되길 바란다.

| 차례 |

| 들어가며 |

Go 언어를 사용한 의존성 주입^{Dependency Injection}(DI)에 대한 실습을 다룬다. Go 언어에서도 의존성 주입을 적용하는 여러 가지 방법이 있다는 사실이 다소 충격적으로 다가올 수도 있다. 이 책에서는 상이하고 때로는 상호 보완적인 여섯 가지 옵션을 살펴본다.

많은 소프트웨어 엔지니어링 개념과 마찬가지로, 의존성 주입은 쉽게 오해할 수 있기 때문에 이 책에서 다루는 내용을 통해 이러한 문제를 해결하고자 한다. SOLID 원칙, '코드 속 나쁜 냄새^{code smells}', 테스트로 인한 손상과 관련된 개념을 깊이 연구하고 좀 더 광범위하면서 실용적인 관점을 제공한다.

이 책의 목표는 의존성 주입을 적용하는 방법만 소개하는 것이 아니라 언제, 어디에 사용하고 언제 사용하지 않는지도 함께 알려주는 것이다. 이 책에는 각각의 의존성 주입 기법이 명확하게 정의돼 있다. 의존성 주입 기법의 장점과 단점을 비롯해, 의존성 주입 기법을 적용하는 가장 좋은 시점도 논의한다.

하지만 내가 의존성 주입을 좋아하는 것만큼 이 도구가 모든 작업에 항상 적합하지는 않다. 이 책은 의존성 주입을 적용하는 것이 최선의 선택이 아닐 수 있는 상황을 파악하는 데도 도움이 될 것이다.

각각의 의존성 주입 기법을 소개할 때 잠시 한 걸음 뒤로 물러나서, 다음과 같은 사항을 스스로 한번 고려해볼 것을 권한다. 이 기법을 사용해 해결하려고 하는 문제점은 무엇인가? 이 방법을 적용한 후에 코드는 어떻게 변할 것인가? 이러한 질문에 대한 답을 빨리 얻지 못하더라도 걱정하지 말자. 이 책이 끝날 무렵에는 이러한 질문들에 모두 대답할 수 있을 것이다.

즐거운 코딩을 기원한다!

▌이 책의 대상 독자

코드를 쉽게 읽고, 테스트하고, 유지 관리하길 원하는 개발자를 위한 책이다. 코드의 품질이 특정 기능을 제공하는 것 이상이라고 생각하는 개발자뿐만 아니라 Go 언어를 사용해 더 많은 것을 구현하길 원하는, 객체지향object-oriented에 익숙한 개발자에게 적합하다.

결국 코드를 작성하는 것은 쉽다. 마찬가지로 단일 테스트 케이스를 통과하는 것도 간단하다. 하지만 몇 달 또는 몇 년 후에 부가적인 기능을 추가하고 나서도 테스트를 계속 통과할 수 있는 코드를 작성하는 것은 점점 불가능해지고 있다.

동일한 수준에서 일관되게 코드를 전달하려면 몇 가지 멋진 트릭이 필요하다. 이 책을 통해 여러분이 이러한 트릭을 배울 뿐만 아니라, 트릭을 효과적으로 적용할 수 있는 지혜를 얻게 되길 바란다.

▌이 책에서 다루는 내용

1장. 개선을 멈추지 말라 의존성 주입을 정의하고, 의존성 주입이 Go 언어를 활용한 개발에 중요한 이유를 설명하며, 의존성 주입으로 해결할 수 있는 몇 가지 코드 속 나쁜 냄새를 소개한다.

2장. Go 언어를 위한 SOLID 디자인 원칙 SOLID 소프트웨어 디자인 원칙을 소개하고 Go에서 의존성 주입과 프로그래밍이 어떤 관계인지 살펴본다.

3장. 사용자 경험을 위한 코딩 프로그래밍에서 종종 간과되는 개념인 테스트와 코드의 사용자 경험을 설명한다. 또한 모의mock, 스텁stub, 테스트로 인한 손상, 의존성 그래프 등 이 책에서 전반적으로 사용할 여러 가지 개념을 소개한다.

4장. ACME 등록 서비스 소개 이후 장들에서 실습하게 될 여러 예제의 기초가 되는 소규모 가상 서비스를 소개한다. 서비스의 현재 구현과 관련된 문제를 강조하고 의존성 주입을 적용해 달성하고자 하는 목표를 간략하게 설명한다.

5장. 몽키 패치를 통한 의존성 주입 테스트 과정에서 의존성^{dependency}을 바꿀 수 있는 방법으로 몽키 패치를 살펴본다. 샘플 서비스에 몽키 패치를 적용해 데이터베이스에 대한 의존성으로부터 테스트 코드를 분리하고, 중요한 리팩터링 없이도 서로 다른 계층^{layer}을 분리하도록 한다.

6장. 생성자 주입을 통한 의존성 주입 가장 전통적인 방식의 의존성 주입 기법이라 할 수 있는 생성자 주입을 소개한다. 생성자 주입의 여러 가지 장단점을 살펴보고, 생성자 주입을 성공적으로 적용할 수 있는 방법을 보여준다.

7장. 메서드 주입을 통한 의존성 주입 두 번째로 많이 사용되는 의존성 주입 기법인 메서드 주입을 소개한다. 메서드 주입의 여러 가지 장단점을 살펴보고, 요청 범위 의존성에 메서드를 성공적으로 적용할 수 있는 방법을 보여준다.

8장. 컨피그에 의한 의존성 주입 컨피그 주입^{config injection}을 소개한다. 컨피그 주입은 생성자 및 메서드 주입의 확장 버전이며, 매개변수의 수를 줄임으로써 코드의 사용성을 향상시키는 것을 목적으로 한다.

9장. JIT 의존성 주입 특이한 형태의 또 다른 의존성 주입인 JIT^{Just-In-Time} 주입을 다룬다. JIT 주입은 생성자 또는 메서드에 매개변수를 추가하지 않고도, 분리^{decoupling}와 테스트 용이성^{testability} 같은 의존성 주입의 많은 이점을 제공하는 전략이다.

10장. 오프 더 셸프 주입 마지막 의존성 주입 기법인 프레임워크를 활용한 의존성 주입을 소개한다. 의존성 주입 프레임워크와 관련해 몇 가지 장단점을 살펴본 후, 구글 Go 클라우드의 와이어^{Wire} 프레임워크를 소개하고 샘플 서비스에 적용해본다.

11장. 열정을 억제하라 의존성 주입이 잘못될 수 있는 몇 가지 방법을 살펴본다. 의존성 주입을 적용하는 것이 불필요하거나 의존성이 코드에 악영향을 미치는 여러 가지 예제를 소개한다.

12장. 진행 사항 복습 의존성 주입을 도입한 후의 샘플 서비스 상태를 최초 상태와 비교해본다. 또한 의존성 주입을 통해 새로운 서비스를 시작하는 경우에 취할 수 있는 단계도 설명한다.

▌ 이 책의 활용 방법

이 책에서 다룬 의존성 주입과 그 외의 많은 프로그래밍 개념은 간단하거나 직관적이지 않으며, 이와 관련된 지식을 어느 정도 갖췄다는 가정하에 이 책을 저술했다.

이 책에서는 다음과 같이 가정한다.

- Go 코드를 작성하고 테스트하는 것과 같은 기본적인 수준의 경험을 가정한다.
- Go나 자바^{Java}/스칼라^{Scala} 같은 객체지향 언어를 경험해서 객체/클래스의 개념에 익숙하다고 가정한다.

또한 HTTP 기반 REST API를 작성하고 사용하는 방법을 조금이나마 알고 있다면 도움이 된다. 4장, 'ACME 등록 서비스 소개'에서는 이 책에서 다룰 많은 예제의 기본이 되는 REST 서비스 예제를 소개할 것이다. 이 샘플 서비스를 실행하려면, 개발 환경에 MySQL 데이터베이스 서비스를 설치 및 구성하고 제공된 컨피규레이션^{configuration}을 로컬 환경에 맞게 커스터마이징할 수 있어야 한다. 이 책에서 제공하는 모든 명령은 OSX에서 개발 및 테스트됐으며, 리눅스 또는 유닉스 기반 시스템에서 수정하지 않고도 동작할 수 있어야 한다. 윈도우 기반 개발 환경을 갖춘 개발자라면 실행하기에 앞서 명령에 대한 조정이 필요하다.

▌ 예제 코드 파일 다운로드

이 책에서 사용된 예제 코드는 http://www.packtpub.com/support를 방문해 이메일을 등록하면 파일을 직접 받을 수 있으며, https://github.com/PacktPublishing/

Hands-On-Dependency-Injection-in-Go에서도 예제 코드를 다운로드할 수 있다.

또한 에이콘출판사의 도서정보 페이지인 http://www.acornpub.co.kr/book/dependency-injection-go에서도 동일한 파일을 다운로드할 수 있다.

▎ 편집 규약

이 책에서는 독자의 이해를 돕고자 다루는 정보에 따라 글꼴 스타일을 다르게 적용했다. 이러한 스타일의 예와 의미는 다음과 같다.

텍스트에서 코드 단어는 다음과 같이 표기한다. "실제로 speak() 메서드만이 사용됐다."

코드 블록은 다음과 같이 표기한다.

```
html, body, #map {
    height: 100%;
    margin: 0;
    padding: 0
}
```

코드 블록에서 유의해야 할 부분이 있다면 다음과 같이 굵은 글꼴로 표기한다.

```
[default]
exten => s,1,Dial(Zap/1|30)
exten => s,2,Voicemail(u100)
exten => s,102,Voicemail(b100)
exten => i,1,Voicemail(s0)
```

명령줄 입력이나 출력은 다음과 같이 표기한다.

```
$ mkdir css
$ cd css
```

화면상에 표시되는 메뉴나 버튼은 다음과 같이 표기한다. "Administration 패널에서 System info를 선택한다."

 경고나 중요한 노트는 이와 같이 나타낸다.

 팁과 요령은 이와 같이 나타낸다.

❙ 독자 의견

독자의 의견은 언제든 환영한다.

질문

이 책과 관련해 질문이 있다면 questions@packtpub.com으로 문의하길 바란다. 한국어판에 관한 질문은 에이콘출판사 편집 팀(editor@acornpub.co.kr)이나 옮긴이의 이메일로 문의하길 바란다.

오탈자

내용을 정확하게 전달하고자 최선을 다했지만, 실수가 있을 수 있다. 문장이나 코드에서 문제를 발견하면 우리에게 알려주길 바란다. 오류를 발견하면 https://www.

packtpub.com/support/errata에 접속해 책 제목을 선택하고, 자세한 내용을 입력하면 된다.

저작권 침해

어떤 형태로든 팩트출판사 서적의 불법 복제물을 인터넷에서 발견한다면 적절한 조치를 취할 수 있도록 해당 주소나 사이트명을 알려주길 부탁한다. 의심되는 불법 복제물의 링크는 copyright@packtpub.com으로 보내주길 바란다.

개선을 멈추지 말라

유지 관리하기 쉬운 코드를 원하는가? 테스트하기 쉬운 코드는 어떤가? 확장하기 쉬운 코드를 원하는가? 그렇다면 의존성 주입(DI)은 반드시 필요한 도구다.

1장에서는 DI를 다소 이례적인 방법으로 정의해보고, DI를 필요로 하는 '냄새나는 코드'[1]를 살펴본다. 또한 Go 언어[2]를 간략히 설명하고, 이를 통해 이 책에서 제시하는 아이디어를 이해할 수 있도록 돕는다.

더 나은 코드를 작성하기 위한 여정을 시작할 준비가 됐는가?

1장에서 다루는 주제는 다음과 같다.

---

1   개발자가 이해하거나 유지 보수하기 어려운 코드를 의미한다. – 옮긴이
2   2009년 구글이 개발한 프로그래밍 언어 – 옮긴이

- DI는 왜 중요한가?
- DI란 무엇인가?
- 언제 DI를 적용해야 하는가?
- Go 프로그래머로서 어떻게 하면 개선할 수 있을까?

▌ 기술적 요구 사항

시작하기에 앞서 먼저 Go를 설치해야 한다. Go는 https://golang.org에서 다운로드해 설치하거나 패키지 매니저로 설치할 수 있다.

1장에서 사용하는 모든 코드는 https://github.com/PacktPublishing/Hands-On-Dependency-Injection-in-Go/tree/master/ch01에서 다운로드해 사용할 수 있다.

▌ DI는 왜 중요한가?

전문가로서 끊임없는 학습이 필요하다. 학습은 고객의 요구에 부응하고 지속적인 가치를 제공해줄 수 있는 가장 좋은 방법 중 하나다. 의사, 변호사, 과학자는 모든 사람에게 존경받는 전문가이며, 이들은 모두 끊임없는 학습을 추구한다. 프로그래머는 과연 다르다고 할 수 있는가?

이 책에서는 특정 동작을 수행하는 코드를 작성하고, Go 개발 환경에서 사용 가능한 다양한 종류의 DI 메서드를 선택적으로 적용해 그 코드를 유지 관리, 테스트, 확장이 훨씬 쉬운 코드로 개선해본다.

이 책에서 다루는 모든 내용이 전통적이거나 지나치게 관용적이지는 않지만, 이를 부정하기 전에 시도해볼 것을 권한다. DI 스타일을 선호한다면 코드를 작성할 때 아주 좋은 결과를 얻을 수 있다. 설령 그렇지 않더라도, 최소한 선호하지 않는 스타일을 알게 되는 좋은 계기가 될 것이다.

그렇다면 어떻게 DI를 정의하는가?

DI는 의존 관계에 있는 리소스(함수 또는 구조체)를 추상화하는 코딩 방식이다. 의존성이 추상화됐으므로, 리소스 변경 시에도 해당 리소스를 사용하는 객체 측의 코드는 크게 변경할 필요가 없다. 이러한 특징을 한 단어로 분리decoupling[3]라 한다.

여기서 '추상화'란 단어를 사용하는 것은 다소 오해를 불러일으킬 소지가 있으며, 자바에서 사용하는 추상화 클래스를 의미하지 않는다. Go 언어에는 추상화 클래스가 존재하지 않는다. 하지만 Go에서는 인터페이스interface와 클로저closure라고도 부르는 함수 리터럴function literal을 지원한다.

다음과 같이 인터페이스와 그것을 사용하고 있는 SavePerson() 함수 예제를 살펴보자.

```
// Saver는 전달된 데이터를 저장한다
type Saver interface {
    Save(data []byte) error
}

// SavePerson은 전달된 person 객체에 대한 유효성을 검증하고 해당 객체를 저장한다
func SavePerson(person *Person, saver Saver) error {
    // 입력에 대한 유효성 검증
    err := person.validate()
    if err != nil {
        return err
    }
    // person 객체를 바이트 단위로 인코딩
    bytes,
    err := person.encode()
    if err != nil {
```

---

3 코드상에서 밀접하게 연관돼 있지 않은 관계를 말한다. – 옮긴이

```
        return err
    }
    // person 객체 저장 및 결과값 반환
    return saver.Save(bytes)
}

// Person 데이터 객체
type Person struct {
    Name string
    Phone string
}

// person 객체에 대한 유효성 검사를 수행한다
func(p *Person) validate() error {
    if p.Name == "" {
        return errors.New("name missing")
    }
    if p.Phone == "" {
        return errors.New("phone missing")
    }
    return nil
}

// person 객체를 바이트 단위 데이터로 변환한다
func(p *Person) encode()([]byte, error) {
    return json.Marshal(p)
}
```

앞서 살펴본 예제에서 Saver는 어떤 역할을 수행하는가? Saver는 어딘가에 몇 바이트의 데이터를 저장한다. 어떻게 동작하는가? 어떻게 동작하는지 정확히 알지 못하며 SavePerson 함수가 실행되는 동안에도 내부가 어떻게 구현돼 있는지 알 필요가 없다.

함수 리터럴을 사용하는 또 다른 예제를 살펴보자.

```
// LoadPerson은 ID를 기준으로 요청한 person 객체를 로드한다
// 다음과 같은 경우 에러가 발생한다: 유효하지 않은 ID, person 객체 누락 및 로드 실패
// 또는 디코딩 실패
```

```go
func LoadPerson(ID int, decodePerson func(data []byte) *Person)(*Person,
error) {
    // 입력값에 대한 유효성 검사
    if ID <= 0 {
        return nil, fmt.Errorf("invalid ID '%d' supplied", ID)
    }
    // 스토리지로부터 데이터 로드
    bytes, err := loadPerson(ID)
    if err != nil {
        return nil, err
    }
    // 바이트 디코딩 및 결과값 반환
    return decodePerson(bytes), nil
}
```

위 예제에서 decodePerson은 어떤 역할을 하는가? 전달받은 bytes를 Person 객체로 변환한다. 내부적으로 어떻게 동작하는지 자세히 알 필요는 없다.

이것이 부각시킬 수 있는 DI의 첫 번째 장점이다.

DI는 의존성을 추상적이거나 일반적인 방법으로 표현함으로써 코드의 일부분에 대한 작업을 진행할 때 필요한 지식을 줄여준다.

이제 앞서 살펴본 예제 코드가 네트워크 파일 공유Network File Share(NFS)를 통해 데이터를 저장하는 시스템이라고 가정해보자. 이 코드에 대한 단위 테스트는 어떻게 작성할 것인가? 항상 NFS에 접근하는 것은 매우 어려운 일이다. 이러한 환경에서의 테스트는 '네트워크 연결'과 같이 테스트 항목과 전혀 관련 없는 문제 때문에 실패할 가능성이 높다.

반면에 추상화를 통해 NFS에 저장돼 있는 코드를 가짜 코드fake code로 변경할 수 있다. 이렇게 하면 작성한 코드를 NFS 환경에서 격리시켜 테스트할 수 있다. 테스트를 위해 작성한 코드는 다음과 같다.

```
func TestSavePerson_happyPath(t *testing.T) {
    // 입력
    in := &Person {
        Name: "Sophia",
        Phone: "0123456789",
    }
    // NFS에 대한 모의 코드
    mockNFS := &mockSaver {}
    mockNFS.On("Save", mock.Anything).Return(nil).Once()
    // Save 함수 호출
    resultErr := SavePerson(in, mockNFS)
    // 결과값에 대한 유효성 검사
    assert.NoError(t, resultErr)
    assert.True(t, mockNFS.AssertExpectations(t))
}
```

앞의 예제 코드가 이해되지 않거나 낯설어도 걱정할 필요가 없다. 이 책의 뒷부분에서 모든 파트를 자세히 살펴볼 것이다.

DI의 두 번째 장점은 다음과 같다.

DI는 (DB 접근과 같은) **의존성으로부터 격리시켜 코드를 테스트할 수 있도록 한다.**

이전 예제를 생각해보면, 어떻게 에러 처리 코드를 테스트할 수 있을까? 테스트를 수행할 때마다 외부에서 스크립트를 실행해 NFS를 중지시킬 수 있지만, 이러한 방법은 테스트 시간이 너무 오래 걸리며 NFS에 의존하고 있는 다른 사람들을 불편하게 만든다.

반면에 다음 코드와 같이 항상 실패하는 가짜 Saver를 신속하게 만들어서 코드를 테스트할 수 있다.

```
func TestSavePerson_nfsAlwaysFails(t *testing.T) {
    // 입력
    in := &Person{
        Name:  "Sophia",
```

```
        Phone: "0123456789",
    }
    // NFS에 대한 모의 코드
    mockNFS := &mockSaver{}
    mockNFS.On("Save", mock.Anything).Return(errors.New("save
failed")).Once()
    // Save 함수 호출
    resultErr := SavePerson(in, mockNFS)
    // 결과값에 대한 유효성 검사
    assert.Error(t, resultErr)
    assert.True(t, mockNFS.AssertExpectations(t))
}
```

위의 테스트는 신속하고 예측 가능하고 신뢰할 수 있으며, 테스트에서 원하는 모든 것을 할 수 있다.

이와 같은 특징은 DI의 세 번째 장점을 제공한다.

DI를 통해 어렵거나 불가능한 상황을 구성해서 신속하고 안정적으로 테스트할 수 있다.

DI를 사용하는 본래의 취지를 명심하자. 만약 추후에 NFS 대신 NoSQL 데이터베이스에 데이터를 저장하기로 결정한다면, SavePerson 코드를 변경해야 하는가? 전혀 그렇지 않다. DI의 네 번째 장점을 살려 새로운 Saver에 대한 구현부^{implementation}를 작성하면 된다.

DI는 코드를 확장하거나 변경할 때 영향을 최소화한다.

결국 DI가 만능이라기보다는 코드를 좀 더 쉽게 이해하고 테스트하며 확장 및 재사용에 유용한 도구라는 점이 중요하다. DI는 일반적으로 신입 Go 개발자를 괴롭히는 순환 종속성$^{circular\ dependency}$[4]과 같은 문제를 최소화하는 데 도움이 되는 도구다.

---

4   두 개의 리소스가 상호 참조하는 문제를 말한다. – 옮긴이

▌DI가 필요한 코드 냄새

'망치를 들면 모든 것이 못으로 보인다.'[5]라는 오래된 격언은 프로그래밍을 할 때도 그대로 적용된다. 전문가로서, 직업이 무엇이든 간에 필요한 도구를 더 많이 갖출 수 있도록 끊임없이 노력해야 한다. DI는 프로그래밍 분야에서 매우 유용한 도구(망치)로 활용되고 있지만, 특정 상황(못)에 국한돼 있다. 이 책에서 설명하는 특정 상황(못)은 바로 '코드 냄새'다. 코드 냄새는 코드에서 더 심오한 문제를 일으킬 가능성이 있는 코드의 증상을 의미한다.

코드 냄새에도 다양한 종류가 있다. 이번 절에서는 DI 적용을 통해 코드 냄새를 완화할 수 있는 유형만을 살펴본다. 또한 앞으로 다룰 코드 냄새는 이 책의 이후 장들에서 코드 속 나쁜 냄새를 제거하려고 할 때 참고할 것이다.

코드 냄새는 일반적으로 네 가지 카테고리로 분류된다.

- 코드 팽창 code bloat
- 변경에 대한 저항 resistance to change
- 낭비되는 노력 wasted effort
- 강한 결합 tight coupling

코드 팽창

코드 팽창 냄새는 너무 길어서 읽기 힘든 정도의 코드가 구조체 또는 함수에 추가돼 이해하기 어렵고, 유지 관리와 테스트가 힘들어지는 경우를 의미한다. 이는 오래된 코드에서 자주 발견되며, 의도적인 선택이 아니라 시간이 지남에 따라 점진적으로 쇠퇴하고 유지 보수가 부족해지는 데 따른 결과다.

코드 팽창 냄새는 소스 코드에 대한 정적 분석을 진행하거나 고사이클로 gocyclo (https://

---

5   매슬로의 망치 – 옮긴이

github.com/fzipp/gocyclo)와 같은 순환 복잡도^{cyclomatic complexity6} 검사기를 통해 찾을 수 있다.

코드 팽창 냄새는 다음과 같은 특징을 포함한다.

- **너무 긴 메서드**^{long method}: 코드는 컴퓨터에서 실행되지만, 사람이 읽을 수 있는 프로그래밍 언어로 기술된다. 30줄 이상의 메서드는 더 작은 단위로 쪼개야 한다. 컴퓨터의 입장에서는 아무런 차이가 없지만, 이렇게 하면 사람이 쉽게 이해할 수 있는 코드를 작성할 수 있다.

- **거대한 구조체**^{long struct}: 너무 긴 메서드와 마찬가지로, 구조체가 거대해질수록 이해하기 어렵고 유지 관리가 힘들어진다. 거대한 구조체는 일반적으로 너무 많은 역할을 수행하는 구조체를 의미한다. 하나의 구조체를 여러 개의 작은 구조체로 쪼개는 것이 코드의 재사용성을 높이는 좋은 방법이기도 하다.

- **너무 많은 인수**^{long parameter list}: 너무 많은 인수(또는 매개변수)는 메서드가 실제 해야 할 것보다 더 많은 작업을 수행하고 있음을 의미한다. 새 기능을 추가할 때는 새 사용 사례를 설명하기 위해 기존 함수에 새로운 인수를 추가하는 것이 좋다. 이 새로운 인수는 기존 사용 사례에 선택적이거나(또는 불필요하거나) 메서드의 복잡성을 현저하게 증가시키는 것을 의미한다.

- **너무 긴 조건 블록**^{long conditional block}: 코드에서 switch 문의 잘못된 사용은 놀랄 만하다. 문제는 switch 문의 오남용으로 인해 사용 횟수가 많아진다는 것이다. 그러나 가장 중요한 문제는 코드의 가독성에도 영향을 준다는 것이다. 너무 긴 조건 블록을 사용하면, 많은 공간을 차지하고 함수의 가독성을 저해한다. 다음과 같은 코드를 고려해보자.

```go
func AppendValue(buffer []byte, in interface {}) []byte {
    var value []byte
    // 입력값을 바이트로 변환한다
    switch concrete := in.(type) {
```

---

6 코드의 복잡성을 정량적으로 표현한 지표 – 옮긴이

```
                case []byte:
                    value = concrete
                case string:
                    value = []byte(concrete)
                case int64:
                    value = []byte(strconv.FormatInt(concrete, 10))
                case bool:
                    value = []byte(strconv.FormatBool(concrete))
                case float64:
                    value = []byte(strconv.FormatFloat(concrete, 'e', 3, 64))
            }
            buffer = append(buffer, value...)
            return buffer
        }
```

입력으로 interface{}를 사용하면, 어디서나 사용할 수 있으므로 거의 비슷한 형태의 switch 문이 반복된다. 이러한 경우 interface{} 부분을 인터페이스 형식으로 변경하고 필요한 오퍼레이션을 추가하는 것이 좋다. 이러한 접근 방식은 표준 라이브러리인 json.Marshaller와 driver.Valuer 인터페이스를 통해 가장 잘 설명된다.

앞에서 살펴본 냄새나는 코드에 DI를 적용해 개별 코드 조각을 더 작고 분리된 작은 조각으로 나눔으로써, 코드의 복잡성을 줄여 이해하기 쉽고 유지 관리와 테스트가 용이한 코드로 변경할 수 있다.

변경에 대한 저항

이는 새로운 기능을 추가하는 것이 어렵거나 오랜 시간이 소요되는 것을 의미한다. 신규 기능을 추가하는 것과 마찬가지로, 테스트 코드를 작성하는 것은 매우 어려우며 특히 실패 조건하에서 테스트 코드를 작성하는 것은 더욱 그렇다. 변경에 대한 저항은 앞서 살펴본 코드 팽창과 마찬가지로 시간이 지남에 따라 점진적으로 쇠퇴하고 유지 보수가 부족해지는 데 따른 결과일 수도 있지만, 사전 계획 수립이 부족하거나 API 디자인이 부실해서 발생할 수도 있다.

변경에 대한 저항과 같은 코드 속 나쁜 냄새는 풀 리퀘스트 로그나 커밋 히스토리를 통해 발견할 수 있으며, 특히 새로운 기능을 추가할 때 코드의 다른 부분에 사소한 변경이 많을 경우에는 이를 감지할 수 있다. 만약 팀에서 기능에 대한 속도[7]를 추적하고 속도가 감소하는 것을 인지할 경우, 이 또한 나쁜 냄새에 대한 징후다.

변경에 대한 저항 냄새는 다음과 같은 특징을 포함한다.

- **변경의 분산**shotgun surgery : 변경의 분산은 하나의 구조체에 작은 변경을 가했을 경우 다른 구조체에도 변경이 필요한 상황을 의미한다. 이처럼 간단한 변경을 하는 경우에도 코드의 많은 부분을 뜯어고쳐야 한다는 것은 코드의 구성이나 추상화가 잘못돼 있음을 의미한다. 일반적으로 이러한 모든 변경 사항은 하나의 구조체 내에서 이뤄져야 한다. 다음 예제에서 person 데이터에 이메일email 필드가 추가되는 경우에는 세 가지 구조체(Presenter, Validator, Saver) 모두에서 변경이 필요한 상황을 확인할 수 있다.

```go
// Renderer는 person 객체를 전달된 writer로 만들 것이다
type Renderer struct {}
func(r Renderer) render(name, phone string, output io.Writer) {
    // person 객체를 출력한다
}
// Validator는 person 객체가 필요한 모든 필드가 있는지에 대한 유효성 검사를 수행한다
type Validator struct {}
func(v Validator) validate(name, phone string) error {
    // person 객체에 대한 유효성 검사를 수행한다
    return nil
}
// Saver는 전달된 person 객체를 DB에 저장한다
type Saver struct {}
func(s *Saver) Save(db *sql.DB, name, phone string) {
    // person 객체를 db에 저장한다
}
```

---

7 스크럼에서 스프린트마다 완료된 일을 추적하는 기술이며, 정해진 기간 내에 얼마나 많은 기능을 개발할 수 있는지 보여주는 척도다. – 옮긴이

- **상세 구현 내용 노출**^{leaking implementation details} : Go 커뮤니티에서 가장 많이 사용되고 있는 관용 표현 중 하나는 '함수의 매개변수로 인터페이스를 받아들이고 구조체를 반환하라.'다. 개발자들의 흥미를 끌고 있는 이 표현은 단순하지만, 매우 효율적인 패턴이다. 코드를 작성할 때 함수의 매개변수로 구조체를 전달받을 경우, 해당 함수를 사용하는 사용자의 코드가 특정 조건에 대한 동작 구현으로 한정된다. 코드에서 이러한 제약 조건은 추후 변경이나 재사용을 어렵게 만든다. 확장을 통해 함수의 세부 구현 내용이 변경될 경우, API가 변경되고 해당 함수의 사용자 또한 변경돼야 한다.

앞서 살펴본 냄새나는 코드에 DI를 적용하는 것은 미래에 대한 투자다. 이처럼 잘못된 코드를 당장 고치지 않는다고 해서 큰 문제가 생기지는 않지만, '진흙 구덩이의 공^{big ball of mud}'[8]을 처리하기 전까지 코드의 품질은 점차 저하된다. 아마 개발 과정에서 쉽게 이해할 수 없고 신뢰할 수 없는 패키지를 본 적이 있을 것이다. 오직 용감하거나 바보 같은 사람만이 잘못된 부분에 대한 변경을 마다하지 않을 것이다. DI는 구체적인 구현에서 인터페이스를 분리해 격리된 환경에서 작은 코드 단위를 쉽게 리팩터링, 테스트, 유지 관리할 수 있다.

낭비되는 노력

이는 코드를 유지 관리하는 비용이 필요 이상으로 높은 것을 의미한다. 이러한 문제는 주로 게으름과 경험 부족에서 비롯된다. 일반적으로 코드를 복사/붙여넣기하는 것이 신중하게 리팩터링하는 것보다 훨씬 쉽기 때문이다. 문제는 이와 같은 코딩 스타일이 건강에 좋지 않은 간식을 먹는 것과 같다는 점이다. 그 당시에는 기분이 좋을 수도 있지만, 장기적으로 봤을 때는 끔찍한 결과를 초래할 수 있다.

이러한 문제는 소스 코드를 주의 깊게 살펴보고 스스로에게 '이 코드는 정말로 필요한

---

8   관리와 유지 보수가 어려운 코드 및 아키텍처 – 옮긴이

가?' 또는 '이 코드는 이해하기 쉽게 작성됐는가?'와 같은 질문을 던지고 답을 찾는 과정에서 발견할 수 있다.

dupl(https://github.com/mibk/dupl) 또는 PMD(https://pmd.github.io)는 코드에 산재돼 있는 잠재적인 문제점을 찾기 위해 유용하게 사용할 수 있는 코드 인스펙션code inspection[9] 도구다.

낭비되는 노력 냄새는 다음과 같은 특징을 포함한다.

- **과도하게 중복된 코드**excessive duplicated code: 때로는 코드를 복사하는 것이 유지 관리와 변경이 쉬운 시스템을 구축하는 데 도움이 되지만, 대부분의 경우에는 좋지 못한 결과를 초래한다. 코드가 이러한 냄새를 풍기는 근본적인 원인은 8장, '컨피그에 의한 의존성 주입'에서 다룬다.

- **과도한 주석**excessive comment: 본인이 작성한 코드에 대해 추후 다른 사람이 수정할 수 있도록 주석을 남기는 것은 친절하고 프로페셔널한 인상을 준다. 하지만 주석을 마치 '수필'과도 같이 너무 장황하게 늘어놓는다면, 이 또한 리팩터링이 필요하다.

```
// 과도한 주석
func outputOrderedPeopleA(in []*Person) {
    // 이 코드는 name을 기준으로 person에 대한 정렬을 수행한다
    // 이름이 동일할 경우, phone number를 기준으로 한다
    // 정렬 알고리즘으로 버블 정렬 알고리즘을 사용한다
    // 주의: 이 정렬 알고리즘은 입력으로 전달된 배열의 항목을 변경한다
    for _, p := range in {
        // ... 정렬 코드는 제거했다 ...
    }
    outputPeople(in)
}
// 주석은 설명을 포함하고 있는 이름으로 대체됐다
func outputOrderedPeopleB(in []*Person) {
    sortPeople(in)
```

---

9   소스 코드를 스캔해 잠재적인 결함, 오류, 위험 요인 등을 식별한 후 알려주는 도구 – 옮긴이

```
    outputPeople(in)
}
```

- **중첩되고 복잡한 코드**overlay complicated code : 다른 사람이 이해하기 어려운 코드는 더 나쁘다. 일반적으로 잘하는 사람처럼 보이기 위해 겉멋이 든 상태로 코드를 작성하거나 코드의 구조 또는 네이밍naming과 같은 기본기를 소홀함에 따라 발생할 수 있다. 아전인수 격으로 해석해서, 만약 여러분이 코드를 이해할 수 있는 유일한 사람이라면 여러분은 해당 코드에 대한 작업을 할 수 있는 유일한 사람이라는 것을 의미한다. 다시 말하자면 여러분은 이 코드를 영원히 유지 보수해야 할 운명이다. 다음 예제 코드가 어떻게 동작하는지 생각해보자.

```
for a := float64(0);
a < 360;
a++{
    ra := math.Pi * 2 * a / 360
    x := r * math.Sin(ra) + v
    y := r * math.Cos(ra) + v
    i.Set(int(x), int(y), c)
}
```

- **DRY/WET 코드**: DRYDon't Repeat Yourself(중복 배제)는 책임을 그룹화하고 깔끔하게 정리된 추상화를 통해 개발 과정에서 필요한 모든 형태의 중복을 지양하는 원칙이다. 이와 대조적으로 WET(때로는 Waste Everyone's Time이라고도 한다.) 코드에서는 동일한 책임이 여러 곳에 산재해 있음을 알 수 있다. 이 코드 속 나쁜 냄새는 포맷팅formatting이나 변환을 하는 코드에서 주로 난다. 이러한 종류의 코드는 시스템의 경계에 위치해야 하며, 사용자의 입력을 변환하거나 출력을 포맷팅한다.

물론 DI를 적용하지 않고도 앞서 설명한 코드 속 나쁜 냄새의 많은 부분을 제거할 수 있지만, DI는 좀 더 쉽게 추상화할 수 있는 방법을 제공한다. DI는 추상화를 통해 코드의 중복된 내용을 줄여주고 코드의 가독성과 유지 관리성을 향상시켜준다.

강한 결합

인간관계에서 강한 결합은 좋다. 반면에 Go 코드에서는 그렇지 않다. 결합이란 각 객체들이 서로 관련돼 있거나 의존하는 정도를 나타내는 척도다. 두 객체 간에 강한 결합이 생길 경우, 상호 의존성으로 인해 한 객체가 변경되면 다른 객체도 변경된다. 이처럼 강한 결합은 복잡도와 유지 관리 비용을 증가시킨다.

결합과 관련된 냄새는 제거하기 어렵고 힘들지만 그만큼 보람도 있다. 이러한 코드 속 나쁜 냄새는 객체지향 디자인이 부족하거나 인터페이스 사용이 부족해서 발생한다.

안타깝게도 코드 속 나쁜 냄새를 맡는 데 도움이 되는 편리한 툴을 갖고 있지 않지만 이 책이 끝날 무렵에는 여러분이 강한 결합과 관련된 문제를 쉽게 찾고 해결할 수 있을 것이라 확신한다.

먼저 강한 결합을 갖는 형태로 기능을 구현한 다음, 제출하기 전에 코드를 분리하고 철저한 단위 테스트를 통해 검증하는 등 역으로 작업하는 것이 유용할 때가 종종 있다. 이는 특히 정확한 추상화가 명확하지 않을 경우에 도움이 된다.

강한 결합 냄새는 다음과 같은 특징을 포함한다.

- **신 객체에 대한 의존**dependence on god objects: '신 객체god object'[10]는 너무 많은 것을 알고 있거나 너무 많은 일을 수행하는 객체를 의미한다. 이는 일반적인 코드 속 나쁜 냄새이며 전염병과 같이 피해야 하는 자세가 필요하지만, DI 관점에서는 하나의 객체에 너무 많은 코드가 의존하고 있다는 것이 문제다. 코드 속에 신 객체가 포함돼 있고 주의를 기울이지 않을 경우, Go 환경에서는 순환 종속성 문제가 발생해서 금방 컴파일 오류가 발생할 것이다. 흥미롭게도 Go는 객체 레벨이 아닌 패키지 레벨에서 의존성에 대한 정의와 임포트import를 수행한다. 따라서 Go 환경에서는 신 패키지를 사용하는 것도 피해야 한다. 신 객체의 문제점은 8장, '컨피그에 의한 의존성 주입'에서 설명한다.

---

10 하나의 객체가 모든 역할을 담당하는 방식을 의미한다. – 옮긴이

- **순환 종속성**^{circular dependency}: 이러한 문제는 패키지 A가 패키지 B에 의존하고 있
을 경우, 그와 동시에 패키지 B가 패키지 A에 의존하는 경우에 발생한다. 이
는 쉽게 할 수 있는 실수이며, 문제의 원인을 찾아내고 제거하기 어렵다.

다음 예제에서 config는 틀림없는 신 객체이므로 냄새나는 코드라 할 수 있지
만, 단일 JSON 파일에서 컨피규레이션을 가져오기 위해 이보다 더 좋은 방법
을 찾는 것은 매우 어려운 일이다. 대신 해결해야 할 문제는 orders 패키지가
config 패키지에 의존하고 있는 구조다. 일반적인 config 신 객체는 다음과
같다.

```
package config

import...

// Config는 컨피그 파일의 JSON 형식을 정의한다
type Config struct {
    // Adress는 호스트 및 포트에 바인딩한다
    // 기본값은 0.0.0.0:8080이다
    Address string

    // DefaultCurrency는 시스템의 기본 환율이다
    DefaultCurrency payment.Currency
}

// Load는 전달된 파일로부터 JSON 컨피그를 로드한다
func Load(filename string)(*Config, error) {
    // TODO: 파일로부터 환율을 로드한다
    return nil, errors.New("not implemented yet")
}
```

payment 패키지에서 config 패키지를 사용하려고 할 경우, Currency 타입이
payment 패키지에 속해 있기 때문에 앞의 예제와 같이 config 패키지에서
Currency 타입을 사용할 경우 순환 종속성이 발생할 수 있다.

```
package payment
import...
// Currency 환율의 커스텀 타입이다
type Currency string
// Processor는 결제에 대한 처리를 수행한다
type Processor struct {
    Config *config.Config
}
// Pay는 기본 환율로 결제를 처리한다
func(p *Processor) Pay(amount float64) error {
    // TODO: 구현 필요
    return errors.New("not implemented yet")
}
```

- **객체 섞임**^{object orgy}: 이러한 현상은 한 객체가 다른 객체의 내부 구조에 대해 너무 많은 지식 또는 접근 권한을 갖고 있을 때 발생한다. 이는 다시 말해 객체 사이의 불충분한 캡슐화를 의미한다. 이러한 환경에서 객체는 서로 뗄 수 없는 단짝 관계가 돼서, 한 객체가 변경되면 다른 객체도 변경해야 하므로 코드를 이해하기 어려워지고 유지 보수 비용이 증가한다.

```
type PageLoader struct {
}

func(o *PageLoader) LoadPage(url string)([]byte, error) {
    b := newFetcher()
        // 캐시에 대한 검사를 수행한다
    payload,
    err := b.cache.Get(url)
    if err == nil {
        // 캐시에서 발견됐을 경우
        return payload, nil
    }

    // 업스트림 호출
    resp,
    err := b.httpClient.Get(url)
    if err != nil {
```

```
            return nil, err
        }
        defer resp.Body.Close()

        // HTTP 응답으로부터 데이터를 추출한다
        payload,
        err = ioutil.ReadAll(resp.Body)
        if err != nil {
            return nil, err
        }

        // 비동기 형태로 캐시에 저장한다
        go func(key string, value []byte) {
            b.cache.Set(key, value)
        }(url, payload)

        // 결과값을 반환한다
        return payload,
        nil
}

type Fetcher struct {
    httpClient http.Client
    cache *Cache
}
```

위 예제에서 PageLoader는 반복적으로 Fetcher의 멤버 변수를 호출한다. 따라서 Fetcher의 구현이 변경되면 PageLoader가 영향을 받을 가능성이 매우 크다. 이 경우에는 PageLoader에 추가 기능이 구현돼 있지 않으므로 두 객체를 병합해야 한다.

- **요요 문제**[yo-yo problem]: 이 냄새의 표준적 정의는 코드의 상속[inheritance] 관계가 너무 길고 복잡해서 프로그래머가 코드를 이해하기 위해 코드의 서로 다른 부분을 계속 넘겨봐야 하는 상황을 의미한다. 기본적으로 Go 언어는 상속을 제공하지 않기 때문에 이러한 문제가 발생할 가능성이 낮다고 생각할 것이다. 하지만 Go 언어에서도 복잡한 관계를 갖도록 코드를 작성할 경우에는 얼마든지

발생할 수 있다. 이 문제를 해결하려면 객체들이 서로 약한 연관 관계를 갖도록 하고 가능한 한 추상화를 하는 것이 좋다. 이 방법을 사용하면 코드에 대한 변경 작업을 수행할 때 훨씬 작은 범위에 집중할 수 있고 다수의 작은 객체로 대규모 시스템을 구성할 수 있다.

- **기능에 대한 욕심**^{feature envy}: 함수가 다른 객체의 데이터와 함수를 광범위하게 사용하는 경우에는 '다른 객체를 부러워한다.'고 표현한다. 일반적으로 함수는 자신이 속한 객체가 아닌 다른 객체에 대해서는 관심을 갖지 말아야 한다. DI가 이러한 문제를 해결하기 위한 솔루션은 아니지만, 이러한 특징을 갖는 코드 속 나쁜 냄새는 강한 결합을 의미하기 때문에 DI 기술을 적용하는 것을 고려해봐야 한다.

```go
func doSearchWithEnvy(request searchRequest)([]searchResults,
error) {
    // 요청에 대한 유효성 검사를 수행한다
    if request.query == "" {
        return nil, errors.New("search term is missing")
    }
    if request.start.IsZero() || request.start.After(time.Now()) {
        return nil, errors.New("start time is missing or invalid")
    }
    if request.end.IsZero() || request.end.Before(request.start) {
        return nil, errors.New("end time is missing or invalid")
    }

    return performSearch(request)
}
func doSearchWithoutEnvy(request searchRequest)([]searchResults,
error) {
    err := request.validate()
    if err != nil {
        return nil, err
    }

    return performSearch(request)
}
```

코드의 결합도가 약해지면서, 개별 파트(패키지, 인터페이스, 구조체)에 더욱 집중할 수 있다. 이는 다시 말해 높은 응집도를 갖는다고 표현할 수 있다.[11] 낮은 결합도와 높은 응집도는 코드를 이해하기 쉽게 만들어서 변경 작업과 유지 보수를 용이하게 해준다.

▌ 합리적 의심

이 책을 통해 몇 가지 유용한 코딩 기법과 그다지 좋지 않은 코딩 기법을 살펴본다. 어떤 코딩 기법이 유용하고 그렇지 않은지 곰곰히 생각해보길 바란다. 지속적인 학습은 합리적인 의심을 통해 다듬어져야 한다. 물론 이 책에서는 각 코딩 기법의 장점과 단점을 설명할 예정이지만, 각 기법을 좀 더 깊이 파고들길 바란다. 따라서 새로운 코딩 기법을 학습할 때는 항상 다음과 같은 질문에 스스로 답변해보자.

- 이 코딩 기법의 목적은 무엇인가?
- 이 코딩 기법을 적용하면 코드는 어떻게 생겼을까?
- 정말로 필요한 것인가?
- 이 방법을 사용할 때 단점도 존재하는가?

비록 새롭게 학습한 기법이 유용하지 않더라도, 위와 같은 질문을 통해 적어도 좋아하지 않고 사용하고 싶지 않은 것을 확인했으므로 효과적인 학습이라 말할 수 있다.

▌ 관용적인 Go에 관한 간단한 고찰

개인적으로 관용적인 Go[idiomatic Go 12]와 같은 용어를 사용하지 않으려고 노력하고 있지만, Go 관련 도서에서는 해당 내용을 다루지 않고 넘어갈 수 없다. 나는 관용적인 Go

---

11 일반적으로 코드에서 결합도는 응집도와 대비된다. – 옮긴이
12 프로그래밍 언어의 규약을 잘 따르는 특성을 의미한다. – 옮긴이

용어가 "이 코드는 관용적이지 않으므로 잘못됐다."라는 말이나, 더 나아가 "내 코드는 관용적이기 때문에 당신의 코드보다 낫다."라는 말과 같이 사람을 비난하는 소재로 사용되는 것을 봤기 때문에 가급적 사용하지 않는다. 프로그래밍은 일종의 공예^{Craft}(또는 기술)다. 따라서 한 애플리케이션을 작성하기 위한 프로그래밍은 일정한 형태의 일관성을 유지해야 하지만, 모든 공예와 마찬가지로 유연성을 가져야 한다. 결국 혁신은 정해진 규칙을 어기고 틀을 깨는 과정에서 발견된다. 그렇다면 관용적인 Go가 의미하는 것은 무엇일까?

저자가 생각하는 관용적인 Go의 대략적인 정의는 다음과 같다.

- **gofmt를 통한 코드 포맷팅**: gofmt 사용과 관련해서는 프로그래머에게 논쟁의 여지가 없다. 이는 공식적으로 지원되는 도구이며, 공식적인 스타일을 사용한다. 좀 더 실질적인 논쟁거리를 찾아보자.
- **Effective Go**(https://golang.org/doc/effective_go.html)**와 Code Review Comments** (https://github.com/golang/go/wiki/CodeReviewComments)**에 나와 있는 아이디어를 읽고, 적용하고, 해당 사이트에 정기적으로 방문함으로써 수행하는 정보 수집**: 사이트의 각 페이지에는 많은 양의 지식이 담겨 있다. 따라서 한 번 읽는 것만으로 모든 내용을 파악하는 것은 불가능한 일이다.
- **유닉스 철학**^{Unix philosophy}**의 적극적인 적용**: 유닉스 철학은 하나의 일을 잘하도록 코드를 디자인해야 한다는 점 외에 다른 코드와 함께 잘 동작해야 한다는 점도 말하고 있다.

앞서 설명한 세 가지 사항이 저자가 생각하는 관용적인 Go를 위한 최소한의 요구 사항이지만, 공감할 만한 몇 가지 아이디어가 더 있다.

- **인터페이스를 받아들이고 구조체를 반환하라**: 인터페이스를 사용해 함수 파라미터의 타입을 선언하는 것을 통해 코드를 잘 분리할 수 있지만, 구조체를 반환하는 것은 모순에 직면하게 된다. 이 원칙은 1장의 초반에 설명했다. 인터페이스를 반환하는 것이 느슨하게 결합된 코드라고 느낄 수도 있지만, 실제로는

그렇지 않다. 어떤 종류의 코드이든 간에 함수에서 반환되는 값은 하나일 수밖에 없다. 필요한 경우라면 인터페이스를 반환하는 것이 좋지만, 그렇지 않고 사용을 강요한다면 코드가 길어질 수 있다.

- **적절한 기본값**: Go 언어로 전환한 이후에 사용자에게 모듈을 구성할 수 있는 기능을 제공하려고 했지만, 실제로 이러한 컨피규레이션은 자주 사용되지 않는 경우가 많았다. 다른 개발 언어에서는 이러한 기능을 여러 개의 생성자를 통해 정의하거나, 드물게는 매개변수를 통해 구현했다. 하지만 적절한 기본값 패턴을 적용하면, 훨씬 더 깔끔하게 API를 정의할 수 있으며 유지 관리해야 할 코드가 줄어든다.

▌기존의 관점에서 벗어난 새로운 관점에서의 접근

신입 Go 프로그래머들이 '가장 자주 범하는 실수는 무엇인가?'라는 질문을 받게 된다면, 아마 한 치의 망설임도 없이 다른 개발 언어의 패턴을 Go 언어에 적용하려고 하는 것이라고 대답할 것이다. 이는 내가 초기에 범한 가장 큰 실수였다. 처음 개발했던 Go 서비스는 Go 언어로 작성된 자바 앱처럼 보였다. 결과물이 수준 이하였을 뿐 아니라 개발 과정에서 Go 언어로 상속을 구현하는 것은 매우 어려웠다. 또한 Node.js 함수 스타일로 Go 프로그래밍을 한 경험도 있다.

요컨대, 위와 같은 실수를 범하지 말자. 코드를 디자인할 때 인터페이스를 작은 단위로 분리하는 것을 이해하고, 메모리 예약 없이 Go 루틴[13]을 실행하고, 채널[14]을 쉽게 사용하며, 다형성 구현을 위해 한 개 이상의 구성 요소가 필요한 이유가 궁금해지는 등 Go 언어에 익숙해질 때까지 Effective Go와 Go 관련 블로그 글을 자주 반복해서 읽을 것을 권한다.

---

13 Go에서 사용되는 경량 스레드 – 옮긴이
14 Go 루틴에서 데이터를 주고받는 통로 – 옮긴이

▌요약

1장에서는 기존의 코드를 유지 보수, 확장, 테스트하기 쉬운 코드로 변경하기 위한 여정을 시작했다.

DI를 정의하고, DI를 적용함으로써 얻을 수 있는 장점을 확인했으며, 몇 가지 예제를 통해 Go 코드상에서 어떻게 보일지 살펴봤다. 그런 다음, 코드 속 나쁜 냄새를 찾아낸 후 DI를 적용해 제거하거나 완화할 수 있음을 확인했다.

마지막으로는 내가 생각하는 Go 코드를 면밀히 검토했으며, 이 책에서 소개하는 기법에 대해 회의적인 자세를 취하고 비판적인 시각으로 바라볼 것을 권했다.

▌질문

1. DI란 무엇인가?
2. DI의 네 가지 장점은 무엇인가?
3. 어떤 종류의 문제를 해결할 수 있는가?
4. 회의적인 자세를 취하는 것(기법에 대해 합리적인 의심을 하는 것)이 왜 중요한가?
5. 관용적인 Go가 의미하는 것은 무엇인가?

▌더 읽을 거리

팩트출판사는 DI 및 Go 학습을 위한 좋은 리소스를 보유하고 있다.

* https://www.packtpub.com/application-development/java-9-dependency-injection
* https://www.packtpub.com/application-development/dependency-

injection—net—core—20

- https://www.packtpub.com/networking—and—servers/mastering—go

02

Go 언어를 위한
SOLID 디자인 원칙

'엉클 밥^{Uncle Bob}'이라는 애칭으로 잘 알려진 로버트 마틴^{Robert C. Martin}은 2002년에 『클린 소프트웨어^{Agile Software Development, Principles, Patterns, and Practices}』(제이펍, 2017)를 출간했다. 로버트 마틴은 이 책에서 재사용 가능한 프로그램의 다섯 가지 원칙을 정의했으며, 이를 'SOLID 원칙^{SOLID principle}'이라고 불렀다. 이 원칙이 정의되고 나서 10년 이상 지난 후에 출간되는 프로그래밍 언어 관련 책에서 이 원칙을 언급하는 것이 다소 이상하게 느껴질 수도 있지만, 이 원칙은 오늘날에도 여전히 유효하다.

2장에서는 SOLID를 구성하는 다섯 가지 원칙을 간략히 살펴보며, 의존성 주입(DI)과 어떤 연관성을 지니고 Go 언어에서 무엇을 의미하는지를 학습한다. SOLID는 유명한 다섯 가지 객체지향 소프트웨어 디자인 원칙의 약자를 모은 것이다.

- 단일 책임 원칙^{Single Responsibility Principle}(SRP)
- 개방/폐쇄 원칙^{Open/Closed Principle}(OCP)
- 리스코프 치환 원칙^{Liskov Substitution Principle}(LSP)
- 인터페이스 분리 원칙^{Interface Segregation Principle}(ISP)
- 의존성 역전 원칙^{Dependency Inversion Principle}(DIP)

▌기술적 요구 사항

객체와 인터페이스에 대한 기본적인 개념과 새로운 것을 받아들일 수 있는 열린 마음만 갖췄다면, 2장의 내용을 충분히 학습할 수 있다.

2장에서 사용되는 모든 코드는 https://github.com/PacktPublishing/Hands-On-Dependency-Injection-in-Go/tree/master/ch02에서 다운로드해 사용할 수 있다.

2장에서 언급한 추가 정보와 그 외 참고 자료에 대한 링크는 2장 마지막의 '더 읽을 거리' 절에서 확인할 수 있다.

▌단일 책임 원칙(SRP)

"클래스는 하나의 기능만 가지며, 클래스를 변경해야 하는 이유는 오직 하나뿐이어야 한다."

– 로버트 마틴

Go 언어는 클래스를 갖고 있지 않지만, 편견을 버리고 클래스를 객체(구조체, 함수, 인터페이스 또는 패키지)로 바꿔보면 이 원칙을 적용할 수 있다.

왜 객체가 오직 한 가지 기능만을 갖길 바라는가? 한 가지 기능만을 수행하는 두 객체를 살펴보자.

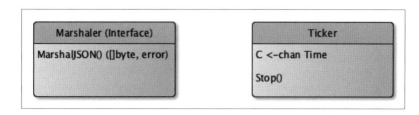

Marshaler (Interface)	Ticker
MarshalJSON() ([]byte, error)	C <-chan Time Stop()

이 객체들은 단순하고 사용하기 쉬우며, 다양한 용도로 사용할 수 있다.

오직 한 가지 기능만을 갖도록 객체를 디자인하는 것은 추상화 관점에서 매우 적합해 보인다. 하지만 전체 시스템에 대해 이 원칙을 적용할 경우, 여러분은 더 많은 코드를 추가해야 한다고 생각할 것이다. 하지만 그렇다고 해서 복잡도가 증가되지는 않는다. 실제로 이러한 원칙을 적용하는 것은 복잡도를 상당히 줄여준다. 각 코드는 작은 단위로 분리되므로 이해하기 쉽고 테스트가 용이해진다. 이것이 바로 단일 책임 원칙(SRP)이 가져다주는 첫 번째 장점이다.

SRP는 코드를 더 작고 더 간결한 조각으로 분해해 복잡성을 줄여준다.

'단일 책임 원칙'이라는 이름에서 보여지는 것처럼 책임(기능)에 관한 것이라고 가정하는 편이 무난해 보이지만, 사실 앞서 설명한 모든 내용은 변경에 관한 것이다. 왜 그럴까? 다음 예제를 살펴보자.

```go
// Calculator는 디렉터리 및 하위 디렉터리에 대한 테스트 커버리지를 계산한다
type Calculator struct {
    // 'Calculate()' 메소드에 의해 채워진 커버리지 데이터를 의미한다
    data map[string] float64
}

// Calculate는 커버리지를 계산한다
func(c *Calculator) Calculate(path string) error {
    // 'go test -cover ./[path]/...'를 실행하고 결과값을 저장한다
    return nil
}

// Output은 전달된 writer로 커버리지 데이터를 출력한다
```

```
func(c *Calculator) Output(writer io.Writer) {
    for path, result := range c.data {
        fmt.Fprintf(writer, "%s -> %.1f\n", path, result)
    }
}
```

하나의 멤버 변수와 두 가지 메서드가 있는 구조로, 위 예제 코드는 합리적으로 보인다. 하지만 위 예제 코드는 SRP를 준수하지 않고 있다. 이제 이 애플리케이션이 실제로 동작하는 것으로 가정하고, 결과를 CSV 파일에 출력하는 기능이 필요한 상황을 생각해보자. 다음 예제 코드와 같이 해당 기능을 수행하는 메서드를 추가해야 한다.

```
// Calculator는 디렉터리 및 하위 디렉터리에 대한 테스트 커버리지를 계산한다
type Calculator struct {
    // 'Calculate()' 메소드에 의해 채워진 커버리지 데이터를 의미한다
    data map[string] float64
}

// Calculate will calculate the coverage
func(c *Calculator) Calculate(path string) error {
    // 'go test -cover ./[path]/...'를 실행하고 결과값을 저장한다
    return nil
}

// Output은 전달된 writer로 커버리지 데이터를 출력한다
func(c Calculator) Output(writer io.Writer) {
    for path, result := range c.data {
        fmt.Fprintf(writer, "%s -> %.1f\n", path, result)
    }
}

// OutputCSV는 전달된 writer로 커버리지 데이터를 출력한다
func(c Calculator) OutputCSV(writer io.Writer) {
    for path, result := range c.data {
        fmt.Fprintf(writer, "%s,%.1f\n", path, result)
    }
}
```

위 예제에서 구조체를 변경하고 또 다른 Output() 메서드를 추가했다. 이는 구조체에 더 많은 책임을 부여한 것이며, 그 결과로 인해 애플리케이션의 복잡도가 증가했다. 위의 예제는 너무 간단해서 변경 사항이 하나의 메서드에만 국한돼 있으므로 기존에 작성된 코드에 큰 영향을 미칠 가능성이 적다. 하지만 구조체가 더 커지고 복잡해짐에 따라 변경 사항이 깔끔하게 적용되지는 않을 것이다.

반대로 책임을 Calculate와 Output으로 세분화하려면 더 많은 Output 메서드를 추가하기 위해 새로운 구조체를 정의해야 한다. 또한 기본 출력 형식이 마음에 들지 않을 경우에는 다른 부분과 별도로 구현하도록 변경할 수 있다.

이제 다른 방식으로 구현해보자.

```go
// Calculator는 디렉터리 및 하위 디렉터리에 대한 테스트 커버리지를 계산한다
type Calculator struct {
    // 'Calculate()' 메소드에 의해 채워진 커버리지 데이터를 의미한다
    data map[string] float64
}

// Calculate는 커버리지를 계산한다
func(c *Calculator) Calculate(path string) error {
    // 'go test -cover ./[path]/...'를 실행하고 결과값을 저장한다
    return nil
}

func(c *Calculator) getData() map[string] float64 {
    // map에 대한 복사 및 반환을 수행한다
    return nil
}

type Printer interface {
    Output(data map[string] float64)
}

type DefaultPrinter struct {
    Writer io.Writer
}
```

```go
// Output은 Printer 인터페이스에 대한 구현체다
func(d *DefaultPrinter) Output(data map[string] float64) {
    for path, result := range data {
        fmt.Fprintf(d.Writer, "%s -> %.1f\n", path, result)
    }
}

type CSVPrinter struct {
    Writer io.Writer
}

// Output은 Printer 인터페이스에 대한 구현체다
func(d *CSVPrinter) Output(data map[string] float64) {
    for path, result := range data {
        fmt.Fprintf(d.Writer, "%s,%.1f\n", path, result)
    }
}
```

Printer를 구현한 Output 메서드의 중요한 점을 발견했는가? 그것은 바로 Calculator 구조체와 전혀 관련이 없다는 것이다. 또한 Output 메서드는 동일한 형식을 갖는 모든 데이터에 사용할 수 있다. 이것이 바로 SRP가 가져다주는 두 번째 장점이다.

SRP는 코드의 재사용 가능성을 높여준다.

앞서 살펴본 커버리지 계산기[coverage calculator]의 첫 번째 구현체에서 Output() 메서드를 테스트하려면, 우선 Calculate() 메서드를 호출해야 한다. 이러한 접근 방법은 객체 간 관계가 직접적으로 연결돼서 강한 결합에 의해 테스트의 복잡도가 증가한다. 다음과 같은 두 가지 시나리오를 고려해보자.

- 커버리지를 계산해본 결과, 반환되는 값이 없을 경우에는 어떻게 테스트할 것인가?
- 0% 또는 100% 커버리지와 같이 경계 조건에 있는 경우에는 어떻게 테스트할 것인가?

이처럼 책임을 분리한 후에는 상호 의존성이 적은 방식으로 각 부분의 입력과 출력을 고려해서 테스트 코드를 좀 더 쉽게 작성하고 유지 관리할 수 있도록 해야 한다. 이것이 바로 SRP가 가져다주는 세 번째 장점이다.

SRP는 좀 더 쉽게 테스트를 작성하고 유지 보수할 수 있도록 해준다.

SRP는 또한 코드의 가독성을 향상시켜주는 좋은 방법 중 하나다. 다음 예제를 살펴보자.

```go
func loadUserHandler(resp http.ResponseWriter, req *http.Request) {
    err := req.ParseForm()
    if err != nil {
        resp.WriteHeader(http.StatusInternalServerError)
        return
    }
    userID,
    err := strconv.ParseInt(req.Form.Get("UserID"), 10, 64)
    if err != nil {
        resp.WriteHeader(http.StatusPreconditionFailed)
        return
    }

    row := DB.QueryRow("SELECT * FROM Users WHERE ID = ?", userID)

    person := &Person {}
    err = row.Scan(&person.ID, &person.Name, &person.Phone)
    if err != nil {
        resp.WriteHeader(http.StatusInternalServerError)
        return
    }
    encoder := json.NewEncoder(resp)
    encoder.Encode(person)
}
```

아마 위 코드를 이해하는 데 5초 이상 걸렸을 것이다. 그렇다면 다음 코드는 어떤가?

```
func loadUserHandler(resp http.ResponseWriter, req *http.Request) {
    userID, err := extractIDFromRequest(req)
    if err != nil {
        resp.WriteHeader(http.StatusPreconditionFailed)
        return
    }

    person, err := loadPersonByID(userID)
    if err != nil {
        resp.WriteHeader(http.StatusInternalServerError)
        return
    }

    outputPerson(resp, person)
}
```

함수 레벨에서 SRP를 적용해 함수의 코드를 줄이고 가독성을 향상시켰다. 함수에 적용된 단일 책임 원칙은 이제 다른 함수에 대한 호출을 조정한다.

SRP는 DI와 어떤 관련이 있는가?

DI를 코드에 적용할 때는 일반적으로 의존성 객체를 함수의 매개변수로 받은 뒤 사용한다. 코드에 삽입된 의존성이 많은 함수가 있는 경우는 해당 메서드가 너무 많은 역할을 수행하고 있다는 것을 의미한다.

또한 SRP를 적용하면 객체에 대한 디자인 정보를 제공할 수 있다. 이를 통해 DI를 언제, 어디서 사용할지 파악하는 데 도움이 된다.

Go 언어에서 SRP는 무엇을 의미하는가?

이 책의 1장, '개선을 멈추지 말라'에서 Go와 유닉스 철학(하나의 일을 잘하도록 코드를 디자인해야 할 뿐만 아니라 다른 코드와도 함께 잘 동작해야 한다.)의 관계를 언급했다. SRP를 적용한다면, 해당 객체는 이 원칙에 완벽하게 부합할 것이다.

Go 인터페이스, 구조체, 함수

인터페이스 및 구조체 레벨에서 SRP를 적용할 경우에는 여러 개의 작은 단위의 인터페이스가 생성된다. SRP를 준수하는 함수는 입력값이 적고 코드의 길이가 짧다(한 화면에 해당 함수의 코드가 모두 들어오는 경우). 이 두 가지 특징은 1장, '개선을 멈추지 말라'에서 언급한 코드 팽창 냄새를 해결하는 데 도움이 된다.

코드 팽창 냄새를 해결함으로써, (비록 SRP의 덜 알려진 장점이지만) 코드를 이해하기 쉽게 만들 수 있다. 간단히 말해, 코드 조각이 한 가지 일을 할 때 그 목적은 더욱 분명해진다.

SRP를 기존의 코드에 적용할 때는 코드를 좀 더 작은 단위로 쪼갤 것이다. 이렇게 되면 여러분은 아마 더 많은 테스트 코드를 작성해야 한다는 것을 떠올리며 자연스레 혐오감을 갖게 될 것이다. 구조체나 인터페이스를 여러 부분으로 나누는 경우에는 사실일 수 있다. 그러나 리팩터링 대상이 되는 코드의 단위 테스트 커버리지unit-test coverage가 높을 경우, 필요한 테스트 코드는 이미 많이 작성돼 있을 것이다. 보통 이러한 경우에는 조금만 변경하면 된다.

반면에 코드 팽창을 줄이기 위해 SRP를 함수에 적용할 경우에는 새로운 테스트 코드를 작성하지 않아도 된다. 이러한 경우, 변경 전 함수에 대한 테스트 코드에서 완벽하게 수용할 수 있다. 앞의 예제에서 살펴본 loadUserHandler() 함수의 테스트 코드 예제를 확인해보자.

```go
func TestLoadUserHandler(t *testing.T) {
    // http 요청에 대한 빌드를 수행한다
    req := &http.Request {
        Form: url.Values {},
    }
    req.Form.Add("UserID", "1234")

    // 테스트 중에 있는 함수를 호출한다
```

```
    resp := httptest.NewRecorder()
    loadUserHandler(resp, req)

    // 결과값에 대한 유효성 검사를 수행한다
    assert.Equal(t, http.StatusOK, resp.Code)

    expectedBody := `{"ID":1,"Name":"Bob","Phone":"0123456789"}` + "\n"
    assert.Equal(t, expectedBody, resp.Body.String())
}
```

이 테스트 코드는 두 가지 형식의 함수(SRP 적용 전후 함수)에 모두 적용 가능하며, 동일한 결과를 얻을 수 있다. 이 경우에는 코드의 가독성을 위해 리팩터링을 수행했으며, 이로써 기존의 테스트 코드로 테스트 커버리지가 나오지 않는 결과를 초래하지 않았다. 또한 외부에 공개된 API 정의서는 내부 구현보다 변경 가능성이 훨씬 낮기 때문에 API를 통한 테스트가 훨씬 더 안정적이다.

Go 패키지

패키지 레벨에서 SRP를 적용하는 것은 아마도 더욱 힘들 것이다. 시스템은 보통 계층 구조로 디자인된다. 예를 들어, HTTP REST 서비스는 일반적으로 다음과 같은 계층 구조를 가진다.

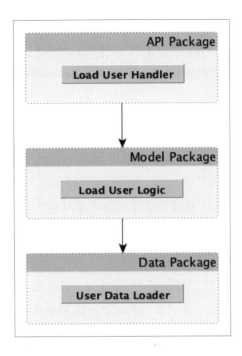

이러한 추상화는 매우 훌륭하고 명확하다. 하지만 서비스의 엔드포인트가 한 개 이상으로 증가하면 문제가 나타나기 시작한다. 이런 경우에는 대부분 빠르게 개발하기 위해 서로 관련이 없는 로직들을 한데 묶어 괴물 패키지를 생성한다. 반면에 좋은 패키지는 크기가 작고 간결하며 목적이 명확하다.

올바른 추상화를 구현하는 것은 매우 어려운 일이다. 이를 위해 나는 종종 전문가를 찾아가거나 표준 Go 라이브러리를 살펴본다. 예를 들어 Encoding 패키지를 살펴보자.

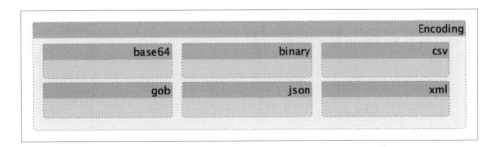

보다시피, 각기 다른 유형은 자체 패키지로 깔끔하게 정리돼 있지만 모든 패키지는 상위 디렉터리에 의해 논리적으로 그룹화돼 있다. 앞서 설명한 REST 서비스는 다음 그림과 같이 쪼개질 수 있다.

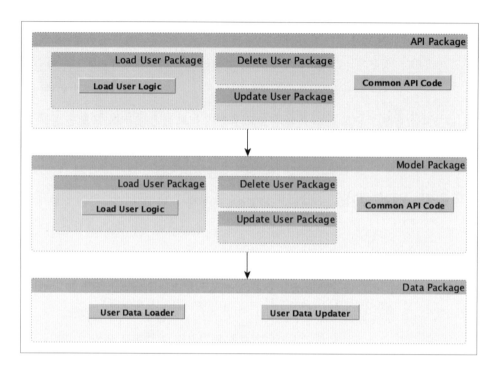

위 그림에서 초기 추상화는 단지 너무 높은 레벨에서 진행됐을 뿐, 올바른 방향으로 진행됐다.

앞의 예제에서 직접적으로 언급하지는 않았지만, Encoding 패키지의 또 다른 측면은 상위 패키지에 공유 코드가 존재한다는 것이다. 프로그래머가 기능을 구현할 때는 이전에 작성한 코드를 필요로 하는 경우가 일반적이며, 보통 공통으로 필요한 코드 영역을 추출해 commons 또는 utils 패키지로 만들고 싶은 유혹에 빠지게 된다. 하지만 프로그래머는 이러한 유혹에서 빠져나와야 한다. 코드를 재사용하는 것은 전적으로 옳지만, 이처럼 일반적인 패키지 이름을 사용하는 것은 옳지 않다. 이러한 패키지는 기본적으로 명확한 목적이 없기 때문에 SRP 원칙에 위배된다.

또 다른 유혹은 기존 코드 옆에 새로운 코드를 추가하는 것이다. 앞서 언급한 Encoding 패키지를 직접 개발한다고 가정해보자. 처음으로 개발한 인코더는 JSON이다. 그런 다음, gob 인코더를 추가하면 모든 것이 잘 진행될 것이다. 여기에 몇 가지 인코더를 더 추가할 경우에는 많은 양의 코드와 외부에 노출된 대규모의 API를 포함한 실질적인 패키지를 구성하게 된다. 소규모로 시작한 Encoding 패키지는 결국 이에 대한 문서가 너무 길어져 사용자들이 쉽게 따라 하기 어려운 시점이 오게 된다. 마찬가지로 패키지 안에 너무 많은 코드가 포함돼 있어, 변경 대상을 파악하기 어려우므로 기능에 대한 확장이나 디버깅 작업 속도가 점차 느려지게 된다.

SRP는 객체를 변경하는 이유를 식별하는 데 도움을 준다. 객체를 변경해야 하는 이유가 하나 이상일 경우, 그 객체는 하나 이상의 책임(기능)을 갖고 있는 것이다. 이러한 책임을 분리하면 더 나은 추상화를 구현할 수 있다.

시작 단계부터 SRP 원칙을 적용할 마음이나 충분한 시간이 있다면 좋겠지만, 처음부터 SRP를 적용하고 올바른 추상화를 구현하는 것은 매우 어려운 일이다. 처음에는 SRP 원칙을 위반하며 개발을 시작하고, 추후 소프트웨어를 어떻게 개선해야 할지 파악해서 후속으로 진행되는 변경 작업을 통해 리팩터링을 진행하는 것이 SRP 원칙을 적용하기에 용이하다.

▎ 개방/폐쇄 원칙(OCP)

> "소프트웨어 개체(클래스, 모듈, 함수 등)는 확장에 대해 열려 있어야 하고, 수정에 대해서는 닫혀 있어야 한다."
>
> – 버틀란트 메이어

개방open과 폐쇄closed라는 용어는 소프트웨어 공학에 관련된 논의를 할 때 쉽게 접할 수 있는 용어가 아니다. 따라서 이에 대한 약간의 설명이 필요할 것 같다.

개방은 새로운 동작과 기능을 추가해서 코드를 확장하거나 조정하는 것을 의미하고, 폐쇄는 버그 또는 다른 종류의 회귀를 초래할 수 있는 기존 코드의 변경을 피해야 하는 것을 의미한다.

이 두 가지 특징은 서로 모순되는 것처럼 보이지만, 흩어져 있는 퍼즐 조각들과 같다. 개방을 이야기할 때는 소프트웨어의 디자인이나 구조를 언급한다. 이러한 관점에서 볼 때, 개방성은 새로운 패키지, 새로운 인터페이스, 또는 기존의 인터페이스에 새로운 구현을 쉽게 추가할 수 있다는 것을 의미한다.

폐쇄를 이야기할 때는 보통 기존 코드를 언급하고, 특히 다른 사람들이 사용하는 API에 대한 변경 사항을 최소화하는 것을 말한다. 이는 OCP가 가져다주는 첫 번째 장점이다.

OCP는 추가 및 확장에 대한 위험을 줄이는 데 도움을 준다.

OCP를 일종의 위험 완화 전략으로 생각할 수 있다. 기존 코드에 대한 변경은 항상 위험이 따르고, 해당 코드를 사용하는 부분을 변경해야 한다. 코드를 변경할 때 단위 테스트를 통해 이러한 위험으로부터 보호할 수 있지만, 단위 테스트가 잘못 수행될 수도 있고 검증을 위해 생각할 수 있는 테스트 시나리오는 상당히 제한적이다. 이처럼 단위 테스트는 모든 것을 커버할 수 없다.

다음은 OCP 원칙을 준수하지 않는 예제 코드다.

```
func BuildOutput(response http.ResponseWriter, format string, person Person) {
    var err error

    switch format {
        case "csv":
            err = outputCSV(response, person)

        case "json":
```

```
        err = outputJSON(response, person)
    }

    if err != nil {
        // 서버 에러를 출력하고 종료한다
        response.WriteHeader(http.StatusInternalServerError)
        return
    }

    response.WriteHeader(http.StatusOK)
}
```

뭔가 잘못됐다는 것을 느끼게 해주는 첫 번째 힌트는 switch 문이다. 요구 사항이 변경되고 출력 형식을 추가하거나 제거하는 상황은 쉽게 있을 수 있다.

다른 출력 형식을 추가해야 한다면 얼마나 많은 변경이 필요한가? 다음을 확인해보자.

- **switch 문에 다른 조건의 case를 추가한다**: 이 메서드는 이미 코드의 18번째 줄이다. 앞으로 얼마나 더 많은 다른 형식을 추가해야 전체를 한 화면에서 볼 수 없게 되는가? 이와 동일한 형태의 switch 문이 다른 곳에 얼마나 많이 존재하는가? 다른 switch 문 또한 변경이 필요한가?
- **다른 형식으로 출력하는 함수를 작성한다**: 이는 불가피한 세 가지 변경 사항 중 하나다.
- **메서드의 호출자^{caller}에서 새로운 형식을 사용하도록 업데이트한다**: 이 또한 불가피한 세 가지 변경 사항 중 하나다.
- **새로운 형식에 일치하는 테스트 시나리오 세트를 추가한다**: 이 또한 불가피한 세 가지 변경 사항 중 하나다. 하지만 여기서의 테스트는 단순히 형식을 분리해 테스트를 진행하는 것보다 오래 걸릴 것이다.

작고 간단한 변경으로 시작된 것이 실제 의도한 것보다 더 힘들고 위험한 것으로 인식되기 시작했다.

추상화를 통해 입력 매개변수 format과 switch 문을 다음 코드와 같이 변경해보자.

```
func BuildOutput(response http.ResponseWriter, formatter PersonFormatter,
person Person) {
    err := formatter.Format(response, person)
    if err != nil {
        // 서버 에러를 출력하고 종료한다
        response.WriteHeader(http.StatusInternalServerError)
        return
    }

    response.WriteHeader(http.StatusOK)
}
```

앞서 살펴본 예제와 같이 출력 형식을 추가할 경우, 이번에는 얼마나 많은 변경이 필요한가? 확인해보자.

- PersonFormatter 인터페이스에 새로운 형식에 대한 구현을 추가해야 한다.
- 메서드의 호출자에서 새로운 형식을 사용하도록 업데이트한다.
- 새롭게 추가된 PersonFormatter 인터페이스 구현에 대한 테스트 시나리오를 작성한다.

상황은 전보다도 훨씬 좋아졌다. 불가피한 세 가지 변경 사항에 이르기까지, 주된 함수는 전혀 변경하지 않았다. 이것이 바로 OCP의 두 번째 장점이다.

OCP는 기능을 추가하거나 제거할 때 필요한 변경 사항을 최소화하는 데 도움이 된다.

또한 새롭게 formatter를 추가한 새로운 구조에서 버그가 발생할 경우에는 새롭게 추가된 코드 부분만 확인하면 된다. 이것이 OCP의 세 번째 장점이다.

OCP는 버그가 발생할 수 있는 범위를 새롭게 추가된 코드와 해당 코드를 사용하는 부분으로 좁혀준다.

DI를 적용하지 않은 다른 예제를 살펴보자.

```
func GetUserHandlerV1(resp http.ResponseWriter, req *http.Request) {
    // 입력값에 대한 유효성 검사를 수행한다
    err := req.ParseForm()
    if err != nil {
        resp.WriteHeader(http.StatusInternalServerError)
        return
    }
    userID,
    err := strconv.ParseInt(req.Form.Get("UserID"), 10, 64)
    if err != nil {
        resp.WriteHeader(http.StatusPreconditionFailed)
        return
    }

    user := loadUser(userID)
    outputUser(resp, user)
}

func DeleteUserHandlerV1(resp http.ResponseWriter, req *http.Request) {
    // 입력값에 대한 유효성 검사를 수행한다
    err := req.ParseForm()
    if err != nil {
        resp.WriteHeader(http.StatusInternalServerError)
        return
    }
    userID,
    err := strconv.ParseInt(req.Form.Get("UserID"), 10, 64)
    if err != nil {
        resp.WriteHeader(http.StatusPreconditionFailed)
        return
    }

    deleteUser(userID)
}
```

보다시피 두 HTTP 처리기는 Form에서 데이터(UserID)를 가져와서 ParseInt 함수를 통해 정수로 변환한다. 어느 날 입력값에 대한 유효성 검증을 강화하기 위해 UserID가 양수인지 여부를 확인하는 단계를 추가한다고 가정해보자. 결과는 어떤가? 1장에서 설명한 변경의 분산을 위한 좋은 예가 될 것이다. 코드의 많은 부분을 뜯어고쳐야 하는 것 말고는 다른 방법이 없다. 지금까지는 많이 혼란스러웠지만, 이제 깔끔하게 정리할 필요가 있다. 수정이 필요한 부분은 분명하다. 반복되는 로직을 하나로 통합하고, 이곳에 새로운 유효성 검사 로직을 추가하는 것이다. OCP 원칙이 적용된 예제 코드는 다음과 같다.

```go
func GetUserHandlerV2(resp http.ResponseWriter, req *http.Request) {
    // 입력값에 대한 유효성 검사를 수행한다
    err := req.ParseForm()
    if err != nil {
        resp.WriteHeader(http.StatusInternalServerError)
        return
    }
    userID,
    err := extractUserID(req.Form)
    if err != nil {
        resp.WriteHeader(http.StatusPreconditionFailed)
        return
    }

    user := loadUser(userID)
    outputUser(resp, user)
}

func DeleteUserHandlerV2(resp http.ResponseWriter, req *http.Request) {
    // 입력값에 대한 유효성 검사를 수행한다
    err := req.ParseForm()
    if err != nil {
        resp.WriteHeader(http.StatusInternalServerError)
        return
    }
    userID,
    err := extractUserID(req.Form)
    if err != nil {
        resp.WriteHeader(http.StatusPreconditionFailed)
        return
    }
```

```
    deleteUser(userID)
}
```

안타깝게도 원본 코드의 양은 줄어들지 않았지만 읽기 쉽게 다듬어졌다. 그 외에 UserID 필드의 유효성 검사 로직이 변경될 경우도 대비할 수 있게 됐다.

앞선 두 가지 예제에서 OCP 원칙을 만족시키기 위한 핵심은 정확한 추상화를 찾는 것이다.

OCP는 DI와 어떤 관련이 있는가?

1장, '개선을 멈추지 말라'에서는 DI를 의존 관계에 있는 리소스(함수 또는 구조체)를 추상화하는 코딩 방식이라고 정의했다. OCP를 사용하면 좀 더 깔끔하고 견고한 추상화를 구현할 수 있다.

Go 언어에서 OCP는 무엇을 의미하는가?

일반적으로 OCP에 대해 논의할 때는 그 예제로 추상 클래스, 상속, 가상 함수 등 Go 언어에는 없는 것들이 포함돼 있다.

그렇다면 실제로 추상 클래스란 무엇인가? 추상 클래스는 왜 사용하는 것일까?

추상 클래스는 여러 구현체 간에 공유되는 코드를 위한 장소를 제공한다. Go 언어에서도 컴포지션composition을 통해 추상 클래스를 구현할 수 있다. Go 언어에서 추상 클래스를 구현하는 코드는 다음과 같다.

```
type rowConverter struct {
}

// *sql.Row 또는 *sql.Rows 객체로부터 전달된 Person 객체를 채운다
func(d *rowConverter) populate(in *Person, scan func(dest...interface {}) error) error
```

```
{
    return scan(in.Name, in.Email)
}

type LoadPerson struct {
    // 해당 로더에 대한 컨버터를 작성한다
    rowConverter
}

func(loader *LoadPerson) ByID(id int)(Person, error) {
    row := loader.loadFromDB(id)
    person := Person {}
    // 작성된 추상 클래스를 호출한다
    err := loader.populate(&person, row.Scan)
    return person,
    err
}

type LoadAll struct {
    // 해당 로더에 대한 컨버터를 작성한다
    rowConverter
}

func(loader *LoadPerson) All()([]Person, error) {
    rows := loader.loadAllFromDB()
    defer rows.Close()
    output := []Person {}
    for rows.Next() {
        person := Person {}
        // 작성된 추상 클래스를 호출한다
        err := loader.populate(&person, rows.Scan)
        if err != nil {
            return nil, err
        }
    }
    return output,
    nil
}
```

앞서 살펴본 예제에서 공유되는 로직의 일부를 추출해 rowConverter 구조체로 통합했다. 그런 다음, 해당 구조체를 다른 구조체에 포함해서 변경 없이 사용할 수 있다. 이러한 과정을 통해 추상 클래스와 OCP의 목표를 달성했다. 위 예제 코드는 개방돼 있다. 선호하지만 폐쇄된 곳이라면 어디든지 위와 같이 코드를 삽입할 수 있다. 포함된 클래스는 해당 클래스가 다른 클래스에 포함됐다는 사실을 알 필요가 없으며, 포함하는 클래스는 포함된 클래스의 메서드를 사용할 때 내용을 알 필요가 없다.

앞부분에서 폐쇄는 변경되지 않는 것으로 정의했지만, 외부에 노출돼 있거나 다른 곳에서 사용되고 있는 API로 그 범위를 한정했다. private 멤버 변수를 포함해 내부 구현에 대한 세부 사항이 절대로 변경되지 않을 것으로 믿는 것은 옳지 않다. 가장 좋은 방법은 구현에 대한 세부 사항을 숨기는 것이다. 이것을 바로 캡슐화encapsulation라고 한다.

패키지 레벨에서 캡슐화는 간단하다. 단순히 priavte으로 만들면 된다. 가장 좋은 방법은 모든 것을 private으로 선언하고, 정말로 필요한 것들만 public으로 선언하는 것이다. 다시 말해, 이렇게 하는 목적은 위험 요소와 불필요한 작업을 줄이는 데 있다. 만약 여러분이 개발 과정에서 특정 객체를 외부에 노출시킨다면, 사용자는 해당 객체에 의존하게 될 것이다. 해당 객체에 의존성이 생길 경우, 그 객체는 폐쇄돼야 한다. 여러분은 해당 코드에 대한 유지 보수를 해야 하며, 어떠한 변경 사항이 발생할 경우 다른 부분에 큰 영향을 미칠 수도 있다. 따라서 적당한 캡슐화를 통해 패키지 내의 변경 사항을 외부에 숨겨야 한다.

객체 레벨에서 private은 다시 말해 그 객체가 무엇을 하는지 알 필요가 없다는 것이며, 이는 객체가 어떻게 동작하는지를 외부에 숨기는 것을 의미한다. private 멤버 변수에 직접 접근하는 것을 허용하면 객체 간의 결합도를 강하게 만들고, 그로 인한 피해는 고스란히 우리에게 돌아온다.

Go 언어 타입 시스템type system의 가장 좋은 기능 중 하나는 어떤 타입에도 메서드를 정의할 수 있다는 것이다. 상태 검사health check에 응답하는 HTTP 처리기 코드를 작성한다고 가정해보자. 해당 코드를 실행할 때 외부 요청에 대해 HTTP 상태 코드 204[1]로 응답하는 것 외에는 아무런 동작도 하지 않을 것이다. 구현해야 할 인터페이스는 다음과 같다.

```
type Handler interface {
    ServeHTTP(ResponseWriter, *Request)
}
```

위 인터페이스의 구현은 다음과 같을 것이다.

```
// 긴 형태의 HTTP 상태 검사 처리기
type healthCheck struct {
}

func(h *healthCheck) ServeHTTP(resp http.ResponseWriter, _ *http.Request)
{
    resp.WriteHeader(http.StatusNoContent)
}

func healthCheckUsage() {
    http.Handle("/health", &healthCheckLong {})
}
```

위 예제와 같이 인터페이스 구현을 위해 새로운 구조체를 만들 수도 있지만, 최소 다섯 줄은 될 것이다. 이를 다음 코드와 같이 세 줄로 줄일 수 있다.

```
// 짧은 형태의 HTTP 상태 검사 처리기
func healthCheck(resp http.ResponseWriter, _ *http.Request) {
    resp.WriteHeader(http.StatusNoContent)
}

func healthCheckUsage() {
```

---

1   No Content. 클라이언트의 요청은 처리했으나 전송할 데이터가 없음을 의미한다. – 옮긴이

```
    http.Handle("/health", http.HandlerFunc(healthCheck))
}
```

이 경우에는 상세한 내용이 모두 표준 라이브러리에 숨겨져 있다. 위 예제에서는 함수를 http.HandlerFunc 타입으로 캐스팅했으며, 이 타입에 ServeHTTP 메서드를 추가했다. Go 언어에서는 이런 멋진 방법을 통해 http.Handler를 쉽게 구현할 수 있다. 2장에서 이미 살펴봤듯이, 인터페이스를 사용하면 코드의 결합도를 낮춰(느슨한 결합loosely coupled) 유지 관리가 용이해지고 쉽게 확장할 수 있다.

▌리스코프 치환 원칙(LSP)

> "타입 S의 객체 o1과 타입 T의 인스턴스 o2가 있을 때, 어떤 프로그램에서 타입 T의 객체로 P가 사용된다고 하자. S가 T의 서브타입(subtype)이라면 P에 대입된 o1이 o2로 치환된다고 해도 P의 행위는 바뀌지 않는다."
>
> – 바바라 리스코프

나는 이 원칙을 세 번이나 읽고도, 제대로 이해하고 있는지 확신하지 못했다. 하지만 고맙게도 로버트 마틴이 이해하기 쉽게 정리했고, 요약된 내용은 다음과 같다.

> "서브타입은 언제나 자신의 기반 타입으로 교체할 수 있어야 한다."
>
> – 로버트 마틴

무슨 말인지 이해할 수 있었다. 하지만 '이는 다시 추상 클래스를 말하고 있는 것이 아닌가?'라는 생각이 들 것이다. 이미 '개방/폐쇄 원칙(OCP)' 절에서 봤듯이, Go 언어에는 추상 클래스나 상속이 없지만, 컴포지션과 인터페이스가 존재한다.

잠시 한발 물러서서 LSP 원칙의 동기를 살펴보자. LSP 원칙은 서브타입 간에 서로 대체 가능함을 요구한다. 이를 위해 Go 인터페이스를 사용할 수 있으며, 이 기능은 항상 유효하다.

하지만 이 코드는 어떨까?

```go
func Go(vehicle actions) {
    if sled, ok := vehicle.(*Sled);
    ok {
        sled.pushStart()
    } else {
        vehicle.startEngine()
    }

    vehicle.drive()
}

type actions interface {
    drive()
    startEngine()
}

type Vehicle struct {
}

func(v Vehicle) drive() {
    // TODO: 구현 예정
}

func(v Vehicle) startEngine() {
    // TODO: 구현 예정
}

func(v Vehicle) stopEngine() {
    // TODO: 구현 예정
}
type Car struct {
    Vehicle
}

type Sled struct {
```

```
        Vehicle
}

func(s Sled) startEngine() {
    // 아무런 동작도 하지 않도록 오버라이드를 수행한다
}

func(s Sled) stopEngine() {
    // 아무런 동작도 하지 않도록 오버라이드를 수행한다
}

func(s Sled) pushStart() {
    // TODO: 구현 예정
}
```

위 코드는 인터페이스를 사용하고 있지만, LSP 원칙을 위반하고 있다. 다음 코드와 같이 인터페이스를 추가해 이 문제를 해결할 수 있다.

```
func Go(vehicle actions) {
    switch concrete := vehicle.(type) {
        case poweredActions:
            concrete.startEngine()
        case unpoweredActions:
            concrete.pushStart()
    }
    vehicle.drive()
}

type actions interface {
    drive()
}

type poweredActions interface {
    actions
    startEngine()
    stopEngine()
}
```

```
type unpoweredActions interface {
    actions
    pushStart()
}

type Vehicle struct {
}

func(v Vehicle) drive() {
    // TODO: 구현 예정
}

type PoweredVehicle struct {
    Vehicle
}

func(v PoweredVehicle) startEngine() {
    // 일반적인 엔진 시작 코드
}

type Car struct {
    PoweredVehicle
}

type Buggy struct {
    Vehicle
}

func(b Buggy) pushStart() {
    // 아무런 동작도 하지 않는다
}
```

하지만 이 코드가 이전보다 좀 더 낫다고 볼 수는 없다. 수정된 코드에서 여전히 냄새가 난다는 사실은 잘못된 추상화나 잘못된 컴포지션을 사용하고 있을 가능성이 크다는 것을 의미한다. 한 번 더 리팩터링을 진행해보자.

```go
func Go(vehicle actions) {
    vehicle.start()
    vehicle.drive()
}

type actions interface {
    start()
    drive()
}

type Car struct {
    poweredVehicle
}

func(c Car) start() {
    c.poweredVehicle.startEngine()
}

func(c Car) drive() {
    // TODO: 구현 예정
}

type poweredVehicle struct {
}

func(p poweredVehicle) startEngine() {
    // 일반적인 엔진 시작 코드
}

type Buggy struct {
}

func(b Buggy) start() {
    // 시작
}

func(b Buggy) drive() {
    // TODO: 구현 예정
}
```

전보다 훨씬 더 좋아졌다. Buggy 구문은 아무런 의미가 없는 메서드 구현을 강요하지 않으며, 불필요한 로직을 포함하고 있지 않다. 또한 두 가지 유형의 운송 수단^{vehicle}(차량)을 구분하는 것은 매우 멋지고 깔끔한 방법이다. 이것이 LSP 원칙의 핵심을 보여준다.

LSP는 동작에 대한 정의만 할 뿐이며 상세 구현은 하지 않는다.

객체는 원하는 인터페이스를 구현할 수 있지만, 그렇다고 해서 동일한 인터페이스의 다른 구현과 동일하게 동작할 필요는 없다. 다음 예제 코드를 살펴보자.

```go
type Collection interface {
    Add(item interface {})
    Get(index int) interface {}
}

type CollectionImpl struct {
    items []interface {}
}

func(c *CollectionImpl) Add(item interface {}) {
    c.items = append(c.items, item)
}

func(c *CollectionImpl) Get(index int) interface {} {
    return c.items[index]
}

type ReadOnlyCollection struct {
    CollectionImpl
}

func(ro *ReadOnlyCollection) Add(item interface {}) {
    // 의도적으로 아무런 동작도 하지 않는다
}
```

앞서 살펴본 예제에서 모든 메서드를 구현해 API 정의서의 요구 사항을 충족시켰지만, 실제로 필요하지 않은 메서드를 NO−OP$^{No\ Operation}$로 변경했다. ReadOnlyCollection에 Add() 메서드를 구현하면 ReadOnlyCollection의 인터페이스를 충족시키지만, 이는 혼란을 야기할 수 있다. 매개변수로 하위 객체인 Collection을 받아들이는 함수가 있다면 어떤 일이 벌어질까? 또한 Add() 메서드를 호출한다면 어떤 일이 발생할 것으로 예상하는가?

이 경우, 놀랍게도 다음과 같이 변경할 수 있다. ImmutableCollection을 MutableCollection의 상위 객체로 만드는 대신, 다음 코드와 같이 ImmutableCollection을 하위 객체로 해서 관계를 설정할 수 있다.

```go
type ImmutableCollection interface {
    Get(index int) interface {}
}

type MutableCollection interface {
    ImmutableCollection
    Add(item interface {})
}

type ReadOnlyCollectionV2 struct {
    items []interface {}
}

func(ro *ReadOnlyCollectionV2) Get(index int) interface {} {
    return ro.items[index]
}

type CollectionImplV2 struct {
    ReadOnlyCollectionV2
}

func(c *CollectionImplV2) Add(item interface {}) {
    c.items = append(c.items, item)
}
```

이 새로운 구조의 또 다른 장점은 컴파일러가 MutableCollection이 필요한 곳에 ImmutableCollection을 사용하지 않도록 할 수 있다는 것이다.

LSP는 DI와 어떤 관련이 있는가?

LSP 원칙을 따르면, 코드가 주입된 의존성에 관계없이 일관되게 동작한다. 반면에 LSP 원칙을 위반하는 것은 또한 OCP 원칙을 위반하는 것이기도 하다. 이와 같은 원칙을 위반할 경우, 상위 계층에서 하위 계층의 서비스를 이용할 때 하위 계층의 세부 구현 내용을 코드로 작성해야 하므로 의존성 주입에 의한 추상화가 깨지게 된다.

Go 언어에서 LSP는 무엇을 의미하는가?

Go 언어에서 컴포지션을 이용해 인터페이스를 구현하면, 객체지향 언어에서 사용하는 LSP 원칙과 유사하다는 것을 알 수 있다.

인터페이스를 구현할 때 인터페이스를 일관되게 동작하도록 구현하는 LSP 원칙을 적용함으로써 잘못된 추상화를 갖도록 하는 코드 속 나쁜 냄새를 제거할 수 있다.

▌ 인터페이스 분리 원칙(ISP)

> "클라이언트는 자신이 사용하지 않는 메서드에 의존하지 않아야 한다."
>
> – 로버트 마틴

개인적으로는 다음과 같은 직접적인 정의를 선호한다. '인터페이스는 가능한 작은 단위로 분리해야 한다.'

먼저, '뚱뚱한 인터페이스fat interface'가 나쁜 이유를 생각해보자. 큰 덩어리의 인터페이스는 많은 메서드를 갖고 있으므로 이해하기 어렵다. 또한 이러한 인터페이스는 구현,

모의, 스텁 등 사용하기 위해 많은 작업이 필요하다. 인터페이스가 변경될 경우에는 모든 사용자에게 미치는 파급 효과가 클 것이며, 이는 OCP 원칙을 위반하고 무수히 많은 변경의 분산 상황이 발생한다. 이것이 바로 ISP 원칙의 장점이다.

ISP는 날씬한 인터페이스를 정의하도록 요구한다.

새로운 인터페이스를 정의하지 않고, 기존 인터페이스에 기능을 추가해서 인터페이스를 점차 뚱뚱하게 만드는 것은 많은 프로그래머에게 매우 자연스러운 행동이다. 이로 인해 때로는 인터페이스의 구현 부분이 해당 인터페이스의 사용자와 강하게 결합되는 상황이 발생한다. 이러한 강한 결합은 인터페이스, 인터페이스의 구현 부분, 사용자가 변경에 대한 저항성을 갖도록 한다. 다음 예제를 살펴보자.

```go
type FatDbInterface interface {
    BatchGetItem(IDs...int)([]Item, error)
    BatchGetItemWithContext(ctx context.Context, IDs...int)([]Item, error)

    BatchPutItem(items...Item) error
    BatchPutItemWithContext(ctx context.Context, items...Item) error

    DeleteItem(ID int) error
    DeleteItemWithContext(ctx context.Context, item Item) error

    GetItem(ID int)(Item, error)
    GetItemWithContext(ctx context.Context, ID int)(Item, error)

    PutItem(item Item) error
    PutItemWithContext(ctx context.Context, item Item) error

    Query(query string, args...interface {})([]Item, error)
    QueryWithContext(ctx context.Context, query string, args...interface {})
        ([]Item, error)

    UpdateItem(item Item) error
    UpdateItemWithContext(ctx context.Context, item Item) error
}
```

```
type Cache struct {
    db FatDbInterface
}

func(c *Cache) Get(key string) interface {} {
    // 제거된 코드
    // DB로부터 로드한다
    _, _ = c.db.GetItem(42)

    // 제거된 코드
    return nil
}

func(c *Cache) Set(key string, value interface {}) {
    // 제거된 코드
    // DB에 저장한다
    _ = c.db.PutItem(Item {})

    // 제거된 코드
}
```

이 모든 메서드가 하나의 구조체에 속하는 상황을 생각해볼 수 있다. GetItem()과 GetItemWithContext() 같은 메서드 쌍은 전반적이지는 않더라도 부분적으로 동일한 코드를 공유한다. 반면에, GetItem()의 사용자는 GetItemWithContext()를 사용하지 않을 것이다. 이러한 특정 사례에 더 적절한 인터페이스는 다음과 같다.

```
type myDB interface {
    GetItem(ID int)(Item, error)
    PutItem(item Item) error
}

type CacheV2 struct {
    db myDB
}

func(c *CacheV2) Get(key string) interface {} {
    // 제거된 코드
```

```
    // DB로부터 로드한다
    _, _ = c.db.GetItem(42)

    // 제거된 코드
    return nil
}

func(c *CacheV2) Set(key string, value interface {}) {
    // 제거된 코드

    // DB로부터 저장한다
    _ = c.db.PutItem(Item {})

    // 제거된 코드
}
```

이처럼 새롭게 정의된 '날씬한 인터페이스$^{thin\ interface}$'를 사용할 경우, 함수 시그니처[2]가 좀 더 명확해지고 유연해진다. 이것이 ISP의 두 번째 장점이다.

ISP는 함수의 입력을 명확히 한다.

날씬한 인터페이스는 쉽게 구현할 수 있으므로 LSP가 갖는 잠재적인 문제를 방지할 수 있다.

메서드의 입력으로 인터페이스를 사용하는 것은 인터페이스가 뚱뚱해질 우려가 있고 해당 메서드가 SRP 원칙을 위반하고 있다는 신호다. 다음 코드를 살펴보자.

```
func Encrypt(ctx context.Context, data []byte)([]byte, error) {
    // 해당 작업이 오래 걸릴 수 있으므로 종료할 수 있어야 한다
    stop := ctx.Done()
    result := make(chan []byte, 1)

    go func() {
        defer close(result)
```

---

2   함수의 원형에 명시되는 매개변수 리스트 – 옮긴이

```
    // 컨텍스트로부터 암호화 키를 가져온다
    keyRaw := ctx.Value("encryption-key")
    if keyRaw == nil {
        panic("encryption key not found in context")
    }
    key := keyRaw.([]byte)

    // 암호화 작업을 수행한다
    ciperText := performEncryption(key, data)

    // 결과를 전송해 신호를 완성한다
    result < -ciperText
}()

select {
    case ciperText := < -result:
        // 행복 경로
        return ciperText, nil
    case <-stop:
        // 작업 취소
        return nil, errors.New("operation cancelled")
    }
}
```

해결해야 할 문제가 보이는가? 위 예제에서는 메서드의 입력으로 context 인터페이스를 사용하고 있다. 이는 매우 훌륭하고 추천할 만한 방법이지만, ISP 원칙을 위반하고 있다. 실용주의 프로그래머 관점에서 이 인터페이스는 범용적이고 실제로 필요한 두 가지 메서드를 위해 범용적인 인터페이스를 정의하는 것이 불필요하다고 말할 수 있다. 대부분의 경우 인터페이스를 사용하는 것에 동의하지만, 위 예제와 같이 특별한 경우에는 다시 생각해봐야 한다. 위 예제에서는 두 가지 완전히 다른 목적으로 컨텍스트 인터페이스를 사용하고 있다. 첫 번째는 짧은 작업이 필요하거나 시간 초과 시 작업을 중지시킬 수 있는 컨트롤 채널로 사용하며, 두 번째는 값(암호화를 위한 키 값)을 전달하는 데 사용한다. 실제로 위 예제에서 context 인터페이스를 사용하는 것은 SRP 원칙을 위반하고 혼란을 초래해 코드가 변경에 대한 저항성을 갖게 한다.

요청이 아닌 애플리케이션 레벨에서 정지 채널 패턴을 사용할 경우 어떤 일이 발생할까? 키 값이 context에 보관돼 있지 않고 다른 곳에 있을 경우에는 어떤 일이 발생할까? ISP 원칙을 적용해 다음 코드와 같이 범용적인 인터페이스를 특화된 두 개의 인터페이스로 분리할 수 있다.

```go
type Value interface {
    Value(key interface {}) interface {}
}

type Monitor interface {
    Done() < -chan struct {}
}

func EncryptV2(keyValue Value, monitor Monitor, data []byte)([]byte,
    error) {
    // 해당 작업이 오래 걸릴 수 있으므로 종료할 수 있어야 한다
    stop := monitor.Done()
    result := make(chan []byte, 1)

    go func() {
        defer close(result)
        // Value로부터 암호화 키를 가져온다
        keyRaw := keyValue.Value("encryption-key")
        if keyRaw == nil {
            panic("encryption key not found in context")
        }
        key := keyRaw.([]byte)
        // 암호화를 수행한다
        ciperText := performEncryption(key, data)
        // 결과를 전송해 신호를 완료한다
        result < -ciperText
    }()

    select {
    case ciperText:= < -result:
        // 행복 경로
        return ciperText, nil
```

```
        case <-stop:
            // 작업 취소
            return nil, errors.New("operation cancelled")
    }
}
```

이제 위 예제는 ISP 원칙을 준수하며, 두 입력값은 자유롭게 변경할 수 있다. 하지만
이 함수의 사용자는 어떠할까? context를 사용하는 것을 멈춰야 할까? 꼭 그렇지만은
않다. 변경한 메서드를 다음 코드와 같이 변경할 수 있다.

```
// 컨텍스트를 생성한다
ctx, cancel := context.WithCancel(context.Background())
defer cancel()

// 키를 저장한다
ctx = context.WithValue(ctx, "encryption-key", "-secret-")

// 함수를 호출한다
_, _ = EncryptV2(ctx, ctx, []byte("my data"))
```

context를 매개변수로 반복적으로 사용하는 것이 다소 이상하게 느껴질 수도 있지만,
앞서 언급한 바와 같이 좋은 목적을 달성하기 위한 시도다. 이것이 바로 ISP의 마지막
장점이다.

ISP는 구체적인 구현에서 입력을 분리해 다른 부분에 영향을 주지 않고 변경할 수 있다.

ISP는 DI와 어떤 관련이 있는가?

지금까지 살펴본 바와 같이, ISP는 인터페이스를 하나로 묶지 않고 논리적인 구별을
통해 각 인터페이스가 하나의 기능을 갖도록 하는 것이다(때로는 역할 인터페이스role
interface라고도 부른다). DI에서 이러한 역할 인터페이스를 사용함으로써 코드상에서 입력
과 구체적인 구현이 분리된다.

이러한 분리 코드의 일부분을 다른 부분과 독립적으로 변경할 수 있게 해줄 뿐 아니라, 테스트 벡터[3]를 쉽게 구분할 수 있도록 해준다. 앞서 살펴본 예제에서는 한 번에 하나씩 입력값을 스캔해 가능한 값과 상태를 고려하는 것이 더 쉽다. 이 과정을 통해 다음과 같은 벡터 목록을 생성할 수 있다.

입력값 value에 대한 테스트 벡터는 다음과 같다.

- **행복 경로**happy path[4]: 유효한 값을 반환한다.
- **에러 경로**error path[5]: 빈 값을 반환한다.

입력값 monitor에 대한 테스트 벡터는 다음과 같다.

- **행복 경로**: 완료 신호done signal를 반환하지 않는다.
- **에러 경로**: 즉시 완료 신호를 반환한다.

Go 언어에서 ISP는 무엇을 의미하는가?

1장, '개선을 멈추지 말라'에서는 '함수의 매개변수로 인터페이스를 받아들이고, 구조체를 반환하라.'는 Go 언어에서 유명한 관용 표현을 소개했다. 여기서 다루는 내용은 이 아이디어와 ISP를 결합하는 것으로부터 시작한다. 코드에서 이러한 원칙이 반영된 함수는 입력이 간결과 동시에 출력이 명확하다. 다른 개발 언어에서는 함수의 출력을 추상화 형식으로 정의하거나 어댑터 클래스를 생성해 함수를 사용자로부터 완전히 분리할 수 있다. 그러나 Go 언어의 경우에는 암시적 인터페이스implicit interface를 지원하기 때문에 이와 같은 작업이 필요하지 않다.

암시적 인터페이스란 구조체에서 구현해야 할 인터페이스를 정의할 필요 없이 인터페이스를 충족시키는 메서드를 정의하기만 하면 되는 언어적 특징을 말한다. 이를 보여

---

3   애플리케이션이나 시스템을 테스트하기 위해 제공되는 입력값의 집합 – 옮긴이
4   항상 잘되는 경우만 확인해보는 테스트 – 옮긴이
5   예외적인 경우를 확인해보는 테스트 – 옮긴이

주는 코드는 다음과 같다.

```go
type Talker interface {
    SayHello() string
}

type Dog struct {}

// 해당 메서드는 Talker 인터페이스를 암시적으로 구현한다
func(d Dog) SayHello() string {
    return "Woof!"
}
func Speak() {
    var talker Talker
    talker = Dog {}

    fmt.Print(talker.SayHello())
}
```

이는 마치 코드를 타이핑하는 것을 줄이기 위한 트릭처럼 보일 수 있다. 하지만 이것이 암시적 인터페이스를 사용하는 유일한 이유는 아니다. 명시적 인터페이스^{explicit}interface를 사용할 때, 구현 객체와 종속 객체 사이에 다소 명확한 링크가 있기 때문에 이들은 어느 정도 결합돼 있다. 그럼에도 명시적 인터페이스를 사용하는 이유는 아마 단순함 때문일 것이다. Go 언어에서 유명한 인터페이스들 중 하나를 살펴보자.

```go
// Stringer는 String 메서드에 존재하는 값으로 구현되며, 해당 값에 대한 기본 형식을 정의한다
// String 메서드는 문자열 형식을 지원하는 피연산자로 전달된 값을 출력하거나
// Print와 같이 형식화되지 않은 출력을 위해 사용된다
type Stringer interface {
    String() string
}
```

위 인터페이스는 그렇게 인상적이지는 않지만, fmt 패키지가 해당 인터페이스를 다음과 같이 동작하도록 지원한다.

```
func main() {
    kitty := Cat {}
    fmt.Printf("Kitty %s", kitty)
}

type Cat struct {}

// fmt.Stringer 인터페이스에 대한 암시적 구현이다
func(c Cat) String() string {
    return "Meow!"
}
```

명시적 인터페이스를 사용하는 경우, Stringer를 구현하기 위해 메서드를 선언하는 횟수를 상상해보자. Go 환경에서 암시적 인터페이스가 상당한 이점을 제공하는 경우는 아마 ISP, DI와 함께 사용할 때일 것이다. 이 세 가지(암시적 인터페이스, ISP, DI)를 함께 조합해 사용함으로써 특정 사용 사례에 한정된 날씬한 입력 인터페이스를 정의하도록 함으로써, 앞서 살펴본 Stringer 인터페이스 사례와 같이 다른 인터페이스로부터 분리할 수 있다.

또한 인터페이스를 사용하는 패키지의 인터페이스를 정의하면 코드 작업을 할 때 필요한 지식 범위가 좁아지며, 이를 통해 좀 더 쉽게 이해하고 테스트할 수 있다.

▌ 의존성 역전 원칙(DIP)

> "상위 모듈은 하위 모듈에 의존해서는 안 된다. 상위 모듈과 하위 모듈 모두 추상화에 의존해야 한다. 추상화는 세부 사항에 의존해서는 안 된다. 세부 사항이 추상화에 의존해야 한다."
>
> – 로버트 마틴

여러분은 신발 가게에서 검은색 신발을 살지, 갈색 신발을 살지 고민했던 적이 있는가? 그리고 집에 돌아와서는 그 선택을 후회한 적이 있는가? 슬프게도 일단 구입하고

나면 그 신발은 여러분의 것이 된다. 프로그래밍에서 추상화에 대한 구체적인 구현도 이와 동일하다. 한번 잘못된 선택을 하게 되면, 코드의 원복과 리팩터링에도 불구하고 나중에 두고두고 고생하게 된다. 하지만 왜 굳이 선택이 필요 없는 상황에서 선택을 하게 되는 것일까? 다음 다이어그램을 살펴보자.

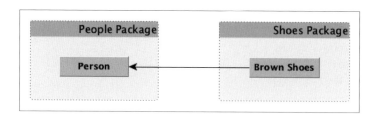

그다지 유연한 구조라고 느껴지지 않는다. 추상화를 통해 관계를 변경해보자.

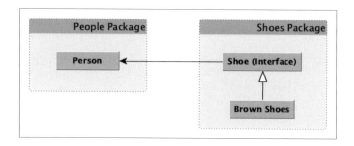

훨씬 좋아졌다. 모든 것이 적절한 추상화에 의존하고 있으며, LSP와 ISP를 모두 만족하고 있다. 패키지는 간결하고 명확하며, SRP를 만족시킨다. 위 다이어그램에 대한 코드는 로버트 마틴이 설명한 DIP를 만족시키는 것처럼 보이지만, 슬프게도 그렇지 않다. 이는 DIP라는 용어의 중간에 있는 '역전inversion'이라는 단어 때문이다.

위 예제에서 shoes 패키지는 shoe 인터페이스를 소유하고 있으며, 이는 전적으로 타당하다. 하지만 요구 사항이 변경될 경우 문제가 발생한다. shoes 패키지를 변경하면 shoe 인터페이스가 변경되기 쉽다. 이로써 결국 Person 객체에 대한 변경이 필요해질 것이다. shoe 인터페이스에 추가되는 새로운 기능들은 Person 객체에서 필요로 하지 않거나 Person 객체와 관련이 없을 수도 있다. 따라서 Person 객체는 여전히 shoe 패키지에 결합돼 있다고 볼 수 있다.

이러한 결합을 완전히 끊기 위해서는 Person 객체가 Shoe를 사용하는 관계에서 다음과 같이 Person 객체가 Footwear를 필요로 하는 관계로 변경해야 한다.

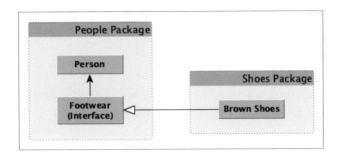

여기에는 두 가지 핵심 포인트가 있다. 첫째, DIP는 추상화의 소유권에 초점을 맞추도록 강요한다. 위 예제에서는 인터페이스를 실제로 사용되는 패키지로 옮기고 '사용'에서 '필요'로 관계를 변경한다. 이것은 미묘한 차이지만 매우 중요하다.

둘째, DIP는 사용에 대한 요구 사항을 구현에서 분리하도록 권장한다. 위 예제에서 Brown Shoes 객체는 Footwear 인터페이스에 대한 구현이지만 더 많은 종류의 신발을 구현하는 것을 어렵지 않게 상상할 수 있으며, 그중 일부는 신발이 아닐 수도 있다.

DIP는 DI와 어떤 관련이 있는가?

의존성 역전dependency inversion은 의존성 주입(DI)과 비슷해서 헷갈리기 쉬우며, 꽤 많은 사람이 같은 것으로 착각해왔다. 하지만 지금까지 살펴본 바와 같이 의존성 역전은 종속성의 추상적 정의에 대한 소유권에 초점을 맞추고 있는 반면, 의존성 주입은 이러한 추상화를 사용하는 데 초점을 맞추고 있다.

DI와 함께 DIP를 적용하면, 쉽게 이해할 수 있고 확장이 용이하며 간단하게 테스트를 수행할 수 있는 잘 분리된 패키지를 정의할 수 있다.

Go 언어에서 DIP는 무엇을 의미하는가?

앞서 Go 언어에서 지원하는 암시적 인터페이스와 이를 활용하기 위해 다른 패키지에서 인터페이스를 가져오는 대신에 동일한 패키지 내에서 인터페이스를 사용해 의존성을 정의하는 방법을 설명했다. 이것이 바로 DIP에 대한 접근 방법이다.

이는 코드의 여러 부분에 인터페이스를 정의해야 하는 것을 의미할 수 있으며, 더 나아가 상당 부분 중복이 발생할 수 있다. 하지만 DIP를 고려하지 않고 정의한 인터페이스는 풍풍해지고 다루기 힘들다는 점을 알게 될 것이다. 이러한 사실은 추후 인터페이스를 변경할 때 더 많은 노력과 비용이 들어간다는 것을 의미한다.

DIP를 적용한 후에는 순환 종속성 문제가 발생하지 않을 것이다. 외부에서 코드에 가져온^{import} 양이 상당히 줄어들 것이며, 의존성 그래프의 형태가 단순해질 것이다. 실제로, 많은 패키지가 main 패키지로만 가져올 수 있다.

▌ 요약

2장에서는 SOLID 디자인 원칙을 살펴봤으며, 이를 DI뿐만 아니라 Go 언어에도 적용하는 방법을 학습했다. 이 책의 후반부(4장 이후)에서 다양한 DI 방법을 학습할 때 2장에서 살펴본 SOLID 디자인 원칙을 자주 참조할 것이다.

3장에서는 새로운 기술을 익히고 시험할 때 코딩의 관점에서 어떤 마음가짐을 가져야 하는지 계속해서 살펴본다. 또한 코딩 작업을 좀 더 편리하게 만드는 몇 가지 유용한 도구를 소개할 것이다.

▌ 질문

1. 단일 책임 원칙은 Go 코드를 어떻게 개선하는가?

2. 개방/폐쇄 원칙은 Go 코드를 어떻게 개선하는가?

3. 리스코프 치환 원칙은 Go 코드를 어떻게 개선하는가?

4. 인터페이스 분리 원칙은 Go 코드를 어떻게 개선하는가?

5. 의존성 역전 원칙은 Go 코드를 어떻게 개선하는가?

6. 의존성 역전과 의존성 주입은 어떻게 다른가?

▌ 더 읽을 거리

팩트출판사는 SOLID 원칙을 학습하기에 좋은 리소스를 보유하고 있다.

- https://subscription.packtpub.com/book/application_development/9781787121300/1

- https://subscription.packtpub.com/book/application_development/9781785884375/10/ch10lvl1sec50/the-solid-principles

- https://subscription.packtpub.com/book/application_development/9781785280832/8

03

사용자 경험을 위한 코딩

프로그래밍 측면에서 너무도 자주 간과되지만 실제로는 중요한 테스트, 사용자 경험, 의존성 그래프를 살펴본다. 이러한 주제들이 의존성 주입(DI)과 무관한 것처럼 느껴질 수도 있지만, 이 책의 후반부에서 기술을 평가할 때 필요한 견고하고 실용적인 기반을 제공하고자 포함시켰다.

3장에서 다루는 주제는 다음과 같다.

- 사람을 위한 최적화 작업
- 단위 테스트란 이름의 '안심 담요security blanket'[1]
- 소프트웨어 디자인을 손상시키는 테스트

---

1   안도감을 얻기 위해 아이가 지니는 담요, 인형 등을 의미한다. – 옮긴이

- 고디그래프^{Godepgraph}를 통한 패키지 의존성 시각화

▎ 기술적 요구 사항

3장에서 다루는 내용을 학습하려면 Go 언어에 대한 기본 지식이 필요하다.

3장에서 사용하는 모든 코드는 https://github.com/PacktPublishing/Hands-On-Dependency-Injection-in-Go/tree/master/ch03에서 다운로드해 사용할 수 있다.

▎ 사람을 위한 최적화 작업

최근 몇 년 사이에 사용자 경험^{User Experience}(UX)이라는 용어가 새롭게 등장했다. UX의 핵심은 사용 편의성이며, 사용자를 이해하고 상호 작용과 인터페이스를 좀 더 직관적이거나 자연스럽게 만드는 것이다.

UX는 일반적으로 고객을 지칭하며, 결국 돈이 어디서 나오는지와 관련 있다. 하지만 프로그래머들은 중요한 것을 놓치고 있다. 프로그래머가 작성한 코드의 사용자는 누구인가? 소프트웨어 자체를 사용하는 고객은 분명 아니다. 프로그래머가 작성한 코드의 사용자는 함께 일하는 동료이며 앞으로 출시될 버전이다. 코드를 이용하는 사용자들의 삶을 더 편하게 만들어주고 싶은가? 다시 말해, 코드를 분석하거나 시스템을 확장하는 데 다가올 미래를 허비할 것인가? 돈이 있는 곳이 바로 그곳이다. 프로그래머는 아름다운 코드가 아니라 기능을 제공하기 위해 보수를 받고 일을 하며, 좋은 UX가 가미된 코드는 기능을 빠르게 제공하고 위험 요인을 줄일 수 있다.

Go 코드에서 사용자 경험은 무엇을 의미하는가?

Go 코드에서 사용자 경험은 무엇을 의미하는가? 간단히 말해, 능숙한 프로그래머가

빠르게 읽고 일반적인 의도를 이해할 수 있을 만한 코드를 작성해야 한다.

이 표현이 다소 논리적이지 않다고 생각하는가? 아마 그렇게 생각할 수 있다. '능숙한'에 대한 정의가 어려운 주된 이유는 팀의 구성원과 환경에 따라 '능숙한'의 기준이 크게 다르기 때문이다. 마찬가지로 이러한 목적을 달성하기가 쉽지 않은 이유는 코드는 본질적으로 다른 사람보다 작성자에 의해 좀 더 쉽게 읽히고 고쳐질 수 있기 때문이다.

그러나 먼저 올바른 방향으로 시작할 수 있는 몇 가지 간단한 원칙을 살펴보자.

간단하게 시작하라 – 필요한 경우에만 복잡하게 작성하라

프로그래머로서 항상 코드를 최대한 단순하게 작성하고자 노력해야 하며, 다른 대안이 없을 경우에만 복잡한 코드를 작성해야 한다. 이 원칙을 실행해보자. 다음 예제 코드가 어떤 작업을 수행하는지 3초 안에 대답해보자.

```go
func NotSoSimple(ID int64, name string, age int, registered bool) string {
    out := &bytes.Buffer {}
    out.WriteString(strconv.FormatInt(ID, 10))
    out.WriteString("-")
    out.WriteString(strings.Replace(name, " ", "_", -1))
    out.WriteString("-")
    out.WriteString(strconv.Itoa(age))
    out.WriteString("-")
    out.WriteString(strconv.FormatBool(registered))
    return out.String()
}
```

다음 예제 코드는 어떤가?

```go
func Simpler(ID int64, name string, age int, registered bool) string {
    nameWithNoSpaces := strings.Replace(name, " ", "_", -1)
    return fmt.Sprintf("%d-%s-%d-%t", ID, nameWithNoSpaces, age, registered)
}
```

첫 번째 예제 코드에 구현된 접근 방식을 전체 시스템에 적용하면 코드를 좀 더 빠르게 실행할 수 있지만, 코드를 작성하는 데 시간이 오래 걸릴 뿐만 아니라 코드를 읽기 어렵고 확장과 유지 보수가 힘들어진다.

개발을 하다 보면 최상의 성능을 얻기 위해 코드를 복잡하게 변경해야 할 때가 있다. 하지만 이러한 변경은 최대한 피하는 것이 좋다.

적당한 추상화를 적용하라

과도한 추상화를 적용하면 코드를 이해하기 어려워질 뿐더러, 오히려 더 많은 양의 코드를 작성해야 한다. 스왑 아웃swap out되거나 추후 확장이 필요한 코드 조각의 경우에는 추상화가 필요하다고 말할 수 있지만, 이와 관련해 실용적인 관점에서 접근할 필요가 있다. 시스템이 비즈니스 가치를 충분히 제공할 수 있을 만큼 구현한 다음, 필요에 따라 리팩터링을 수행하면 된다. 다음 예제 코드를 살펴보자.

```
type myGetter interface {
    Get(url string)(*http.Response, error)
}

func TooAbstract(getter myGetter, url string)([]byte, error) {
    resp, err := getter.Get(url)
    if err != nil {
        return nil, err
    }
    defer resp.Body.Close()

    return ioutil.ReadAll(resp.Body)
}
```

위 예제 코드를 다음과 같이 일반적으로 이해되는 개념concept의 예제 코드와 비교해보자.

```
func CommonConcept(url string)([]byte, error) {
    resp, err := http.Get(url)
```

```
    if err != nil {
        return nil, err
    }
    defer resp.Body.Close()

    return ioutil.ReadAll(resp.Body)
}
```

업계, 팀, 언어의 규약을 준수하라

개념, 변수, 함수 이름은 모두 정해진 규약을 준수할 때 이해하기 쉽다. 만약 여러분이 자동차와 관련된 시스템을 개발하고 있는 상황에서 변수명으로 flower를 사용할 경우, 이 변수는 무엇을 의미하는가? 이 물음을 자신에게 던져보자.

코딩 스타일은 개발자들 사이에 자주 등장하는 논쟁거리다. 나는 몇 년 동안 괄호의 위치와 탭, 스페이스의 들여쓰기 등 코드 서식을 지정하는 문제로 잦은 논쟁을 겪었지만, 개발 언어를 Go 언어로 바꾸고 나서 모든 것이 바뀌었다. Go 언어는 언어 규약이 고정돼 있고 문서화돼 있으며, 코드의 스타일을 자동으로 맞춰주는 gofmt 도구를 제공함으로써 이 논쟁을 해결했다. 하지만 Go 언어에도 피해야 할 나쁜 코딩 스타일이 존재한다. 예상치 못한 에러를 처리하기 위해 사용하는 Go 언어의 panic() 함수가 바로 그것이다. panic() 함수는 Go 언어의 공식 Code Review Comments 위키(https://github.com/golang/go/wiki/CodeReviewComments)에서 명시적으로 권장하지 않는 몇 가지 규약 중 하나다.

팀 규약은 좀 더 명확하게 정의하기 어렵고 때로는 따르기 힘들 때도 있다. 채널 유형의 변수를 result, resultCh 또는 resultChan 중에서 어떻게 정의해야 할까? 나는 이 세 가지 경우가 모두 쓰이는 것을 본 적이 있다.

에러 로깅은 어떤가? 몇몇 팀은 에러가 발생한 시점에 에러 로그를 남기고 싶어 하며, 다른 팀은 호출 스택^call stack 최상단에 에러 로그를 남기길 원한다. 나뿐만 아니라 여러분도 그렇겠지만, 이런 논쟁에서 압도적인 설득력을 지닌 주장을 보지는 못했다.

반드시 필요한 것만 외부에 공개하라

외부에 공개하는 API에 대해 신중하고 인색할 때 좋은 성과를 얻게 되며, 주로 다른 사람들이 쉽게 이해할 수 있다. 메서드가 더 적은 수의 매개변수를 가질수록 자연스럽고 이해하기 쉽다. 다음 예제 코드를 살펴보자.

```
NewPet("Fido", true)
```

위 함수의 매개변수에서 true는 무엇을 의미하는가? 이는 함수나 문서를 살펴보지 않고서는 대답하기 어려운 질문이다. 그러면 다음은 어떤가?

```
NewPet("Fido")
```

이 경우에는 함수의 목적이 명확하고 실수가 발생할 가능성이 적으며, 부가적으로 캡슐화가 개선됐다.

마찬가지로, 적은 수의 메서드를 갖고 있는 인터페이스 및 구조체와 적은 수의 객체를 갖고 있는 패키지가 이해하기 쉽고 좀 더 명확한 목적을 갖고 있다. 다른 예제를 살펴보자.

```
type WideFormatter interface {
    ToCSV(pets []Pet)([]byte, error)
    ToGOB(pets []Pet)([]byte, error)
    ToJSON(pets []Pet)([]byte, error)
}
```

위 예제를 다음 예제 코드와 비교해보자.

```
type ThinFormatter interface {
    Format(pets []Pet)([]byte, error)
}
```

```
type CSVFormatter struct {}

func(f CSVFormatter) Format(pets []Pet)([]byte, error) {
    // pet을 CSV 형식으로 변환한다
}
```

그렇다. 두 경우를 비교하면 코드의 양은 오히려 더 많아진 것을 알 수 있다. 그러나 양이 늘어났음에도 코드는 좀 더 직관적이고 이해하기 쉬워졌다. 사용자에게 더 나은 UX를 제공하려면 더 많은 비용이 필요하지만 사용자의 생산성은 배가 된다. 대부분의 경우, 작성한 코드의 사용자 중 한 명이 미래의 자기 자신임을 생각한다면 현재의 작은 노력으로 미래의 수고를 크게 줄일 수 있다.

미래의 나 자신을 고려하는 이 접근 방법의 두 번째 장점은 생각을 쉽게 바꿀 수 있다는 것이다. 함수 또는 타입을 외부에 공개하면 사용할 수 있으며, 이 방법은 유지 관리돼야 하고 변경하려면 많은 노력이 필요하다. 이러한 접근 방식은 변경을 좀 더 쉽게 만든다.

단일 책임 원칙을 적극적으로 적용하라

2장, 'Go 언어를 위한 SOLID 디자인 원칙'에서 이미 살펴봤듯이, 단일 책임 원칙(SRP)을 적용하면 객체들이 좀 더 간결하고 일관성을 갖게 돼서 이해하기 쉬워진다.

좋은 사용자 경험을 발견하라

좋은 사용자 경험(UX)은 미리 예측할 필요가 없다. 또한 경험 많은 전문가로부터 조언을 구할 필요도 없다. 사실 경험과 관련된 문제는 오늘날 여러분에게 쉽고 간단하며 명백한 것들이 지난달, 지난해 또는 시작했을 때와 크게 다를 수 있다는 점이다.

좋은 UX는 로직, 지속성, 실행을 통해 발견할 수 있다. 사용자에게 적합한 UX가 무엇인지 확인하기 위해 내가 정의한 좋은 UX 찾기 설문 조사를 활용할 수도 있다.

스스로에게 다음과 같이 질문해보자.

- 사용자가 누구인가?
- 사용자의 능력은 어느 정도인가?
- 사용자가 코드를 사용하려고 하는 이유는 무엇인가?
- 사용자가 어떻게 사용할 것으로 예상하는가?

사용자가 누구인가?

대부분의 경우, 대답은 미래의 자기 자신과 자신의 동료가 될 것이다. 미래의 자기 자신은 지금보다 더 훌륭하고 똑똑하며 더 멋있는 사람이 될 것이다. 반면에 미래의 동료가 어떤 모습일지 예측하는 것은 매우 어려운 일이다. 도움이 된다면 미래의 동료가 똑똑하거나 환상적인 모습이 아닐 수도 있다고 상상할 수 있으며, 어떤 상상을 하든 동료들은 분명 이해해줄 것이다. 한편으로 인턴 사원은 예측하기 더 힘들 것이다. 이해하기 쉽게 코드를 작성할 수 있다면, 그것은 분명 많은 사람에게 큰 도움이 될 것이다.

회사 전반에 걸쳐 또는 일반적인 용도로 많이 사용되는 소프트웨어 라이브러리를 개발하는 경우라면, 사용자 관련 질문에 대한 답은 훨씬 더 어려워질 것이다. 일반적으로, 여러분은 목표를 낮게 설정하고 다른 대안이 없을 경우에만 표준적이고 직접적인 형식에서 벗어나길 원할 것이다.

사용자의 능력은 어느 정도인가?

이제 사용자가 누구인지 분명히 했기 때문에 그 사용자의 세계관을 좀 더 명확하게 이해할 수 있다. 개발자로서 코드를 작성하는 여러분과 여러분의 사용자 간에, 심지어 현재의 여러분과 미래의 여러분 간에도 기술, 경험, 도메인 지식 등에 상당한 격차가 있을 수 있다. 이러한 격차가 바로 대부분의 기술 및 소프트웨어 라이브러리가 실패하는 포인트다. Go 언어를 처음 시작하던 시점을 생각해보자. 처음 Go 언어로 작성한 코드가 어떻게 생겼는가? 해당 코드에 아직 사용되지 않은 Go 언어의 기능이 있는가? 개인적으로, 나는 자바에 익숙했기 때문에 몇 가지 선입견을 갖고 이 분야에 뛰어들었다.

- 스레드^{thread}는 비싼 리소스라고 생각했다(그리고 고루틴^{goroutine}은 스레드였다).
- 모든 것이 구조체로 만들어져야 한다고 생각했다.
- 명시적 인터페이스를 사용하는 데 익숙해 지금과 같이 ISP(단일 책임 원칙) 또는 DIP(의존성 역전 원칙)를 사용하는 데 그다지 열정적이지 않았다.
- Go 언어에서 제공하는 채널^{channel}이 갖는 강력함을 이해하지 못했다.
- 람다 함수를 혼동해 사용했다.

시간이 지남에 따라 이러한 종류의 선입견에 따라 종종 오해가 발생하곤 했으며, 특히 Code Review Comments에서 더욱 그러했다. 이러한 문제에 대한 효과적인 답변 방법이 있다. 사용자의 능력은 어느 정도인가? 다음과 같이 한 가지 예를 들어 동료에게 질문해보자.

- 이것은 무슨 역할을 수행하는가?
- 어떻게 했는가?
- 이 함수가 어떻게 동작하기를 기대하는가?

퀴즈를 풀 수 있는 사용자가 없을 경우, 가장 좋은 방법은 '비슷한 것이 무엇이 있는가?'라고 자기 자신에게 질문하는 것이다. 여러분이 다른 사람의 실수를 따르라고 제안하는 것은 아니다. 여기에 숨어있는 기본 원리는 만약 여러분이 개발하는 시스템과 유사한 다른 무엇인가가 존재하고, 여러분의 사용자가 그것에 익숙하다면 사용자들은 여러분이 개발하는 새로운 시스템의 사용 방법을 배울 필요가 없다는 뜻이다. 이 원리는 아마 람다를 사용하려고 하는 상황을 가장 잘 묘사할 것이다. 함수형 프로그래밍에 익숙한 동료들은 람다를 사용하는 데 익숙했지만, 객체지향 프로그래밍에 기반을 두는 동료들에게는 다소 혼란스럽거나 직관적이지 못했다.

사용자가 코드를 사용하려고 하는 이유는 무엇인가?

'사용자가 여러분이 작성한 코드를 사용하려고 하는 이유는 무엇인가?'라는 질문에 대한 답변은 장황하고 매우 다양할 수 있다. 만약 그렇다면, 2장으로 돌아가서 '단일 책임 원칙(SRP)' 절을 다시 읽어볼 것을 권한다. 코드를 더 작고 간결한 단위로 만들어야 하는 것 외에, 목록을 작성해야 할 필요도 있다. 이 목록에 80/20 규칙을 적용할 것이다. 일반적으로 80%의 결과가 20%에 의해 발생한다. 예를 들어 다음과 같은 상황을 가정해보자.

ATM^{Automated Teller Machine} 기기를 가정한다면, 다음과 같은 사용 사례가 있을 수 있다.

- 현금 인출
- 현금 입금
- 잔액 조회
- PIN 코드 변경
- 이체
- 수표 입금

나는 ATM 기기를 이용하는 사용자의 목적 중 80% 이상이 현금 인출이라고 생각한다. 그렇다면, 이러한 정보로 무엇을 할 수 있는가? 인터페이스를 최적화해 가장 보편적인 사용 사례를 최대한 편리하게 만들 수 있다. ATM 기기의 경우, 간단하게 현금 인출 메뉴를 맨 처음 화면에 배치해서 사용자가 검색할 필요가 없도록 할 수 있다. 이제 사용자가 원하는 바를 이해했으므로, 이를 기반으로 사용자가 어떻게 사용할지 예상할 수 있다.

사용자가 어떻게 사용할 것으로 예상하는가?

ATM 기기 예제는 명확했지만, 이는 시스템이므로 함수와 같이 낮은 레벨의 개념에는 어떻게 적용해야 할지 궁금할 것이다. 다음 예제를 확인해보자.

```
// PetFetcher는 데이터 저장소에서 이름이 일치하는 pet을 검색한다
// Limit은 선택 사항이다(기본값: 100). Offset은 선택 사항이다(기본값: 0)
// sortBy는 선택 사항이다(기본값: 이름). sortAscending은 선택 사항이다
func PetFetcher(search string, limit int, offset int, sortBy string,
    sortAscending bool) []Pet {
    return []Pet {}
}
```

아마 별다른 이상이 없어 보일 것이다. 그렇지 않은가? 문제는 대부분의 사용 방법이 다음과 같다는 것이다.

```
results := PetFetcher("Fido", 0, 0, "", true)
```

여기서 보듯이, 대부분의 경우 모든 반환값이 필요하지 않으며 많은 입력값은 무시된다.

이러한 문제 상황에 직면했을 때, 해결하기 위한 첫 번째 단계는 '정말로 필요한 것인가?'라는 질문을 스스로에게 던져보는 것이다. 만약 테스트 목적으로만 존재한다면 테스트에 의한 손상test-induced damage을 의미하며, 이에 대한 내용은 이 책의 뒷부분에서 다룬다.

자주 사용되지는 않지만, 주요 사용 사례에서 사용될 경우에는 다른 방식으로 처리할 수 있다. 첫 번째 옵션은 함수를 여러 부분으로 나누는 것이다. 이를 통해 사용자는 필요한 복잡성만 선택할 수 있다. 두 번째 옵션은 컨피규레이션을 객체로 병합해서 사용자가 사용하지 않는 부분을 무시할 수 있게 만드는 것이다.

두 가지 접근 방식 모두가 합리적인 기본값reasonable default[2]을 제공해 사용자가 필요한 것만 고려하도록 함으로써 해당 함수를 사용하는 데 따른 부담을 덜어준다.

---

2   해결하기 어려운 문제를 위한 대안을 말한다. – 옮긴이

타협해야 할 적정 시기는 언제인가?

뛰어난 사용자 경험(UX)을 갖추는 것은 바람직한 목표이지만 반드시 필요하지는 않으며, UX를 손상시킬 수밖에 없는 상황이 있을 것이다. 첫 번째이자 가장 일반적인 상황은 아마 팀의 발전일 것이다.

팀이 발전하고 Go 언어를 통한 개발 경험이 많아짐에 따라 필연적으로 초기에 적용했던 일부 소프트웨어 패턴이 더 이상 효율적이지 않을 수도 있다. 여기에는 전역 변수의 사용, 패닉, 환경 변수로부터의 컨피규레이션 정보 로딩, 또는 객체가 아닌 함수 단위의 사용 등이 포함될 수 있다. 팀이 발전하면서 좋은 소프트웨어와 표준/직관적인 소프트웨어에 대한 기준이 올라갈 수 있다.

두 번째, 그리고 대부분의 경우에 부족한 UX에 대한 핑계로 많이 언급되는 것이 바로 성능이다. 3장의 초반 예제에서 살펴봤듯이, 빠르게 동작하는(성능이 좋은) 코드를 작성할 수 있지만 빠르게 동작하는 코드는 종종 이해하기 힘들다. 가장 좋은 옵션은 사람을 위한 최적화를 우선적으로 진행하고 나서 시스템이 충분히 빠르지 않은 경우에만 속도에 대한 최적화를 진행하는 것이다. 이러한 최적화는 리팩터링에 대한 노력과 장기적인 관점에서의 비용을 고려해 시스템의 각 부분에 선택적으로 적용돼야 한다.

마지막 상황은 가시성이다. 때로는 좋은 UX가 무엇인지 알 수 없는 상황이 있다. 이러한 경우에 좀 더 효과적인 옵션은 사용과 발생하는 불편 사항에 따라 반복적으로 리팩터링을 수행하는 것이다.

사용자 경험을 위한 코딩에 관한 결론

프로그래머의 시간은 매우 비싸다(실은 엄청난 비용과 노력이 숨어있다). 따라서 프로그램이 실행되는 CPU 시간보다 더 절약해야 할 필요가 있다. 개발자를 위한 사용자 경험은 문제를 해결하고 유용한 소프트웨어를 제공해야 한다는 본질적인 요구 사항 때문에 실제로 어려운 문제다. 그러나 프로그래머의 시간을 절약할 수는 있다. 다음을 명심하자.

- 구성 가능한 항목을 더 많이 만든다고 해서 유용하지는 않다(오히려 사용하기 더 어려워진다).
- 모든 사용 사례에 맞게 디자인하면 모든 사람에게 불편을 준다.
- 사용자의 역량과 기대치는 코드에 대한 인식과 적용 방식에 중요한 역할을 한다.

아마도 UX를 사용자에 맞춰 변경하는 것이 항상 더 나은 결과를 초래하고 변경하기 쉽다.

▌ 단위 테스트란 이름의 안심 담요

많은 사람들이 코드에 대한 단위 테스트를 작성해야 한다고 말할 것이다. 단위 테스트를 사용하면 버그가 발생하지 않도록 보장할 수 있다고 생각하지만, 실제로는 그렇지 않다. 누군가가 반드시 해야 한다고 말했기 때문에 나는 단위 테스트를 작성하지 않았다. 나는 스스로를 대신해 할 수 있는 작업을 단위 테스트로 작성했다. 단위 테스트는 강력한 힘을 갖고 있다. 단위 테스트는 실제로 해야 할 일의 양을 줄여준다. 이는 전에 알고 있던 사실과 많이 다르다. 좀 더 자세히 알아보자.

단위 테스트를 통해 리팩터링에 대한 자유와 자신감을 얻을 수 있다: 나는 리팩터링하는 것을 좋아하지만, 사실 이는 조금 다른 주제다. 리팩터링은 다양한 스타일의 코드, 구현, UX를 실험해볼 수 있게 한다. 단위 테스트를 수행함으로써, 다양한 시도를 하는 과정에서 의도치 않은 실수를 저지르지 않았다고 확신할 수 있다. 결론적으로 단위 테스트를 통해 새로운 기술, 라이브러리 또는 코딩을 시험해볼 수 있는 용기를 얻게 된다.

기존 단위 테스트를 통해 새로운 기능을 쉽게 추가할 수 있다: 앞서 언급했듯이, 새로운 기능을 추가하는 것은 위험이 따른다. 새로운 기능을 추가하는 것은 기존의 어떤 것을 깨뜨릴 위험이 있다. 적절한 테스트를 수행하는 것은 기존에 구현된 기능이 예상대로 작동하는 것을 보장해 새로운 기능을 쉽게 추가할 수 있다. 언뜻 잘 납득되지 않을 수도 있지만 단위 테스트는 개발 시간을 줄여준다. 시스템이 확장됨에 따라 단위 테스트란 안심 담요를 통해 자신감을 갖고 개발을 진행할 수 있으며, 전체 시스템의 안정성을 걱정할 필요가 없다.

단위 테스트는 반복적인 회귀를 방지한다: 현실적으로 회귀를 회피할 방법은 없다. 회귀는 여러분을 나쁘게 보이도록 하고 추가적인 작업을 필요로 하지만, 이는 반드시 발생하게 돼 있다. 기대할 수 있는 최선의 방법은 동일한 내용의 버그를 반복적으로 수정하지 않도록 하는 것이다. 테스트를 통해 회귀의 일부를 방지할 수는 있지만, 전체를 방지하는 것은 사실상 불가능하다. 테스트 과정에서 버그를 발견해 수정할 경우, 두 가지 목적을 달성하게 된다. 첫째, 테스트를 통과했기 때문에 버그가 수정된 시점을 알수 있다. 둘째, 동일한 버그가 발생하지 않는다.

단위 테스트는 개발자의 의도를 문서화한다: 테스트가 문서를 대체할 수 있다고 제안하는 것은 아니지만, 코드를 작성하면 의도를 명시적이고 실행 가능하도록 표현할 수 있다. 이는 특히 한 팀에서 일할 때 갖춰야 할 바람직한 자질이다. 단위 테스트는 다른 사람이 작성한 코드를 망가뜨리거나 코드를 전반적으로 이해하는 것을 걱정하지 않고도 시스템의 어느 파트에서나 작업할 수 있게 한다.

단위 테스트는 의존성에 대한 요구 사항을 문서화한다: 이 책의 후반부에서는 기존에 작성된 코드에 DI를 적용하는 몇 가지 예제를 실습해볼 것이다. 이 과정에서 중요한 부분은 기능을 그룹화하고 특징을 추출해 추상화를 진행하는 것이다. 이러한 추상화는 자연스레 작업의 단위$^{unit of work}$가 된다. 그런 다음 각 단위를 개별적으로 격리해 테스트한다. 결과적으로 테스트는 좀 더 집중적으로 이뤄지고, 작성과 유지 관리가 더 쉽다.

또한 DI를 사용하는 코드에 대한 테스트는 주로 함수가 의존성을 어떻게 사용하고 반응하는지에 초점을 맞춰 진행된다. 이러한 테스트는 의존성에 대한 요구 사항을 효과적으로 정의하고, 회귀를 방지하는 데 도움이 된다.

```
type Loader interface {
    Load(ID int)(*Pet, error)
}

func TestLoadAndPrint_happyPath(t *testing.T) {
    result := &bytes.Buffer {}
    LoadAndPrint(&happyPathLoader {}, 1, result)
    assert.Contains(t, result.String(), "Pet named")
}

func TestLoadAndPrint_notFound(t *testing.T) {
    result := &bytes.Buffer {}
    LoadAndPrint(&missingLoader {}, 1, result)
    assert.Contains(t, result.String(), "no such pet")
}

func TestLoadAndPrint_error(t *testing.T) {
    result := &bytes.Buffer {}
    LoadAndPrint(&errorLoader {}, 1, result)
    assert.Contains(t, result.String(), "failed to load")
}

func LoadAndPrint(loader Loader, ID int, dest io.Writer) {
    loadedPet, err := loader.Load(ID)
    if err != nil {
        fmt.Fprintf(dest, "failed to load pet with ID %d. err: %s", ID, err)
        return
    }

    if loadedPet == nil {
        fmt.Fprintf(dest, "no such pet found")
        return
    }

    fmt.Fprintf(dest, "Pet named %s loaded", loadedPet.Name)
}
```

보다시피, 위 예제 코드는 의존성이 특정 방식으로 동작할 것으로 예상하고 있다. 테스트는 의존성으로부터 이 동작을 강제하지는 않지만, 코드의 요구 사항을 정의하는 역할을 한다.

단위 테스트를 통해 신뢰도를 회복하고 이해도를 높일 수 있다: 시스템이 불안정해지는 것이 두려워서 과감하게 변경하지 못하는 코드가 있는가? 그렇다면, 코드가 어떤 작업을 수행하는지 모르는 경우는 어떤가? 단위 테스트는 위 두 가지 상황 모두에 적합한 솔루션이다. 코드에 대한 테스트를 작성하는 것은 해당 코드가 어떻게 작동하는지 학습하고 코드가 예상대로 동작하는지 여부를 확인하는 데 해를 끼치지 않는 방법이다. 이러한 테스트는 부가적으로 추후 변경 사항에 대한 회귀 방지 및 코드의 동작 방식을 다른 사람들에게 가르치는 데 사용할 수 있다.

그렇다면 왜 단위 테스트를 작성해야 하는가?

단위 테스트를 작성하는 가장 큰 이유는 나를 기분 좋게 만들기 때문이다. 단위 테스트를 통해 모든 것이 의도한 대로 잘 동작하고 있다는 것을 확인한다면 하루 동안이나 주말 내내 기분이 좋을 것이다.

이는 버그가 완전히 없다는 것을 의미하지 않으며, 확실히 버그가 발생할 가능성이 적다는 것을 의미한다. 일단 버그가 수정되면, 다시 발생하지 않을 것이며 당황하거나 난처해지는 것을 피하고 시간을 절약할 것이다. 그리고 무엇보다 버그를 수정함으로써 밤이나 주말에 고장 발생에 따른 지원 요청 전화를 덜 받게 되는 것을 의미한다.

무엇을 테스트해야 하는가?

테스트해야 할 것과 하지 말아야 할 것을 구분해 수치화할 수 있는 지표로 제공하면 좋겠지만, 이는 명확하지 않다.

여기에는 다음 코드에서 보듯이 언어적 특성을 포함하고 있다.

```
func NewPet(name string) *Pet {
    return &Pet {
        Name: name,
    }
}

func TestLanguageFeatures(t *testing.T) {
    petFish := NewPet("Goldie")
    assert.IsType(t, &Pet {}, petFish)
}
```

여기에는 다음 코드와 같이 간단한 함수도 포함된다.

```
func concat(a, b string) string {
    return a + b
}

func TestTooSimple(t *testing.T) {
    a := "Hello "
    b := "World"
    expected := "Hello World"

    assert.Equal(t, expected, concat(a, b))
}
```

좀 더 실용적으로 접근해보자. 개발자는 제대로 동작하는 코드를 작성하고, 이에 대한 보수를 받는다. 테스트는 개발 과정에서 작성한 코드가 계속해서 잘 동작하는지 확인하는 도구일 뿐이다. 많은 테스트를 수행하는 것은 전적으로 가능하다. 하지만 과도한 테스트는 많은 양의 추가 작업을 유발할 뿐만 아니라, 정확하고 안정적인 테스트가 불가능하며 코드의 리팩터링이나 확장 과정에서 손상되기 쉽다.

이러한 이유로, 좀 더 상위 레벨[3]과 블랙박스 레벨에서 테스트하는 것을 추천한다. 다음 예제의 구조체를 살펴보자.

```go
type PetSaver struct {}

// 전달된 pet을 저장하고, ID를 반환한다
func(p PetSaver) Save(pet Pet)(int, error) {
    err := p.validate(pet)
    if err != nil {
        return 0, err
    }
    result,err := p.save(pet)
    if err != nil {
        return 0, err
    }

    return p.extractID(result)
}

// pet에 대한 기록이 완료됐음을 확인한다
func(p PetSaver) validate(pet Pet)(error) {
    return nil
}

// 데이터 저장소에 저장한다
func(p PetSaver) save(pet Pet)(sql.Result, error) {
    return nil, nil
}

// 결과값으로부터 ID를 추출한다
func(p PetSaver) extractID(result sql.Result)(int, error) {
    return 0, nil
}
```

---

3 사용자 환경 – 옮긴이

위 구조체에서 각 메서드에 대한 테스트를 작성한다면, 각 메서드를 변경할 때 이에 대응하는 테스트 또한 변경이 필요하므로 메서드를 제거하거나 리팩터링 작업을 수행하는 것을 원치 않을 것이다. 하지만 다른 사람들이 사용하는 Save() 메서드에 대한 테스트만 작성할 경우보다 덜 번거롭게 나머지 메서드에 대한 리팩터링 작업을 수행할 수 있다.

테스트의 유형 또한 매우 중요하다. 일반적으로 다음과 같은 테스트 작업 수행이 필요하다.

- **행복 경로**: 이는 모든 것이 예상대로 동작하는 경우를 의미한다. 이러한 테스트를 사용해 코드의 사용 방법을 문서화하기도 한다.
- **입력 에러**input error: 부정확하고 예기치 않은 입력으로 인해 코드가 이상하게 작동하는 문제가 발생할 수 있다. 이러한 테스트를 통해 잘못된 입력이 있을 경우, 코드가 사전에 정의한 방식으로 처리할 수 있음을 보장한다.
- **의존성 이슈**dependency issue: 장애가 발생하는 또 다른 일반적인 원인은 코더 에러(회귀) 또는 환경 문제(파일 누락 또는 데이터베이스 호출 실패)와 같이 필요한 시점에 의존성이 제대로 동작하지 않는 경우다.

지금쯤이면 여러분은 단위 테스트에 열광하고 강력한 기능에 대한 기대감으로 들뜨게 될 것이다. 테스트에서 자주 간과되는 측면은 바로 품질이다. 나는 이것에 대해 사용 사례 커버리지나 코드 커버리지 비율을 이야기하는 것이 아니라 원시 코드의 품질을 말하고 있다. 테스트 코드를 작성할 때 운영 환경의 코드와 동일한 조건 및 환경하에서 테스트를 작성하지 않는 것은 슬프게도 매우 흔한 일이다.

중복 코드, 낮은 가독성, 구조체 부족은 개발 과정에서 자주 일어나는 실수들이다. 감사하게도 이러한 문제들은 쉽게 해결할 수 있다. 첫 번째 단계는 이러한 문제를 항상 염두에 두고, 운영 환경에서의 코드와 동일한 수준의 기술을 적용하며 할 수 있는 모든 노력을 기울이는 것이다. 두 번째는 테스트에 특화된 기법을 적용하는 것이다. 많은 테스트 기법이 존재하지만, 3장에서는 다음 세 가지 테스트 기법만 소개할 것이다.

- 테이블 주도 테스트^{table-driven test}
- 스텁^{stub4}
- 모의^{mock}

테이블 주도 테스트

동일한 메서드에 대해 여러 테스트 시나리오를 구현한 코드가 결과적으로 많은 양의
코드 중복을 초래하는 경우가 자주 발생한다. 다음의 예제를 살펴보자.

```go
func TestRound_down(t *testing.T) {
    in := float64(1.1)
    expected := 1

    result := Round(in)
    assert.Equal(t, expected, result)
}

func TestRound_up(t *testing.T) {
    in := float64(3.7)
    expected := 4

    result := Round(in)
    assert.Equal(t, expected, result)
}

func TestRound_noChange(t *testing.T) {
    in := float64(6.0)
    expected := 6

    result := Round(in)
    assert.Equal(t, expected, result)
}
```

이 테스트 코드의 의도는 그리 놀랄 만한 것도 아니며 잘못된 것도 없다. 테이블 주도

---

4 다른 프로그래밍 기능을 대리하는 코드 – 옮긴이

테스트는 이러한 중복의 필요성을 인정하고, 변경되는 부분을 테이블로 추출한다. 이 테이블은 중복이 없는 코드의 단일 사본을 만든다. 위 예제의 테스트 코드를 테이블 주도 테스트로 변환해보자.

```go
func TestRound(t *testing.T) {
    scenarios := []struct {
        desc string
            in float64
        expected int
    } {
        {
            desc: "round down",
            in: 1.1,
            expected: 1,
        },
        {
            desc: "round up",
            in: 3.7,
            expected: 4,
        },
        {
            desc: "unchanged",
            in: 6.0,
            expected: 6,
        },
    }

    for _,
    scenario := range scenarios {
        in := float64(scenario.in)

        result := Round(in)
        assert.Equal(t, scenario.expected, result)
    }
}
```

테스트 코드는 이제 메서드의 모든 시나리오에 대한 테스트에 일관성을 유지해서 결과적으로 좀 더 효율적으로 실행된다. 함수 시그니처 또는 호출 패턴을 변경해야 하는 경우, 이를 수행하는 위치가 단 한 곳뿐이어서 유지 보수 비용이 절감된다. 결과적으로 입력과 출력을 테이블을 통해 재구성할 경우에는 새로운 테스트 시나리오를 쉽게 추가할 수 있고, 입력에 중점을 둬서 테스트 시나리오를 식별하는 데 도움이 된다.

스텁

가끔 테스트 더블[test double]이라고도 일컬어지는 스텁은 예측이 가능하고 대개 고정된 결과를 제공하는 의존성(예를 들면, 인터페이스)의 가짜 구현체다. 스텁은 주로 에러와 같은 코드 경로를 실행하는 데 사용되며, 그렇지 않은 경우 발생시키기 어렵거나 불가능한 상황을 재현하는 데 사용된다.

다음의 예제 인터페이스를 살펴보자.

```
type PersonLoader interface {
    Load(ID int)(*Person, error)
}
```

위 페처[fetcher][5] 인터페이스를 실제 운영 환경에서 구현할 때 업스트림 REST 서비스를 호출한다고 가정해보자. 앞서 살펴본 테스트 목록의 유형을 사용해 다음과 같은 시나리오를 테스트하고자 한다.

- **행복 경로**: 페처는 데이터를 반환한다.
- **입력 에러**: 요청한 Person을 찾지 못하고 실패한다.
- **시스템 에러**: 업스트림 서비스가 다운됐다.

실제로는 구현 가능한 더 많은 종류의 테스트가 존재하지만, 스텁을 설명하기 위해 위 세 가지 시나리오만 있으면 충분하다.

---

5 특정 정보를 가져오는 역할을 수행한다. – 옮긴이

스텁을 사용하지 않고, 어떻게 테스트할 수 있는지 생각해보자.

- **행복 경로**: 업스트림 서비스가 활성화돼 있고 정상적으로 동작해야 하며, 요청할 ID가 유효한 입력이어야 한다.

- **입력 에러**: 업스트림 서비스가 활성화돼 있고 정상적으로 동작해야 하며, 요청할 ID가 유효하지 못한 입력이어야 한다. 그렇지 않을 경우, 이 테스트는 잘못된 결과를 가져올 수 있다.

- **시스템 에러**: 이 테스트를 위해 업스트림 서비스를 중단해야 하는가? 만약 업스트림 서비스를 다른 부서에서 관리하거나 테스트를 수행하는 부서 외에 해당 서비스를 사용하는 다른 사용자가 있을 경우, 테스트할 때마다 서비스를 중단하는 것을 달갑게 여기지 않을 것이다. 업스트림 서비스 요청을 위해 잘못된 URL로 컨피규레이션을 설정할 수도 있지만, 이렇게 하면 기타 다른 테스트 시나리오와 다른 컨피규레이션으로 테스트를 수행하게 된다.

앞에서 설명한 시나리오와 관련해 많은 비프로그래밍non-programming 이슈가 존재한다. 약간의 코드를 추가해 문제를 해결할 수 있는지 살펴보자.

```
// PersonLoader의 스텁 구현체
type PersonLoaderStub struct {
    Person *Person
    Error error
}

func(p *PersonLoaderStub) Load(ID int)(*Person, error) {
    return p.Person, p.Error
}
```

앞에서 살펴본 스텁 구현을 사용하면, 다음 예제 코드와 같이 테이블 주도 테스트를 사용해 시나리오당 하나의 스텁 인스턴스를 만들 수 있다.

```go
func TestLoadPersonName(t *testing.T) {
    // 스텁이 해당 값을 무시하기 때문에 중요한 값은 아니다
    fakeID := 1

    scenarios := []struct {
        desc string
        loaderStub *PersonLoaderStub
        expectedName string
        expectErr bool
    } {
        {
            desc: "happy path",
            loaderStub: &PersonLoaderStub {
                Person: &Person {
                    Name: "Sophia"
                },
            },
            expectedName: "Sophia",
            expectErr: false,
        },
        {
            desc: "input error",
            loaderStub: &PersonLoaderStub {
                Error: ErrNotFound,
            },
            expectedName: "",
            expectErr: true,
        },
        {
            desc: "system error path",
            loaderStub: &PersonLoaderStub {
                Error: errors.New("something failed"),
            },
            expectedName: "",
            expectErr: true,
        },
    }

    for _, scenario := range scenarios {
```

```
        result, resultErr := LoadPersonName(scenario.loaderStub, fakeID)

        assert.Equal(t, scenario.expectedName, result, scenario.desc)
        assert.Equal(t, scenario.expectErr, resultErr != nil, scenario.desc)
    }
}
```

보다시피, 이제 의존성으로 인한 테스트 실패는 발생하지 않는다. 위 테스트 시나리오는 프로젝트가 외부 시스템과 연동하는 것을 더 이상 필요로 하지 않으며, 심지어 더 빠르게 실행할 수 있다. 만약 스텁을 작성하는 것이 부담스럽다면 두 가지 방법을 추천하고 싶다. 첫째, 2장, 'Go 언어를 위한 SOLID 디자인 원칙'에서 다룬 ISP 부분의 내용과 같이, 인터페이스를 더 작은 단위로 쪼갤 수 있는지 확인하라. 둘째, Go 커뮤니티에서 괜찮은 도구가 있는지 확인하라. 필요한 도구를 찾을 수 있을 것이다.

모의

모의는 스텁과 매우 유사하지만, 근본적으로 다른 한 가지 특징이 있다. 모의는 기대하는 결과가 있다. 스텁을 사용해 수행하는 테스트에서는 의존성에 대한 사용성을 검증하지 않는다. 반면에 모의에서는 그렇지 않다. 어떤 것을 사용해야 하는지는 테스트의 유형과 의존성 자체에 따라 크게 달라진다. 예를 들어 특정 상황에서 코드 로그를 확인하는 테스트를 작성하지 않는 한, 로깅 의존성에 대한 스텁을 사용할 수 있다. 하지만 데이터베이스 의존성에 대한 모의는 자주 필요하게 될 것이다. 이전에 작성한 테스트를 스텁에서 모의로 변경해 다음과 같이 호출해보자.

```
func TestLoadPersonName(t *testing.T) {
    // 스텁이 해당 값을 무시하기 때문에 중요한 값은 아니다
    fakeID := 1

    scenarios := []struct {
        desc string
        configureMock func(stub *PersonLoaderMock)
```

```
        expectedName string
        expectErr bool
    } {
        {
            desc: "happy path",
            configureMock: func(loaderMock *PersonLoaderMock) {
                loaderMock.On("Load", mock.Anything).
                Return(&Person {Name: "Sophia"}, nil).
                Once()
            },
            expectedName: "Sophia",
            expectErr: false,
        },
        {
            desc: "input error",
            configureMock: func(loaderMock *PersonLoaderMock) {
                loaderMock.On("Load", mock.Anything).
                Return(nil, ErrNotFound).
                Once()
            },
            expectedName: "",
            expectErr: true,
        },
        {
            desc: "system error path",
            configureMock: func(loaderMock *PersonLoaderMock) {
                loaderMock.On("Load", mock.Anything).
                Return(nil, errors.New("something failed")).
                Once()
            },
            expectedName: "",
            expectErr: true,
        },
    }

    for _, scenario := range scenarios {
        mockLoader := &PersonLoaderMock {}
        scenario.configureMock(mockLoader)
        result,
        resultErr := LoadPersonName(mockLoader, fakeID)
```

```
        assert.Equal(t, scenario.expectedName, result, scenario.desc)
        assert.Equal(t, scenario.expectErr, resultErr != nil, scenario.desc)
        assert.True(t, mockLoader.AssertExpectations(t), scenario.desc)
    }
}
```

앞의 예제에서는 적절한 호출이 이뤄지고 입력이 예상대로 유효한지 확인하고 있다. 모의 기반 테스트가 좀 더 명시적이므로, 스텁 기반 테스트에 비해 다루기 힘들고 상세하게 기술돼 있다. 이 문제와 관련해서 해줄 수 있는 최고의 조언은 '작성하려고 하는 테스트에 가장 적합한 옵션을 선택하라.'는 것이다. 또한 작성한 테스트 코드의 양이 지나치게 많을 경우에는 코드에 대한 테스트의 의미가 무엇인지 좀 더 확실히 해둘 필요가 있다. 아마 기능에 대한 욕심[feature envy] 또는 비효율적인 추상화 등의 문제가 있을 것이며, DIP 또는 SRP를 통한 리팩터링이 많은 도움이 될 것이다.

스텁의 경우와 마찬가지로, Go 커뮤니티에는 모의를 생성하기 위한 훌륭한 도구들이 많이 있다. 개인적으로는 Vektra가 제공하는 목커리[mockery](https://github.com/vektra/mockery)를 사용하고 있다.

다음과 같은 명령을 사용해 목커리를 설치할 수 있다.

```
$ go get github.com/vektra/mockery/.../
```

설치가 완료되면, 명령줄을 이용하거나 다음 예제 코드에서 보듯이 소스 코드에 주석을 추가하고 Go SDK와 함께 제공되는 go generate 도구를 사용해 테스트 인터페이스를 위한 모의를 생성할 수 있다.

```
//go:generate mockery -name PersonLoader -testonly -inpkg -case=underscore
type PersonLoader interface {
    Load(ID int)(*Person, error)
}
```

위와 같은 작업이 완료되면, 다음과 같은 명령을 실행하라.

```
$ go generate ./...
```

위 명령을 실행한 결과로 생성된 모의는 이전 예제에서와 같이 사용할 수 있다. 앞으로 테스트를 위한 도구로 목커리를 사용할 예정이며, 이 책의 후반부에서는 해당 도구를 활용해 많은 모의를 생성해볼 것이다. 목커리는 3장 마지막 부분의 깃허브 프로젝트 링크를 사용해 다운로드할 수 있다.

▌ 테스트로 인한 손상

데이비드 하이네마이어 핸슨David Heinemeier Hansson은 2014년 블로그 포스트에서 단지 테스트를 좀 더 쉽고 빠르게 하고자 시스템을 변경하는 것을 '테스트로 인한 손상test-induced damage'[6]이라고 표현했다. 나는 데이비드의 의견에 대해 큰 틀에서는 동의하지만, 세부적인 내용에서는 의견을 달리하는 부분도 있다. 데이비드는 애플리케이션 DI와 테스트 주도 개발(TDD)의 과도한 사용을 부정적으로 평가하며 테스트로 인한 손상과 같은 용어를 정의했다.

나는 개인적으로 이 두 가지에 대해 실용적인 접근 방식을 취하고 있다. DI와 TDD는 모두 도구다. 이러한 도구를 한 번쯤 사용해보는 것을 권장하며, 다양한 상황에서 문제 해결에 도움이 된다면 매우 유용할 것이다. 혹여 그렇지 않을 경우에도 괜찮다. 나는 TDD를 다른 방법만큼 생산적으로 사용하지 못했다. 일반적으로 함수를 작성한 뒤 행복 경로 커버리지를 갖는 테스트 코드를 작성해 테스트를 수행했으며, 그런 다음 리팩터링과 코드 정리를 진행했다.

---

6   테스트를 좀 더 쉽고 빠르게 수행하기 위해 코드를 변경하는 것을 말한다. - 옮긴이

테스트로 인한 손상의 징후

테스트로 인해 소프트웨어 디자인이 손상될 수 있는 여러 가지 경우가 있지만, 다음은 좀 더 일반적인 유형의 손상 징후를 소개한다.

단지 테스트만을 위해 존재하는 매개변수, 컨피그 옵션 또는 출력

테스트에 필요한 매개변수, 구성 옵션, 출력 등 개별 인스턴스가 큰 영향을 미친다고 는 볼 수 없지만, 결과적으로 비용의 증가를 초래한다. 각 매개변수, 옵션, 출력은 반 드시 사용자가 이해해야 한다는 것을 명심해야 한다. 또한 이와 유사하게 각 매개변 수, 옵션, 출력은 이에 대한 테스트와 문서화가 필요하며 지속적으로 유지 관리돼야 한다.

추상화의 누출로 인해 발생하거나 이를 유발하는 매개변수

데이터베이스 연결 문자열이나 URL을 단지 데이터 계층(데이터베이스 또는 HTTP 클라이 언트)에 전달하는 것을 목적으로 비즈니스 로직 계층$^{business-logic\ layer}$을 통해 전달하는 것 을 쉽게 볼 수 있다. 일반적으로 컨피그를 이처럼 비즈니스 계층을 통해 전달하는 것 은 좀 더 쉽게 테스트할 수 있도록 라이브 컨피그$^{live\ config}$를 변경하기 위해서다. 이러한 가정이 꽤 그럴듯하게 들릴지는 몰라도, 이는 데이터 계층의 캡슐화를 깨뜨릴 수 있 다. 그러나 무엇보다 데이터 계층의 구현체를 변경했을 경우 광범위한 변경의 분산을 우리 스스로 만들 수 있다는 점이 우려된다. 실제로 문제가 되는 것은 테스트가 아니 라, 데이터 계층에 변경이 필요한 경우다. DIP[7]를 이용해, 요구 사항을 비즈니스 로직 계층의 인터페이스로 정의하고 나서 모의 또는 스텁으로 정의할 수 있다. 이렇게 하면 비즈니스 로직 계층을 데이터 계층으로부터 완전히 분리해서 테스트 컨피규레이션을 전달하는 과정을 제거할 수 있다.

---

7 의존성 역전 원칙 – 옮긴이

운영 환경 코드에 포함된 모의

모의와 스텁은 테스트를 위한 도구다. 따라서 테스트 코드에만 존재해야 한다. Go 언어에서 테스트 코드는 _test.go 파일에 작성된 코드를 의미한다. 나는 주변 사람들이 개발 과정에서 인터페이스와 그에 대한 모의를 운영 환경 코드에 포함시키는 것을 봐왔다. 첫 번째 문제는 이러한 테스트 코드가 메인 코드와 전혀 관련 없는 것처럼 보이지만 결국에는 운영 환경 코드에 포함될 가능성이 있다는 점이다. 이러한 실수가 시스템의 어느 위치에서 발생했는지에 따라 좋지 않은 결과를 가져올 수도 있다.

두 번째 문제는 좀 더 미묘하다. 인터페이스와 모의에 대한 코드를 작성하는 것은 중복을 줄이기 위함이며, 이는 매우 훌륭한 접근 방식이다. 그러나 이러한 방법은 한편으로 변경에 대한 의존성과 저항력을 증가시킨다. 일단 코드의 퍼블리싱이 시작되고 다른 곳에서 사용되면, 해당 코드를 변경하는 것은 이 코드를 사용하고 있는 모든 부분을 변경해야 하는 것을 의미한다.

과도한 테스트 커버리지

발생할 수 있는 또 다른 문제는 바로 '과도한 테스트 커버리지'이며, 지나치게 많은 테스트 케이스를 작성할 수 있다는 것을 의미한다. 흔히 기술적인 마인드를 갖고 있다고 생각되는 프로그래머들은 어떠한 메트릭metric을 선호한다. 단위 테스트 커버리지는 그러한 메트릭 중 하나다. 100%의 테스트 커버리지를 달성할 수는 있지만, 이러한 목표를 달성하는 것은 실로 엄청난 시간 낭비이며, 이를 위해 작성된 코드는 생각만 해도 매우 끔찍하다. 다음 예제 코드를 생각해보자.

```go
func WriteAndClose(destination io.WriteCloser, contents string) error {
    defer destination.Close()
    _, err := destination.Write([]byte(contents))
    if err != nil {
        return err
    }
    return nil
```

```
}
```

100% 테스트 커버리지를 달성하려면, destination.Close() 호출이 실패하는 테스트 케이스를 작성해야 한다. 물론 이러한 유형의 테스트 케이스를 작성하는 것은 전적으로 가능하지만, 그렇다고 해서 무엇인가 달성할 수 있지는 않다. 그렇다면 무엇을 테스트해야 하는가? 새로운 테스트 케이스를 작성하는 것은 상황에 알맞게 작성하고 유지해야 할 테스트 대상이 추가되는 것이다. 코드가 제대로 동작하지 않는 경우에는 바로 알아차릴 수 있는가? 다음 예제 코드를 통해 확인해보자.

```go
func PrintAsJSON(destination io.Writer, plant Plant) error {
    bytes, err := json.Marshal(plant)
    if err != nil {
        return err
    }

    destination.Write(bytes)
    return nil
}

type Plant struct {
    Name string
}
```

다시 한 번 말하지만, 코드가 제대로 동작하지 않는 경우의 테스트 케이스는 쉽게 작성할 수 있다. 하지만 이러한 상황을 실제로 테스트할 것인가? 이 경우에는 Go 표준 라이브러리의 JSON 패키지가 제대로 동작하는지 테스트해볼 수 있다. 외부 SDK 및 패키지는 자신들이 제공하는 기능을 사용자가 신뢰할 수 있도록 반드시 자체 테스트 과정을 거쳐야 한다. 그렇지 않은 경우에는 외부 SDK 및 패키지에 대한 테스트를 수행하고 해당 프로젝트에 피드백을 보내야 한다. 이렇게 하면 전체 커뮤니티에 도움을 줄 수 있다.

▌고디그래프를 통한 패키지 의존성 시각화

DI(의존성 주입) 관련 도서를 접하는 독자 여러분은 아마 의존성에 대한 내용을 다루는데 많은 지면을 할애할 것이라고 예상할지도 모른다. 보통 가장 하위 레벨에서 함수, 구조체, 인터페이스에 대한 의존성은 쉽게 시각화할 수 있다. 코드를 읽고, 보기 좋은 그림을 원한다면 다음과 같은 클래스 다이어그램을 작성할 수 있다.

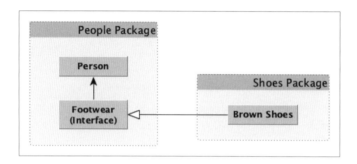

만약 패키지 레벨로 줌아웃(축소)해 패키지 간 의존성을 매핑하려고 할 경우에는 많은 어려움이 뒤따를 것이며, 오픈소스 커뮤니티에서 제공하는 다양한 종류의 오픈소스 도구를 통해 쉽게 해결할 수 있다. 여기서는 고디그래프와 그래프비즈Graphviz(http://www.graphviz.org)라고 불리는 두 가지 도구를 살펴볼 것이다. 고디그래프는 Go 패키지의 의존성 그래프를 생성하기 위한 프로그램이며, 그래프비즈는 소스 그래프 시각화source graph visualization 소프트웨어다.

시각화 도구 설치 방법

간단히 go get 명령을 사용해 고디그래프를 설치할 수 있다. 실행 방법은 다음과 같다.

```
$ go get github.com/kisielk/godepgraph
```

그래프비즈를 설치하는 방법은 운영체제에 따라 다르다. 윈도우^{Windows} 바이너리, 리눅스^{Linux} 패키지, (OSX인 경우에는) 맥포트^{MacPort}와 홈브류^{Homebrew}를 통해 설치할 수 있다.

의존성 그래프 생성하기

고디그래프 설치가 완료되면, 다음 명령을 통해 의존성 그래프를 생성할 수 있다.

```
$ godepgraph github.com/kisielk/godepgraph | dot -Tpng -o godepgraph.png
```

위 명령을 실행한 결과, 다음과 같이 보기 좋은 그림이 생성된다.

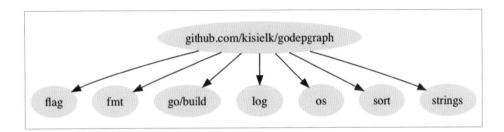

위 그림과 같이 고디그래프에 대한 의존성 그래프는 멋지고 단층^{flat} 구조를 취하고 있으며, 표준 라이브러리(녹색 원으로 표시된) 패키지에만 의존하고 있다.

좀 더 복잡한 작업을 수행해보자. 이 책의 후반부에서 사용할 코드에 대한 의존성 그래프를 생성해보자.

```
$ godepgraph github.com/PacktPublishing/Hands-On-Dependency-Injection-in-
  Go/ch04/acme/ | dot -Tpng -o acme-graph-v1.png
```

위 명령을 실행하고 나면, 믿기 힘들 만큼 복잡해 결코 이 페이지에 포함시킬 수 없는 그래프가 생성된다. 얼마나 복잡한지 직접 확인해보고 싶다면, 예제로 제공되는 ch03/04_visualizing_dependencies/acme-graph-v1.png 파일을 살펴보자. 현재는 유용한 정보를 포함하고 있지 않으므로, 큰 그림에서 볼 때는 세부적인 내용을 이해하는 것을 전혀 걱정하지 않아도 된다.

이런 문제를 해결하기 위해 우선적으로 할 수 있는 작업은 다음 코드와 같이 (-s 플래그 옵션을 사용해) 표준 라이브러리 가져오기를 제거하는 것이다. 여기서는 표준 라이브러리를 사용하는 것이 허용되며, 추상화를 진행하거나 DI를 사용할 때 반드시 필요하지는 않은 것으로 가정할 수 있다.

```
$ godepgraph -s github.com/PacktPublishing/Hands-On-Dependency-Injection-
  in-Go/ch04/acme/ | dot -Tpng -o acme-graph-v2.png
```

위 명령을 실행하고 나면, 생성되는 그래프를 사용할 수 있지만 여전히 복잡하다. 외부에서 제공하는 의존성을 무분별하게 채택하지 않은 경우, 이를 표준 라이브러리와 같이 취급하고 (-o 플래그 옵션을 사용해) 다음 코드와 같이 그래프에서 숨길 수 있다.

```
$ godepgraph -s -o github.com/PacktPublishing/Hands-On-Dependency-
  Injection-in-Go/ch04/acme/ github.com/PacktPublishing/Hands-On-Dependency-
  Injection-in-Go/ch04/acme/ | dot -Tpng -o acme-graph-v3.png
```

위 명령을 실행한 결과는 다음과 같다.

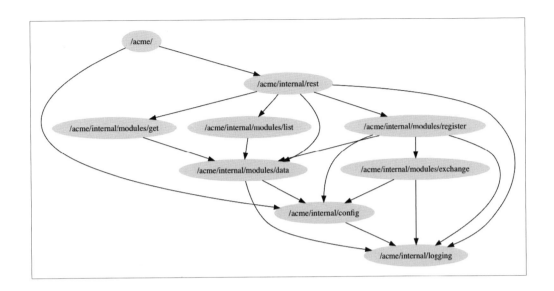

외부 패키지를 제거함으로써, 직접 작성한 패키지가 어떻게 관련돼 있고 어떤 상호 의
존성이 있는지 쉽게 이해할 수 있다.

 OSX 또는 리눅스 사용자를 위해 3장의 소스 코드에 depgraph.sh라는 파일명을 가진
Bash 스크립트를 포함시켰다.

의존성 그래프 해석하기

프로그래밍 세계의 다른 대다수의 것과 마찬가지로, 의존성 그래프의 의미를 해석하
는 것은 매우 개방적이다. 나는 그래프를 활용해서 코드상에 존재하는 잠재적인 문제
들을 찾는다.

그렇다면 완벽한 그래프는 어떻게 생겼을까? 만약 완벽한 그래프라는 것이 존재한다
면 그래프의 형상은 단층 구조를 취하고, 거의 모든 것이 main 패키지에 매달려 있을
것이다. 이러한 형상의 그래프를 갖는 시스템이라면, 모든 패키지가 서로 완전히 분리

되며 외부 의존성과 표준 라이브러리를 넘어서는 의존성을 갖지 않을 것이다.

이것은 실제로 가능하지 않다. 앞으로 다룰 이 책의 후반부에서 살펴보겠지만, DI 메서드의 목적은 의존성이 한 방향으로(위에서 아래로)만 흐르도록 계층을 분리하는 것이다.

추상화 관점에서 보면 다음과 같다.

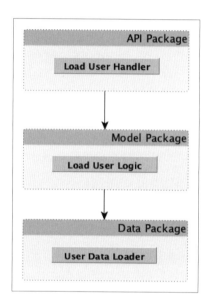

이러한 점을 염두에 두고 이해할 때, 우리가 생성한 그래프가 갖고 있는 잠재적인 문제는 무엇이라고 생각하는가?

패키지를 살펴볼 때 가장 우선적으로 살펴볼 부분은 얼마나 많은 화살표가 해당 패키지를 가리키고 있는지 확인하는 것이다. 이것이 바로 결합도[coupling]를 규정하는 기본적인 척도가 된다. 패키지를 가리키는 모든 화살표는 해당 패키지의 사용자를 의미한다. 따라서 화살표가 가리키는 패키지가 변경될 경우에는 연결된 패키지에 변경이 필요할 수 있음을 의미한다. 그 반대의 경우도 마찬가지다. 현재 패키지에 의존하는 패키지가 많을수록 차후 변경될 가능성이 높다.

DIP의 경우를 고려할 때 다른 패키지의 인터페이스를 적용하는 것은 쉽고 빠르지만, 자신의 인터페이스를 정의하면 스스로에게 의존하고 변화의 가능성을 줄일 수 있는 장점이 있다.

다음으로 config 패키지를 생각해보자. 시스템을 구성하는 거의 모든 패키지가 config 패키지에 의존하고 있다. 지금까지 살펴본 바와 같이, 책임의 정도가 클수록 해당 패키지를 변경하는 것은 쉽지 않다. 그런 점에서 logging 패키지는 쉽게 변경할 수 있다. 아마도 여기서 가장 중요한 것은 config 패키지가 logging 패키지에 의존하고 있다는 점이다. 이는 순환 종속성 문제를 벗어나 '잘못된 패키지 가져오기' 사례를 보여주고 있다. 이 두 가지 문제에 대한 해결 방법은 3장에서 다루지 않으며, 이후의 장에서 DI를 이용해 하나씩 해결해나갈 것이다.

그렇지 않은 경우, 그래프는 꽤 좋은 모양이다. 마치 피라미드 형상처럼 거의 모든 의존성이 main 패키지로부터 뻗어 나간다. 다음 번에는 코드 기반 변경을 통해 시스템을 개선하거나 고디그래프를 활용해 직접 개발한 시스템을 확인해보는 것이 어떤가. 의존성 그래프는 어떤 부분에 문제가 있고 없는지를 정확하게 알려주지 않지만, 어디서부터 시작해야 할지 알 수 있는 힌트를 제공한다.

▌요약

축하한다! 여러분은 이 책 전반부의 끝에 이르렀다. 이 시점에서는 몇 가지 새로운 것을 발견했거나 그동안 잊고 있었던 일부 소프트웨어 디자인 개념을 다시 한 번 떠올렸길 희망한다.

프로그래밍은 다른 전문 분야에서 들이는 노력과 마찬가지로 끊임없는 토론, 학습, 합리적 의심을 필요로 한다.

이 책의 후반부에서는 DI와 관련해 호불호가 갈리는 몇 가지 다른 기술을 살펴본다.

지금까지 살펴본 모든 것을 제대로 학습했다면, 각 기술을 언제 어떻게 적용할지 판단하는 데 아무런 문제가 없을 것이다.

┃ 질문

1. 코드의 사용성이 중요한 이유는 무엇인가?

2. 훌륭한 UX를 가진 코드는 누구에게 가장 도움이 되는가?

3. 좋은 UX는 어떻게 구성하는가?

4. 단위 테스트로 무엇을 할 수 있는가?

5. 어떠한 유형의 테스트 시나리오를 고려해야 하는가?

6. 테이블 주도 테스트는 어떻게 도움이 되는가?

7. 테스트가 어떻게 소프트웨어 디자인을 손상시킬 수 있는가?

04

ACME 등록 서비스 소개

4장에서는 ACME 등록 서비스^{ACME registration service}라고 불리는 소규모의 가상 서비스를 설명할 것이다. 이 서비스에 대한 코드는 이 책의 나머지 부분에서 설명하는 대부분의 예제를 위한 기초로 사용된다. 우선 ACME 등록 서비스가 적용돼 있는 비즈니스 환경을 살펴보고, 서비스의 목표 및 코드를 논의할 것이며, 마지막으로 의존성 주입(DI)을 적용해서 직면한 문제를 해결한 몇 가지 사례를 살펴본다.

4장의 끝부분에 이르면, 여러분은 5장부터 진행되는 개선 작업에 필요한 자질을 갖추게 될 것이다.

4장에서 다루는 주제는 다음과 같다.

- 시스템의 목표

- 시스템 소개
- 알려진 이슈

▌ 기술적 요구 사항

이 책의 나머지 부분에서 사용할 시스템을 배우기 위해 여러분이 가장 선호하는 IDE[Integrated Development Environment][1]에서 소스 코드를 다운로드하고 실행하는 것을 강력히 추천한다.

4장에서 사용하는 모든 코드는 https://github.com/PacktPublishing/Hands-On-Dependency-Injection-in-Go/tree/master/ch04에서 다운로드할 수 있다.

코드를 가져와서 샘플 서비스를 구성하는 방법에 대한 지침은 https://github.com/PacktPublishing/Hands-On-Dependency-Injection-in-Go/에 위치한 README 파일에서 확인할 수 있다.

ACME 등록 서비스의 코드는 ch04/amce 파일에서 확인할 수 있다.

▌ 시스템의 목표

씨앗을 구해서 식물을 키워본 적이 있는가? 오랜 시간이 걸리고 성장이 느리지만 만족할 만한 경험을 준다. 훌륭한 코드를 작성하는 것도 마찬가지다. 정원을 가꿀 때는 아마 첫 번째 단계를 건너뛰고 묘목을 구입하는 것이 일반적이며, 프로그래밍 또한 이와 유사하다. 프로젝트에 참여하면, 대부분의 경우 코드는 이미 존재한다. 때로는 훌륭하게 작성된 코드를 볼 수 있지만, 일반적으로 코드의 상태가 좋지 않다.

대부분 이러한 상황에서 시스템을 채택하게 되며, 효과가 있지만 그렇지 않은 부분도

---

1   통합 개발 환경을 의미한다. – 옮긴이

134

어느 정도 존재한다. 하지만 약간의 애정 어린 보살핌을 통해 늘 정상 상태healthy를 유지하고 번창할 수 있는 시스템으로 변모시킬 수 있다.

그렇다면 정상 상태 시스템을 어떻게 정의할 수 있을까? 일반적으로 우리가 보유하고 운영 중인 시스템은 비즈니스 요건에 따라 동작한다. 이 정도면 충분하지 않은가?

절대 그렇지 않다! 아마도 특정 기능을 제공하기 위해 명시적으로 비용을 받지만, 코드의 유지 보수와 기능 확장을 위한 대가로 암묵적으로 비용을 받기도 한다. 왜 비용을 받아야 하는지 고려하지 않고, 이에 대해 좀 더 이기적인 견해를 갖도록 하자. 여러분은 내일이 오늘보다 편안하길 바라는가? 아니면 좀 더 힘들길 원하는가?

건강한 코드에 대한 근거는 다음과 같은 주요 특징을 포함하고 있다.

- 높은 가독성high readability
- 높은 테스트 용이성high testability
- 낮은 결합도low coupling

이 책의 전반부에서는 이 모든 질문을 언급한 바 있지만, 그 중요성은 한 번 더 살펴볼 것이다.

높은 가독성

간단히 말해, 높은 가독성이란 코드를 쉽게 읽고 이해할 수 있는 것을 의미한다. 가독성이 떨어지면 코드를 읽고 이해하는 데 오랜 시간이 걸리고, 전혀 다르게 동작하는 것으로 오인해 실수로 이어질 수 있다.

다음 예제 코드를 살펴보자.

```go
type House struct {
    a string
    b int
```

```
    t int
    p float64
}
```

위 예제 코드에서는 변수의 네이밍에 문제가 있다. 짧은 이름의 변수는 효율적으로 보일 수 있다. 좀 더 적은 양의 코드를 타이핑하는 것이 작업량을 줄일 수 있다고 생각하지 않는가? 단기적으로 봤을 때는 그렇지만, 장기적으로 보면 코드를 이해하기 어렵게 만든다. 위와 같은 코드는 변수가 무엇을 의미하는지 이해하기 위해 컨텍스트 내에서 해당 코드를 여러 번 다시 읽어야 하지만, 좋은 변수명을 사용하는 코드는 한 번에 변수의 의미를 파악할 수 있게 해준다. 긴 이름의 변수가 무조건 좋다는 것을 의미하지는 않으며, 긴 이름의 변수는 오히려 심적으로 부담을 주고 모니터 화면을 낭비하는 결과를 초래한다. 따라서 변수 이름은 가급적 한 단어로 하되, 보편적으로 이해되고 의도를 잘 나타낼 수 있도록 정해야 한다.

앞서 언급한 좋은 변수 이름을 위한 원칙과 관련해서 예외를 인정할 수 있는 다음 두 가지 상황을 살펴보자. 첫 번째는 메서드에서 리시버receiver를 사용하는 경우다. C++나 자바 언어와는 다르게 Go 언어에는 this 연산자가 존재하지 않는 대신, 리시버를 이용해 어느 구조체struct의 메서드인지 정의할 수 있다. Go 언어의 관습상 리시버의 이름을 길게 붙이지 않는 것이 훨씬 더 유용하다. 이는 구조체 내의 다른 변수들과 쉽게 구분할 수 있기 때문이다.

두 번째 상황은 테스트를 수행하는 경우다. 테스트 함수는 특정 상황에 대한 내용을 코드로 작성해야 하므로 함수의 이름을 길게 붙이는 것이 때로는 적절할 수 있다. 함수의 이름을 간결하게 작성하고 주석을 통해 테스트 상황을 설명하는 것은 오히려 효율적이지 못하다. 일반적으로 테스트 러너test runner가 테스트 실패 시 주석이 아닌 테스트 함수의 이름을 출력하기 때문에 함수의 이름을 길고 명확한 의미를 갖도록 만들면 어떤 테스트가 실패했는지 쉽게 확인할 수 있다.

좋은 변수 이름을 붙이기 위한 원칙을 명심하고, 앞서 살펴본 예제 코드를 다음과 같이 변경해보자. 그런 다음 어떤 코드가 더 읽기 좋은 코드인지 확인해보자.

```
type House struct {
    address string
    bedrooms int
    toilets int
    price float64
}
```

코드의 가독성에 대한 좀 더 자세한 내용은 3장, '사용자 경험을 위한 코딩'의 '사람을 위한 최적화 작업' 절에서 살펴보자.

높은 테스트 용이성

테스트를 자동화하는 것은, 각 기능에 대한 테스트를 수행하는 코드를 작성하는 실제 목적에서 벗어나 시간을 빼앗는 추가적인 작업의 일환으로 느껴질 수 있다. 사실 자동화된 테스트의 주된 목적은 코드 베이스^{code base2}에 대한 변경이나 추가 작업에도 불구하고, 해당 코드가 여전히 예상대로 동작하는 것을 보장하는 데 있다. 테스트를 자동화하는 것은 이를 위한 스크립트를 작성하고 유지 관리해야 하므로 어느 정도의 비용을 필요로 한다. 따라서 작성한 코드가 테스트하기 쉬울수록 어렵지 않게 테스트를 수행하고, 다른 기능을 개발하는 데 집중할 수 있을 것이다.

다음 예제 코드를 살펴보자.

```
func longMethod(resp http.ResponseWriter, req *http.Request) {
    err := req.ParseForm()
    if err != nil {
        resp.WriteHeader(http.StatusPreconditionFailed)
        return
    }
```

---

2   특정 시스템 또는 시스템을 빌드할 때 사용되는 소스 코드 전체의 집합 – 옮긴이

```
    userID, err := strconv.ParseInt(req.Form.Get("UserID"), 10, 64)
    if err != nil {
        resp.WriteHeader(http.StatusPreconditionFailed)
        return
    }

    row := DB.QueryRow("SELECT * FROM Users WHERE userID = ", userID)

    person := &Person {}
    err = row.Scan(person.ID, person.Name, person.Phone)
    if err != nil {
        resp.WriteHeader(http.StatusInternalServerError)
        return
    }
    encoder := json.NewEncoder(resp)
    err = encoder.Encode(person)
    if err != nil {
        resp.WriteHeader(http.StatusInternalServerError)
        return
    }
}
```

위 예제 코드에는 어떠한 문제가 있는가? 이 질문에 대한 가장 간단한 대답은 위 함수가 여러 가지 기능을 담당하고 있다는 것이다.

위 함수는 HTTP와 데이터베이스 같은 경계 계층 로직^{boundary-layer logic}뿐만 아니라 비즈니스 로직^{business logic}을 포함하고 있다. 위 메서드의 경우 코드의 길이가 다소 길어서 많은 컨텍스트(맥락)를 이해하고 있어야 한다. 또한 위 메서드는 기본적으로 단일 책임 원칙(SRP)을 위반하고 있으며, 많은 이유에 의해 변경될 여지가 있다. 입력 형식이 변경될 수 있고, 데이터베이스 형식이 변경될 수 있다. 또한 비즈니스 룰이 변경될 수도 있다. 이러한 변경은 이 코드에 대한 모든 테스트 코드 또한 변경이 필요하다는 것을 의미한다. 다음은 앞서 살펴본 longMethod에 대한 테스트 코드다.

```go
func TestLongMethod_happyPath(t *testing.T) {
    // 요청에 대한 빌드를 수행한다
    request := &http.Request {}
    request.PostForm = url.Values {}
    request.PostForm.Add("UserID", "123")

    // 데이터베이스에 대한 모의를 구현한다
    var mockDB sqlmock.Sqlmock
    var err error

    DB, mockDB, err = sqlmock.New()
    require.NoError(t, err)
    mockDB.ExpectQuery("SELECT .* FROM people WHERE ID = ").
    WithArgs(123).
    WillReturnRows(
        sqlmock.NewRows(
            []string {"ID", "Name", "Phone"}).
            AddRow(123, "May", "0123456789"))

    // 응답에 대한 빌드를 수행한다
    response := httptest.NewRecorder()

    // 함수를 호출한다
    longMethod(response, request)

    // 응답에 대한 유효성 검사를 수행한다
    require.Equal(t, http.StatusOK, response.Code)

    // JSON에 대한 유효성 검사를 수행한다
    responseBytes, err := ioutil.ReadAll(response.Body)
    require.NoError(t, err)

    expectedJSON := `{"ID":123,"Name":"May","Phone":"0123456789"}` + "\n"
    assert.Equal(t, expectedJSON, string(responseBytes))
}
```

보다시피 테스트 코드는 매우 장황해 다루기 쉽지 않다. 아마도 최악의 경우, 이 메서 드에 대해 행복 경로 외에 다른 유형(입력 에러)의 테스트 코드를 작성할 때는 위 테스트 코드를 복사하고 일부를 변경해서 사용할 수 있다. 이는 매우 효율적으로 보이겠지만, 두 가지 이슈가 존재한다. 이러한 상용구 코드[boilerplate code][3] 간에 차이점을 발견하는 것은 매우 어려운 일이며, 테스트 중인 기능을 일부 변경할 경우에는 모든 유형의 테스트 코드에 대한 변경이 필요하다.

위 예제 코드에 대한 테스트 용이성을 개선할 수 있는 여러 가지 방법이 있지만, 가장 간단한 방법은 테스트를 수행할 때 서로 다른 고려 사항을 분리해 한 번에 한 가지 메서드에 대한 테스트를 수행하는 것이다. 예제 코드는 다음과 같다.

```go
func shortMethods(resp http.ResponseWriter, req *http.Request) {
    userID, err := extractUserID(req)
    if err != nil {
        resp.WriteHeader(http.StatusInternalServerError)
        return
    }

    person, err := loadPerson(userID)
    if err != nil {
        resp.WriteHeader(http.StatusInternalServerError)
        return
    }

    outputPerson(resp, person)
}

func extractUserID(req *http.Request)(int64, error) {
    err := req.ParseForm()
    if err != nil {
        return 0, err
    }

    return strconv.ParseInt(req.Form.Get("UserID"), 10, 64)
}
```

---

3   조금만 수정해서 여러 곳에 활용 가능한 코드 – 옮긴이

140

```
func loadPerson(userID int64)(*Person, error) {
    row := DB.QueryRow("SELECT * FROM people WHERE ID = ", userID)

    person := &Person {}
    err := row.Scan(&person.ID, &person.Name, &person.Phone)
    if err != nil {
        return nil, err
    }
    return person, nil
}
func outputPerson(resp http.ResponseWriter, person *Person) {
    encoder := json.NewEncoder(resp)
    err := encoder.Encode(person)
    if err != nil {
        resp.WriteHeader(http.StatusInternalServerError)
        return
    }
}
```

단위 테스트에 대한 좀 더 자세한 내용은 3장, '사용자 경험을 위한 코딩'의 '단위 테스트란 이름의 안심 담요' 절에서 살펴보자.

낮은 결합도

결합도는 객체 또는 패키지의 한 요소가 다른 것과 얼마나 강하게 연결돼 있는지를 나타내는 척도다. 한 객체의 변경으로 인해 다른 객체가 변경될 가능성이 있는 경우나 그 반대일 경우, 이 객체들이 강하게 결합돼 있는 것으로 간주할 수 있다. 반대로, 객체의 결합도가 낮을수록 서로 다른 객체 또는 패키지 간의 독립성이 높아진다. Go 언어에서는 암시적 인터페이스와 안정적이고 최소한으로 노출된 API를 통해 낮은 결합도를 갖는 코드를 구현할 수 있다.

낮은 결합도를 갖는 코드를 작성하는 것은 한 객체나 패키지에 대한 변경이 다른 부분에 영향을 미치지 않으므로 매우 바람직한 일이다. 다음은 암시적 인터페이스를 활용해 요구 사항을 정의함으로써 의존성의 변경으로부터 스스로를 격리하는 예제다.

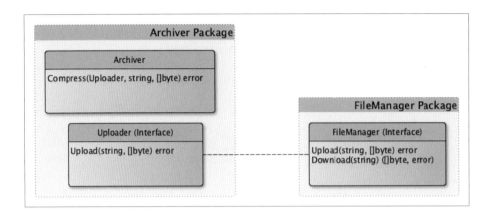

위 예제에서 볼 수 있듯이 Archiver 패키지는 FileManager 패키지에 의존 관계를 형성하고 있지 않으므로 FileManager 패키지에 변경이 있는 경우에도 크게 영향을 받지 않는다. 이처럼 낮은 결합도를 갖는 코드는 코드를 읽을 때 함께 파악해야 할 컨텍스트가 줄어들고, 테스트 코드를 작성할 때 필요한 의존성이 줄어드는 것을 의미한다.

낮은 결합도를 갖는 코드를 작성하기 위해 필요한 방법은 2장, 'Go 언어를 위한 SOLID 디자인 원칙'에서 확인할 수 있다.

목표에 대한 최종 결론

지금까지 몇 가지 패턴을 살펴봤다. 모두가 코드를 쉽게 읽고, 이해하고, 테스트와 확장이 가능하도록 개선하는 것을 목표로 한다. 다시 말하자면 유지 보수가 가능한 코드를 의미한다. 이러한 목표는 이기적이고 완벽주의적인 목표처럼 보일 수도 있지만, 장기적인 관점에서 볼 때 비즈니스를 위해 매우 필요한 요소라고 생각된다. 단기적으로는 일반적인 기능을 구현해 사용자에게 가치를 제공하는 것이 필수적이다.

새로운 기능을 추가하는 데 소요되는 시간과 필요한 프로그래머의 수, 변경으로 인해 발생하는 버그의 수는 모두 증가할 것이다. 또한 초기에 좋은 코드를 개발하기 위한 비용보다 비즈니스 중 발생하는 비용이 더 커질 것이다.

이제 새로운 시스템에 대한 목표를 설정했으므로 현재 상태를 살펴보자.

▎ 시스템 소개

새로운 프로젝트에 참여하게 된 것을 환영한다! 팀에 합류하기 위해 무엇이 필요한가? 다른 프로젝트와 마찬가지로, 해당 시스템의 사용자가 수행하는 작업과 시스템이 배포되는 비즈니스 환경을 우선적으로 파악해야 한다.

이 프로젝트에서 개발하는 시스템은 HTTP 기반의 이벤트 등록 서비스다. 이 시스템은 웹 애플리케이션 또는 기본 모바일 애플리케이션에서 호출되도록 디자인됐다. 다음 다이어그램은 개발하는 시스템이 네트워크를 통해 어떻게 연결되는지를 보여준다.

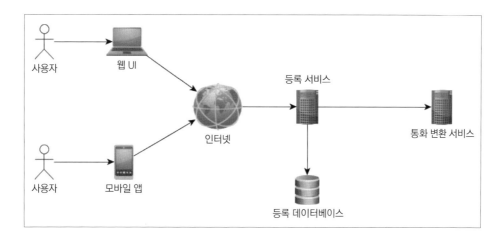

현재 다음과 같은 세 개의 엔드포인트(REST API)가 존재한다.

- Register: 새로운 등록 레코드를 생성한다.
- Get: 등록된 특정 레코드의 상세 정보를 반환한다.
- List: 등록된 모든 레코드의 리스트를 반환한다.

모든 요청 및 응답의 페이로드[payload4]는 JSON 형식으로 구성돼 있다. 데이터는 MySQL 데이터베이스에 저장된다. 또한 이 시스템은 등록에 대한 서비스를 수행한 후 통화(화폐 단위) 변환 서비스를 제공한다. 등록을 진행할 때 100유로의 등록비를 사용자가 지정한 통화(화폐 단위)로 변환해준다.

만약 이 서비스를 로컬 환경에서 실행하고 테스트하길 원한다면, ch04/README.md 파일에서 자세한 내용을 참조하길 바란다.

소프트웨어 아키텍처

앞서 설명한 시스템의 코드는 다음 다이어그램과 같이 개념적으로 세 개의 계층으로 구성돼 있다.

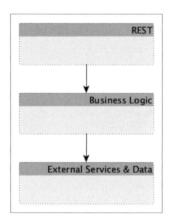

이 시스템의 계층은 다음과 같다.

- **REST**: 이 패키지는 HTTP 요청을 받아들이고, 해당 요청을 비즈니스 로직에 있는 함수 호출로 변환한다. 그런 다음 비즈니스 로직의 응답을 HTTP로 변환한다.

---

4   전송되는 실제 데이터를 의미한다. – 옮긴이

- **비즈니스 로직**business logic : 여기서는 마술 같은 일이 벌어진다. 이 계층은 외부 서비스 및 데이터 계층을 통해 비즈니스 펑션business function을 수행한다.
- **외부 서비스 및 데이터**external service and data : 이 계층은 데이터베이스와 통화 환율을 제공하는 업스트림 서비스에 접근하기 위한 코드로 구성돼 있다.

이 절의 도입부에서 '개념적'이라는 단어를 사용한 이유는 이 시스템에 대한 임포트 그래프import graph가 약간 다른 형상을 보여주고 있기 때문이다.

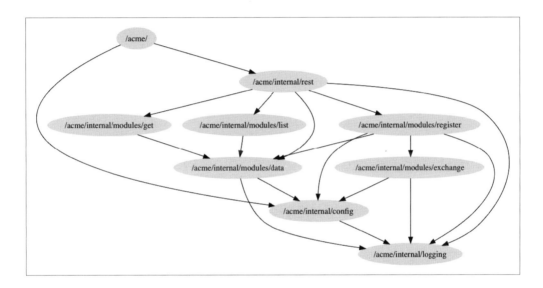

위 임포트 그래프에서 보다시피 이 시스템은 config 패키지와 logging 패키지로 거의 네 번째에 준하는 계층을 갖고 있으며, 더욱이 거의 모든 패키지가 config 패키지와 logging 패키지에 의존하는 나쁜 문제가 있다는 것을 알 수 있다. 이러한 구조는 언젠가는 문제를 일으킬 수 있는 가능성을 내포하고 있다.

여기에는 한 가지 더 불분명한 문제가 있다. rest 패키지와 data 패키지 사이의 링크가 보이는가? 이는 HTTP 계층이 데이터 계층에 의존하고 있다는 것을 의미한다. 두 패키지는 서로 다른 수명 주기를 갖고 있으며, 서로 다른 이유에 의해 변경이 필요하기 때문에 이러한 구조는 매우 위험하다. 다음 절에서는 이 문제와 더불어 내포하고 있는 또 다른 위험한 문제들을 살펴볼 것이다.

▎ 알려진 이슈

모든 시스템은 전체 코드의 일부에 그다지 자랑스러워 하지 않는 '뼈대'[5]를 포함하고 있다. 때로는 더 많은 시간을 투자했더라면 코드의 일부로 완성도를 높였을 것이라는 생각도 든다. 이 프로젝트 또한 별반 다르지 않다. 현재 알고 있는 이슈를 살펴보자.

테스트 용이성

작은 규모로 동작하고 있는 서비스임에도 불구하고, 이 시스템은 몇 가지 이슈를 포함하고 있다. 아마도 가장 다루기 힘든 이슈는 해당 시스템을 테스트하기 어렵다는 점이다. '소프트웨어 디자인을 손상시키는 테스트'를 추가하고 싶지는 않지만, 배포하는 시스템의 안정성에 대한 확신이 필요한 상황이다. 이를 위해서는 테스트의 높은 복잡도 및 상세도를 줄여야 한다. 다음 테스트 코드를 살펴보자.

```
func TestGetHandler_ServeHTTP(t *testing.T) {
    // 제한 시간을 지정해 테스트가 항상 실패할 수 있도록 한다
    ctx, cancel := context.WithTimeout(context.Background(), 5 * time.Second)
    defer cancel()

    // 서버를 생성하고 구동한다
    // 현재 구현체가 없을 경우, 해당 처리기에 대한 테스트가 불가능하다
    address, err := startServer(ctx)
    require.NoError(t, err)

    // 입력값을 빌드한다
    response, err := http.Get("http://" + address + "/person/1/")
```

---

5 프레임워크와 소프트웨어의 개발을 용이하게 하기 위해 재사용 가능한 패턴 철학이 담긴 코드의 집합을 의미한다. – 옮긴이

```
    // 결과값에 대한 유효성 검사를 수행한다
    require.NoError(t, err)
    require.Equal(t, http.StatusOK, response.StatusCode)

    expectedPayload := []byte(`{"id":1,"name":"John","phone":"0123456780","currency":"U
SD","price"
    :100}` + "\n")
    payload, _ := ioutil.ReadAll(response.Body)
    defer response.Body.Close()

    assert.Equal(t, expectedPayload, payload)
}
```

위 코드는 이 시스템의 가장 간단한 엔드포인트인 Get에 대한 테스트 코드다. 이제 어떻게 하면 위 테스트가 깨질 수 있는지 스스로에게 질문해보자. 기술 또는 비즈니스와 관련된 변경이 있을 경우, 위 테스트 코드에 대한 변경이 필요한가? 위 테스트를 통과하기 위해 시스템의 어떤 부분이 정상적으로 동작해야 하는가?

이 질문에 대한 몇 가지 가능한 답변은 다음과 같다.

- URL 경로가 변경될 경우, 테스트가 깨지게 된다.
- 출력 형식이 변경될 경우, 테스트가 깨지게 된다.
- config 파일이 정상적으로 설정되지 않을 경우, 테스트가 깨지게 된다.
- 데이터베이스가 정상적으로 동작하지 않을 경우, 테스트가 깨지게 된다.
- 데이터베이스에 레코드 ID 1이 누락돼 있을 경우, 테스트가 깨지게 된다.
- 비즈니스 로직 계층에 버그가 있을 경우, 테스트가 깨지게 된다.
- 데이터베이스 계층에 버그가 있을 경우, 테스트가 깨지게 된다.

위 목록에서 언급한 상황은 간단한 엔드포인트에 좋지 못한 결과를 초래한다. 이 테스트가 여러 가지 방법에 의해 쉽게 깨질 수 있다는 것이 불안정한 테스트라는 사실을 의미한다. 불안정한 테스트는 유지 보수와 잦은 변경에도 쉽게 깨질 수 있다.

노력의 중복

비즈니스 로직 계층에 있는 Get 엔드포인트의 테스트 코드를 살펴보자.

```
func TestGetter_Do(t *testing.T) {
    // 입력값
    ID := 1
    name := "John"

    // 함수를 호출한다
    getter := &Getter {}
    person, err := getter.Do(ID)

    // 기댓값에 대한 유효성 검사를 수행한다
    require.NoError(t, err)
    assert.Equal(t, ID, person.ID)
    assert.Equal(t, name, person.FullName)
}
```

위 테스트 코드는 바로 앞선 절의 테스트 코드와 거의 유사하다. 동일한 엔드포인트라는 점을 감안한다면, 두 테스트 코드가 유사한 것은 타당하다. 여기서 좀 더 이기적인 시각으로 바라볼 필요가 있다. 위 테스트의 장점은 무엇인가? 앞선 절의 테스트 코드에 비해 단위 테스트 커버리지가 크다는 것 말고 나은 점이 있는가?

전혀 없다. 앞선 절의 테스트 코드는 사실상 통합 테스트였으므로 시스템의 전체 스택을 테스트했다. 위 테스트 또한 통합 테스트이지만, 하나의 계층에 대한 테스트만을 수행하고 있다. 앞의 예제에서 작성한 테스트 코드로 인해 작업량이 두 배가 됐고 유지 관리해야 할 테스트 양이 두 배가 됐으므로, 결국 아무것도 얻은 것이 없다.

테스트 환경에서 부족한 격리

앞의 예제 코드에서 보다시피, 격리^{isolation}가 부족한 것은 시스템을 구성하는 각 계층이 강하게 결합돼 있음을 의미한다. 다음 절에서는 이를 보완하기 위해 DI와 DIP(의존성 역전 원칙)를 적용해볼 것이다.

data 패키지와 rest 패키지 사이의 강한 결합

4장에서 실습하고 있는 시스템에서 rest 패키지는 data 패키지에 정의된 person 구조체를 사용하고 있다. 이러한 구성은 겉보기에는 어느 정도 그럴듯하다. 코드가 적으면 해당 코드를 작성하고 유지 보수해야 할 작업량이 줄어드는 것을 의미한다. 하지만 이는 결국 출력 형식과 데이터 형식이 강하게 결합돼 있다는 것을 의미한다. 암호 또는 IP 주소와 같은 고객 관련 개인정보를 저장하기 시작하면, 어떻게 될지 생각해보자. 이러한 정보는 일부 기능에서 필요할 수 있지만, Get 또는 List와 같은 엔드포인트를 통해 굳이 정보를 공개하지 않아도 된다.

여기에는 명심해야 할 또 다른 고려 사항이 있다. 저장되는 데이터의 볼륨 또는 사용량이 증가함에 따라, 데이터의 형식을 변경해야 할 수 있다. 이러한 구조체에 대한 변경은 API 규약을 깨지게 해서 해당 API를 사용하는 사용자에게 영향을 미칠 수 있다.

시스템을 개발할 때 상당한 비중을 차지하는 위험 요소는 아마도 단순한 휴먼 에러 human error일 것이다. data 패키지에 대한 작업을 할 때 rest 패키지에서 data 패키지의 구조체를 사용 중이라는 것을 기억하지 못하는 경우가 있다. 시스템에 사용자를 위한 로그인 페이지를 추가하는 상황을 가정해보자. 이 기능을 가장 손쉽게 구현할 수 있는 방법은 데이터베이스에 패스워드 필드를 추가하는 것이다. 만약 Get 엔드포인트가 다음 예제 코드와 같은 방식으로 구현된다면 무슨 일이 벌어지겠는가?

```
// 전달된 person 객체를 JSON 형식으로 출력한다
func(h *GetHandler) writeJSON(writer io.Writer, person *data.Person) error {
    return json.NewEncoder(writer).Encode(person)
}
```

아마도 Get 엔드포인트가 반환하는 페이로드에는 패스워드가 포함될 것이다.

이는 단일 책임 원칙(SRP) 위반이며, 이 문제를 해결하려면 두 가지 사용 사례를 분리해 상호 독립적으로 변경할 수 있도록 해야 한다.

config 패키지와 강한 결합

앞서 의존성 그래프에서 살펴본 바와 같이, 거의 모든 것이 config 패키지에 의존하고 있다. 이러한 문제의 주된 원인은 코드에서 전역 공용 변수public global variable를 직접 참조해 컨피규레이션을 진행하는 것이다. 첫 번째 문제는 테스트에 어느 정도 영향을 미칠 수 있다는 점이다. 이런 상황에서는 테스트가 실행되기 전에 반드시 전역 컨피그global config가 적절하게 초기화됐는지 확인해야 한다. 모든 테스트가 동일한 전역 변수를 사용하기 때문에 테스트 수행 능력에 영향을 미칠 수 있는 컨피그 변경을 금지해야 하며, 컨피그가 변경될 경우에는 시간 낭비일지라도 관련된 모든 부분에 반복적인 테스트를 수행하도록 강제화해야 한다.

다음 예제 코드를 살펴보자.

```
// 정지 채널을 컨텍스트에 바인딩한다
ctx := context.Background()

// REST 서버를 구동한다
server := rest.New(config.App.Address)
server.Listen(ctx.Done())
```

위 예제 코드에서는 REST 서버를 구동할 때 바인딩할 서버 주소(호스트 및 포트 정보)를 전달하고 있다. 만약 여러 대의 서버를 구동해 격리된 환경에서 서로 다른 테스트를 진행하고자 한다면, config.App.Address 변수에 저장된 값을 변경해야 한다. 하지만 한 테스트에서 그렇게 진행함으로써 다른 테스트에 우연히 영향을 줄 수 있다.

두 번째 문제는 그리 자주 발생하지 않으며, 이러한 유형의 결합은 본래의 의도 외에는 해당 코드가 다른 프로젝트, 패키지, 사용 사례에 의해 쉽게 사용될 수 없다는 점이다.

마지막 문제가 아마 가장 신경 쓰이게 할 것이다. 순환 종속성 문제로 인해 config 패키지 외부에서 정의한 커스텀 데이터 타입^{custom data type}을 사용할 수 없다.

다음 예제 코드를 살펴보자.

```
// Currency는 커스텀 타입이다: 편의성 및 코드 가독성을 위해 사용했다
type Currency string

// UnmarshalJSON은 json.Unmarshaler의 구현체다
func(c *Currency) UnmarshalJSON(in []byte) error {
    var s string
    err := json.Unmarshal(in, &s)
    if err != nil {
        return err
    }

    currency, valid := validCurrencies[s]
    if !valid {
        return fmt.Errorf("'%s' is not a valid currency", s)
    }
    *c = currency

    return nil
}
```

컨피그에 다음과 같은 내용이 포함돼 있다고 가정해보자.

```
type Config struct {
    DefaultCurrency currency.Currency `json:"default_currency"`
}
```

이러한 경우, Currency 패키지와 동일한 레벨의 패키지에서 config 패키지를 사용하는 것이 불가능하다.

다운스트림의 통화 서비스

이 시스템에서 exchange 패키지는 환율 계산을 위해 HTTP 호출을 외부 서비스로 전달한다. 현재는 테스트가 실행되면 해당 서비스가 호출된다. 이는 테스트가 다음과 같은 특징을 포함하고 있음을 의미한다.

- 테스트는 인터넷 연결을 필요로 한다.
- 테스트 결과는 다운스트림[6] 서비스가 접근 가능하고 제대로 동작하는 것에 의존한다.
- 테스트는 다운스트림 서비스에 대한 적절한 자격 증명credential과 쿼터quota[7]를 필요로 한다.

이 모든 요소는 우리의 통제를 벗어나거나 4장에서 설명하고 있는 시스템과 완전히 무관하다. 만약 '테스트의 신뢰도가 작업의 품질을 나타내는 척도'라는 관점에서 본다면, 이 시스템의 품질은 통제할 수 없는 것에 의존하고 있다. 이는 이상과 꽤 거리가 멀다.

exchange 패키지를 테스트할 때는 가짜 통화 서비스fake currency service를 만들고 이를 가리키도록 컨피그를 변경해 진행할 수 있다. 하지만 다른 서비스를 통해 테스트를 진행하는 것은 매우 성가신 일이며, 에러가 발생할 확률이 매우 높다.

▎요약

4장에서는 일부 문제점을 갖고 있는 소규모 서비스를 소개했다. 앞으로 많은 DI 기법을 살펴보고, 일련의 리팩터링 과정을 통해 해당 서비스를 개선해나갈 것이다. 5장에서는 Go 언어에서 사용 가능한 DI 기법들을 적용해 4장에서 언급했던 문제들을 해결해볼 것이다.

---

6   후속으로 실행되는 것을 의미한다. – 옮긴이
7   시스템마다 사용자 또는 그룹이 생성할 수 있는 리소스 용량에 대한 제한을 의미한다. – 옮긴이

냄새나는 코드, SOLID 원칙, 코드의 사용자 경험과 그 외의 모든 아이디어는 이미 전반부에서 논의했던 내용이라는 사실을 명심해야 한다. 또한 학습 과정에서 합리적인 의심을 하는 것을 잊지 말아야 한다.

항상 다양한 DI 기법을 사용하는 목적이 무엇인지 스스로에게 질문해야 한다. 예를 들면, 다음과 같은 질문들이다. 적용하려고 하는 기법이 코드를 더 좋게 만들거나 더 나쁘게 만드는가? 이 기법을 적용해 해당 코드에 속한 다른 코드를 개선할 수 있는 방법이 있는가?

▎ 질문

1. 4장에서 살펴본 서비스에서 여러분이 개인적으로 가장 중요하게 생각하는 목표는 무엇인가?
2. 어떤 이슈가 가장 시급하고 중요하다고 생각하는가?

05

몽키 패치를 통한
의존성 주입

코드가 전역 변수를 사용하고 있는가? 코드가 파일시스템에 의존하고 있는가? 데이터 베이스의 에러 처리 코드를 테스트해본 적이 있는가?

5장에서는 테스트 과정에서 의존성을 제거하고 적절한 방법으로 테스트할 수 있도록 해주는 몽키 패치monkey patching[1]를 설명할 것이다. 이러한 의존성이 객체인지 함수인지는 크게 문제가 되지 않는다. 5장에서는 샘플 서비스의 데이터베이스에서 테스트를 분리하기 위해 몽키 패치를 적용해본다. 중요한 리팩터링 과정 없이 서로 다른 계층들을 분리할 수 있다.

또한 실용적이고 회의적인 시각을 통해 몽키 패치의 장단점을 논의해볼 것이다.

---

1   프로그램의 런타임 중에 그 구조를 변경하는 것을 말한다. – 옮긴이

5장에서 다루는 주제는 다음과 같다.

- 몽키 매직^{monkey magic} : 몽키 패치 소개
- 몽키 패치의 장점
- 몽키 패치의 적용
- 몽키 패치의 단점

▌ 기술적 요구 사항

4장, 'ACME 등록 서비스 소개'의 코드를 잘 이해하고 있으면 매우 유용할 것이다. 5장에서 진행되는 실습을 위해 https://github.com/PacktPublishing/Hands-On-Dependency-Injection-in-Go/tree/master/ch05에서 서비스에 대한 코드 전체 버전을 다운로드한 후 자세한 정보를 확인하고 실행할 수 있다.

코드를 다운로드해 샘플 서비스를 구성하는 방법은 https://github.com/PacktPublishing/Hands-On-Dependency-Injection-in-Go/의 README 파일에서 확인할 수 있다.

5장에서 설명하는 변경 사항이 이미 적용된 서비스 코드는 ch05/acme에서 확인할 수 있다.

▌ 몽키 매직!

몽키 패치는 일반적으로 프로그램의 런타임에 함수 또는 변수 등을 변경하는 것을 의미한다.

이것은 기존의 의존성 주입(DI) 형태는 아니지만, Go 언어에서 테스트를 용이하게 하는 데 사용할 수 있는 방법이다. 사실, 몽키 패치는 몽키 패치가 아니라면 불가능한 고

유의 방식으로 테스트를 진행하기 위해 사용한다.

먼저 현실 세계에 비유해서 생각해보자. 자동차 충돌 사고가 인체에 미치는 영향을 테스트한다고 가정해보자. 아마 그 누구도 테스트가 진행되는 동안에 차량 내부에 있는 사람이 되고자 지원하지는 않을 것이다. 또한 테스트를 용이하게 하기 위해 차량을 변경할 수도 없다. 하지만 테스트가 진행되는 동안 차 내부에 있을 사람을 충돌 시험 더미crash test dummy[2]로 교체(몽키 패치)할 수는 있다.

코드에서도 이 몽키 패치가 동일한 프로세스로 적용된다. 변경 사항은 테스트 과정에서만 존재하며, 대부분의 경우 운영계 코드에는 거의 영향을 주지 않고 적용해볼 수 있다.

루비, 파이썬, 자바스크립트와 같은 동적 언어에 익숙한 개발자를 위해 몇 가지 간단한 팁을 소개하면 다음과 같다. 개별 클래스의 메서드를 몽키 패치할 수 있으며, 경우에 따라 표준 라이브러리 또한 패치할 수 있다. Go 언어는 5장에서 살펴보듯이, 객체 또는 함수가 될 수 있는 변수를 패치하는 기능만을 제공한다.

▎ 몽키 패치의 장점

DI의 한 형태인 몽키 패치는 구현 방법과 효과성 측면에서 이 책에서 소개하는 다른 DI 기법과 매우 다르다. 그러므로 어떤 상황에서는 몽키 패치가 유일하거나 간결한 옵션이 될 수 있다. 몽키 패치의 다른 장점은 이번 절에서 자세히 살펴본다.

몽키 패치를 통한 DI는 구현하기 매우 쉽다: 이 책에서는 분리를 많이 다루는데, 이는 서로 사용하거나 의존 관계에 있더라도 코드의 조각을 구분해 관리하는 것에 착안했다. 앞으로 추상화를 소개하고 적용해볼 것이며, 우선 한 발짝 뒤로 물러나서 왜 처음부터 코드를 분리해야 하는지 잠시 생각해보자. 그 이유가 단지 테스트를 용이하게 만들기

---

2 충격 실험용 인체 모형 – 옮긴이

위한 것만은 아니다. 분리는 코드를 각기 따로 발전시켜서 작은 그룹과 생각해볼 수 있는 단위로 제공하게 하고, 이를 통해 개별적으로 코드의 다른 부분을 생각해볼 수 있는 기회를 제공한다. 몽키 패치를 적용할 수 있는 것은 잘 분리된 코드다.

다음 함수를 생각해보자.

```go
func SaveConfig(filename string, cfg *Config) error {
    // JSON 형식으로 변환한다
    data, err := json.Marshal(cfg)
    if err != nil {
        return err
    }

    // 파일을 저장한다
    err = ioutil.WriteFile(filename, data, 0666)
    if err != nil {
        log.Printf("failed to save file '%s' with err: %s", filename, err)
        return err
    }

    return nil
}
```

이 함수를 어떻게 하면 운영체제로부터 분리할 수 있는가? 다른 방식으로 설명해보자. 위 함수에서 입력으로 받는 파일이 누락돼 있을 경우, 어떻게 동작하는지 확인하려면 어떻게 테스트를 수행해야 하는가?

파일명을 *os.File 또는 io.Writer로 바꿀 수 있지만, 문제가 다른 곳으로 전파될 수 있다. 위 함수를 구조체로 리팩터링해 ioutil.WriteFile을 호출하는 부분을 추상화함으로써 목업을 통해 테스트를 진행할 수 있다. 하지만 이는 많은 작업이 필요한 것처럼 보인다.

몽키 패치를 통해 좀 더 쉽게 적용할 수 있는 옵션이 있다.

```go
func SaveConfig(filename string, cfg *Config) error {
    // JSON 형식으로 변환한다
    data, err := json.Marshal(cfg)
    if err != nil {
        return err
    }

    // 파일을 저장한다
    err = writeFile(filename, data, 0666)
    if err != nil {
        log.Printf("failed to save file '%s' with err: %s", filename, err)
        return err
    }

    return nil
}

// 커스텀 타입을 통해 몽키 패치가 가능하도록 한다
var writeFile = ioutil.WriteFile
```

단순히 코드 한 줄을 변경함으로써, writeFile 함수를 행복 경로와 에러 시나리오를 테스트해볼 수 있는 모의로 손쉽게 변경할 수 있다.

다른 패키지의 내부 구조를 완전히 이해하지 못하더라도 그 패키지에 대한 모의를 생성할 수 있다: 앞서 살펴본 예제에서 아마 표준 라이브러리에 대한 모의를 진행하고 있다는 것을 눈치챘을 것이다. 함수 ioutil.WriteFile()이 실패하도록 하는 방법을 알고 있는가? 물론 표준 라이브러리 내부를 살펴볼 수는 있다. Go 스킬을 향상시킬 수 있는 좋은 방법이지만, 노력한 만큼의 결과를 얻기 힘들 수도 있다. 이러한 경우에 함수 ioutil. WriteFile()이 어떻게 실패했는지는 중요하지 않다. 실제로 중요한 것은 코드가 에러에 어떻게 반응하는지다.

몽키 패치는 다른 모의의 형태와 마찬가지로, 의존성 내부에는 신경 쓰지 않고 원하는 대로 동작하도록 하는 능력을 제공한다.

어쨌든 외부로부터의 테스트는 반드시 필요하다. 의존성 내부에 대한 생각을 분리하면 모든 테스트가 내부에 대한 지식을 갖지 않으므로, 구현 또는 환경의 변화에 큰 영향을 받지 않는다. io.WriteFile() 함수의 내부 구현에 대한 세부 사항이 변경된다 하더라도, 테스트를 깨뜨릴 수는 없다. 우리가 작성한 테스트는 코드에만 의존하기 때문에 테스트에 대한 신뢰성은 전적으로 우리 스스로에게 달려 있다.

몽키 패치를 통한 DI는 기존 코드에 미치는 영향을 최소화한다: 앞서 살펴본 예제에서는 외부 의존성을 다음과 같이 정의했다.

```
var writeFile = ioutil.WriteFile
```

위 예제 코드를 다음과 같이 변경해보자.

```
type fileWriter func(filename string, data []byte, perm os.FileMode) error

var writeFile fileWriter = ioutil.WriteFile
```

위 코드를 보면 머릿속에 무엇이 떠오르는가? 2장, 'Go 언어를 위한 SOLID 디자인 원칙'의 '의존성 역전 원칙(DIP)' 절에서와 같이 요구 사항을 명시적으로 정의하고 있다. 이러한 변경이 꼭 필요하지는 않지만, 다음과 같은 흥미로운 질문을 던져볼 수 있다.

몽키 패치를 사용하지 않을 경우, 작성한 메서드를 테스트하기 위해 어떠한 변경이 필요한지 되돌아가서 다시 한 번 살펴보자. 첫 번째 방법은 다음 예제 코드와 같이 io.WriteFile을 함수에 주입하는 것이다.

```
func SaveConfig(writer fileWriter, filename string, cfg *Config) error {
    // JSON 형식으로 변환한다
    data, err := json.Marshal(cfg)
    if err != nil {
        return err
    }
```

160

```
    // 파일을 저장한다
    err = writer(filename, data, 0666)
    if err != nil {
        log.Printf("failed to save file '%s' with err: %s", filename, err)
        return err
    }

    return nil
}
```

```
// 커스텀 타입은 반드시 필요하지 않지만, 함수 시그니처를 좀 더 명확하게 만든다
type fileWriter func(filename string, data []byte, perm os.FileMode) error
```

무엇이 잘못됐는가? 개인적으로는 여기에 세 가지 문제가 있다고 생각한다. 첫째, 위 함수는 의존성이 하나뿐인 작고 단순한 함수다. 만약 더 많은 의존성을 갖게 된다면, 위 함수의 상태는 급속도로 나빠질 수 있다. 다른 말로 하자면, 코드의 UX(사용자 경험) 가 나쁘다고 할 수 있다.

둘째, 함수를 구현할 때 캡슐화(정보의 은닉)를 위반하고 있다. SaveConfig 함수에 있는 io.WriteFile을 다른 것으로 변경하도록 리팩터링을 수행한다면 그 결과가 어떻게 될 지 생각해보자. 이러한 상황에서는 해당 함수를 이용하는 모든 부분을 함께 변경해야 한다. 이처럼 코드를 많이 변경하는 경우에는 잠재적인 위험 요소가 증가한다.

마지막으로 3장, '사용자 경험을 위한 코딩'의 '테스트로 인한 손상' 절에서 논의했던 바 와 같이, 변경 사항이 테스트만을 개선할 뿐이며 테스트가 아닌 일반 코드에는 영향을 미치지 않으므로 이러한 변경은 명백한 테스트로 인한 손상이라고 할 수 있다.

생각나는 또 다른 방법은 함수를 객체로 리팩터링해 다음 예제 코드와 같이 좀 더 전통 적인 형태의 DI를 사용하는 것이다.

```
type ConfigSaver struct {
    FileWriter func(filename string, data []byte, perm os.FileMode) error
}
```

```
func(c ConfigSaver) Save(filename string, cfg *Config) error {
    // JSON 형식으로 변환한다
    data, err := json.Marshal(cfg)
    if err != nil {
        return err
    }

    // 파일을 저장한다
    err = c.FileWriter(filename, data, 0666)
    if err != nil {
        log.Printf("failed to save file '%s' with err: %s", filename, err)
        return err
    }

    return nil
}
```

안타깝게도 위 리팩터링 결과는 이전 예제와 유사한 문제를 겪고 있다. 그중 가장 중요한 문제는 코드의 상당 부분이 외부 요인에 의해 변경될 가능성이 있다는 것이다. 보다시피, 몽키 패치는 전통적인 방법에 비해 훨씬 적은 양의 변경을 필요로 한다.

몽키 패치를 활용한 DI를 통해 전역 및 싱글톤 테스트 가능: Go 언어의 경우 싱글톤 패턴을 지원하지 않으므로, 이런 말을 들으면 여러분은 아마 내가 미쳤다고 생각할지도 모른다. 엄격한 기준으로 보면 아닐 수도 있지만, math/rand 표준 라이브러리 패키지 (https://godoc.org/math/rand) 코드를 살펴본 적이 있는가? 코드를 살펴보다 보면, 다음과 같은 내용을 확인할 수 있다.

```
// Rand는 랜덤 숫자의 소스다
type Rand struct {
    src Source

    // 제거된 코드
}

// Int는 음수가 아닌 유사 난수 int를 반환한다
```

```
func(r *Rand) Int() int {
    // 간결함을 위해 코드가 변경됐다
    value := r.src.Int63()
    return int(value)
}

/*
 * 상위 레벨 편의 함수
 */

var globalRand = New(&lockedSource {})

// Int는 기본 소스로부터 음수가 아닌 유사 난수 int를 반환한다
func Int() int { return globalRand.Int() }

// 소스는 균일하게 분포됐다
// 유사 난수 int64 값의 범위는 1부터 2^63까지다
type Source interface {
    Int63() int64

    // 제거된 코드
}
```

Rand 구조체를 어떻게 테스트할 것인가? Source를 랜덤(무작위로 선정)이 아닌 예측 가능한 결과를 반환하는 모의로 쉽게 변경할 수 있다.

그렇다면 편의 함수[convenience function 3]인 Int()의 경우에는 어떻게 테스트할 수 있는가? 편의 함수를 테스트하는 것은 생각만큼 그렇게 쉽지 않다. Int() 메서드는 랜덤 값을 반환하도록 정의돼 있다. 하지만 몽키 패치를 통해 다음 코드와 같이 변경할 수 있다.

```
func TestInt(t *testing.T) {
    // 몽키 패치
    defer func(original *Rand) {
        // 사용 후 패치를 복원한다
        globalRand = original
```

---

3   프로그래밍 라이브러리 또는 프레임워크에서 꼭 필요하지는 않은 서브루틴을 의미한다. – 옮긴이

```
        }(globalRand)

        // 예측 가능한 결과를 위해 교환한다
        globalRand = New(&stubSource {})
        // 몽키 패치 종료

        // 함수를 호출한다
        result := Int()
        assert.Equal(t, 234, result)
}

// 다음은 예측 가능한 값을 반환하는 스텁 구현체다
type stubSource struct {
}

func(s *stubSource) Int63() int64 {
        return 234
}
```

몽키 패치를 사용하면, 클라이언트 코드를 변경하지 않고도 싱글톤의 사용 방법을 테스트할 수 있다. 이를 다른 방법으로 구현하려면 코드에 간접적으로 참조하는 계층을 추가해야 하는데, 결과적으로는 클라이언트 코드를 변경해야 한다.

❙ 몽키 패치 적용

4장, 'ACME 등록 서비스 소개'에서 다룬 ACME 등록 서비스에 몽키 패치를 적용해보자. 이 시스템에 필요하다고 생각되는 많은 개선 사항 중 하나는 테스트의 신뢰성과 커버리지다. 이를 위해 data 패키지에 작업을 진행할 것이다. 현재 단지 하나의 테스트만을 갖고 있으며 그 코드는 다음과 같다.

```
func TestData_happyPath(t *testing.T) {
    in := &Person {
        FullName: "Jake Blues",
        Phone: "01234567890",
        Currency: "AUD",
        Price: 123.45,
    }

    // 저장
    resultID, err := Save(in)
    require.Nil(t, err)
    assert.True(t, resultID > 0)

    // 로드
    returned, err := Load(resultID)
    require.NoError(t, err)

    in.ID = resultID
    assert.Equal(t, in, returned)
    // 전체 로드
    all, err := LoadAll()
    require.NoError(t, err)
    assert.True(t, len(all) > 0)
}
```

위 테스트에서는 데이터를 저장한 후 새롭게 등록된 항목을 Load와 LoadAll 메서드를 사용해 다시 로드한다.

위 테스트 코드는 적어도 세 가지 문제점을 갖고 있다.

첫째, 행복 경로에 대한 테스트만 진행하고 있을 뿐, 에러 처리에 대한 부분은 전혀 테스트하지 않고 있다.

둘째, 테스트 코드가 데이터베이스에 의존하고 있다. 몇몇 사람은 이러한 방식이 괜찮다고 주장할 수도 있지만, 나는 더 이상 이러한 논쟁에 참여하고 싶지 않을 뿐이다. 실제 데이터베이스를 사용하는 것과 같이 특별한 경우, LoadAll()에 대한 테스트가 구체적이지 않기 때문에 테스트가 제대로 수행되지 않을 것이다.

마지막으로, 모든 함수를 격리시키지 않고 함께 테스트하고 있다. 테스트하는 동안에 다음 부분에서 실패할 경우 어떤 일이 발생할지 생각해보자.

```
returned, err := Load(resultID)
require.NoError(t, err)
```

위 테스트 코드에서 어떤 부분이 문제라고 생각하는가? Load() 함수가 깨졌는가? 아니면 Save() 함수가 깨졌는가? 이러한 혼란이 바로 격리된 환경에서 테스트가 필요하다는 주장을 뒷받침하는 근거다.

data 패키지의 모든 함수가 데이터베이스 연결 풀^{database connection pool}을 의미하는 *.sql. DB란 전역 인스턴스에 의존하고 있다. 따라서 다음 절에서는 전역 변수에 대한 몽키 패치를 수행하고 모의 버전을 소개할 것이다.

SQLMock 소개

SQLMock 패키지(https://github.com/DATA-DOG/go-sqlmock)에서는 다음과 같이 설명한다.

> "SQL/드라이버를 구현한 모의 라이브러리인 SQLMock을 사용하는 유일한 목적은 테스트 과정에서 실제 데이터베이스에 연결하지 않고도 SQL 드라이버의 동작을 시뮬레이션하는 것이다."

SQLMock은 매우 유용하지만, 사용하려면 실제 데이터베이스에 연결하는 것보다 더 많은 작업이 필요하다. 나는 실용주의적 프로그래머이므로 상황에 맞는 방법을 선택해 사용한다. 두 가지 방법 중에서 어느 것을 택할지는 테스트의 동작 방식에 따라 결정된다. 만약 데이터베이스 내 테이블의 내용과 관련된 문제가 발생하지 않고 테이블 동시 사용으로 인한 데이터 경합^{data race}이 발생할 가능성이 없다고 확신할 경우에는 SQLMock을 사용하기 위해 노력할 것이다.

 데이터 경합은 두 개 이상의 고루틴이 하나의 변수에 동시에 접근하고, 적어도 하나의 고루틴이 해당 변수에 쓰기를 시도할 때 발생한다.

SQLMock을 사용해 테스트를 진행해보자. 함수에 SQLMock이 적용된 코드는 다음과 같다.

```go
func SavePerson(db *sql.DB, in *Person)(int, error) {
    // DB 삽입을 수행한다
    query := "INSERT INTO person (fullname, phone, currency, price) VALUES
    (?, ?, ?, ?) "
    result, err := db.Exec(query, in.FullName, in.Phone, in.Currency, in.Price)
    if err != nil {
        return 0, err
    }

    // 생성한 사람의 ID를 검색해 반환한다
    id, err := result.LastInsertId()
    if err != nil {
        return 0, err
    }
    return int(id), nil
}
```

위 함수는 입력으로 *Person과 *sql.DB를 받고, person 객체를 제공된 데이터베이스에 저장하고, 그런 다음 새롭게 생성된 레코드의 ID를 반환한다. 여기서는 데이터베이스 연결 풀을 해당 함수에 전달하기 위해 전통적인 형상의 DI를 사용하고 있다. 이러한 방법은 실제 데이터베이스에 대한 연결을 테스트하기 위한 가짜 데이터베이스에 대한 연결로 쉽게 변경할 수 있다. 이제 테스트를 시작해보자. 가장 먼저, MockSQL을 사용해 모의 데이터베이스^{mock database}를 생성할 것이다.

```
testDb, dbMock, err := sqlmock.New()
require.NoError(t, err)
```

그런 다음, 정규 표현식을 사용해 쿼리를 정의하고 모의 데이터베이스를 설정하는 데 활용한다. 이러한 경우, db.Exec를 호출할 때 새롭게 생성된 레코드 ID인 2와 행을 의미하는 1을 반환하도록 정의한다.

```
queryRegex := `\QINSERT INTO person (fullname, phone, currency, price)
VALUES (?, ?, ?, ?)\E`

dbMock.ExpectExec(queryRegex).WillReturnResult(sqlmock.NewResult(2, 1))
```

이제 함수를 호출해보자.

```
resultID, err := SavePerson(testDb, person)
```

그런 다음, 함수의 호출 결과와 모의의 기댓값을 검증해보자.

```
require.NoError(t, err)
assert.Equal(t, 2, resultID)
assert.NoError(t, dbMock.ExpectationsWereMet())
```

이제 데이터베이스와의 상호 작용을 테스트할 수 있는 SQLMock의 사용법을 익혔으므로, 이를 ACME 등록 코드에 적용해보자.

SQLMock을 활용한 몽키 패치

우선 앞서 학습한 내용을 빠르게 복습해보자. 현재 data 패키지에서는 DI가 적용돼 있지 않으므로, 앞의 예제와 같이 *.sql.DB를 전달하는 것은 불가능하다. 현재 살펴보고 있는 코드는 다음과 같다.

```
// 제공된 person 객체를 저장하고 새롭게 생성된 사람의 ID나 에러를 반환한다
// 반환된 에러는 기본적인 데이터베이스나 데이터베이스 연결에 의해 발생한다
func Save(in *Person)(int, error) {
    db, err := getDB()
    if err != nil {
        logging.L.Error("failed to get DB connection. err: %s", err)
        return defaultPersonID, err
    }
    // DB 삽입을 수행한다
    query := "INSERT INTO person (fullname, phone, currency, price) VALUES (?, ?, ?, ?)
    "
    result, err := db.Exec(query, in.FullName, in.Phone, in.Currency, in.Price)
    if err != nil {
        logging.L.Error("failed to save person into DB. err: %s", err)
        return defaultPersonID, err
    }
    // 검색을 통해 새롭게 생성된 사람의 ID를 반환한다
    id, err := result.LastInsertId()
    if err != nil {
        logging.L.Error("failed to retrieve id of last saved person. err: %s", err)
        return defaultPersonID, err
    }
    return int(id), nil
}
```

물론 위 코드를 리팩터링할 수 있지만, 코드에 대한 테스트 코드가 거의 없으므로 리팩터링하는 것은 좋지 못한 생각이다. 여러분도 비슷한 생각을 갖고 있을지도 모르지만, 만약 몽키 패치를 사용해 테스트를 작성하고 나중에 다른 스타일의 DI로 리팩터링하고자 한다면 이 테스트 코드를 리팩터링해야 한다. 이 예제는 다소 인위적인 것이다. 즉, 안정성이나 높은 수준의 신뢰성을 제공하기 위해 우선 테스트를 작성하고 이후 상황에 따라 삭제하는 것은 잘못된 방법이 아니다. 비록 작업량이 두 배인 것처럼 느낄 수도 있지만, 사람들이 사용하고 실행 중인 시스템에 회귀 테스트를 진행하는 것

보다는 덜 부끄러운 일이며, 회귀를 위한 디버깅에 드는 작업을 줄일 수 있다.

코드에서 맨 먼저 나오는 것은 SQL 문자열이며, 테스트 과정에서 거의 동일한 문자열을 필요로 할 것이다. 따라서 코드를 장기적인 관점에서 쉽게 관리할 수 있도록 이를 상수로 변경해서 파일의 맨 위로 옮길 것이다. 테스트가 이전 예제와 상당히 유사하므로, 몽키 패치 부분만 우선적으로 검토해보자. 앞서 살펴본 예제에서 코드는 다음과 같다.

```
// 모의 DB를 정의한다
testDb, dbMock, err := sqlmock.New()
defer testDb.Close()
require.NoError(t, err)
```

이 부분에서 *sql.DB의 테스트 인스턴스와 이를 제어하기 위한 모의를 생성한다. *sql.DB의 테스트 인스턴스에 대한 몽키 패치를 수행하기 전에는 먼저 테스트가 완료된 후에 원복할 수 있도록 원본 코드에 대한 백업을 생성해야 한다. 이를 위해 defer 키워드를 사용할 것이다.

이런 방법이 익숙하지 않을 수도 있지만, defer는 Go 언어에서 제공하는 실행 제어 메커니즘으로 실행을 지연시켰다가 defer 함수를 호출한 함수가 반환하기 직전에 실행되도록 한다. defer의 또 다른 중요한 특징은 함수의 전달 인자[4]가 즉시 평가된다는 점이다. 이 두 가지 기능을 결합해 defer 함수가 평가되는 시점에 sql.DB의 원본을 복제할 수 있고 현재 함수가 언제 또는 어떻게 종료되는지를 신경 쓸 필요가 없으므로, 복사해서 붙여넣기해야 하는 많은 양의 코드를 잠재적으로 줄일 수 있다. 이 코드는 다음과 같다.

```
defer func(original sql.DB) {
    // 테스트 후에 원래 DB로 복원한다
```

---

4   함수를 호출할 때 전달되는 실제 값 – 옮긴이

```
        db = &original
}(*db)

// 테스트를 위해 DB를 교체한다
db = testDb
```

앞서 설명한 방법들을 적용하고 나면, 테스트 코드는 다음과 같다.

```
func TestSave_happyPath(t *testing.T) {
    // 모의 DB를 정의한다
    testDb, dbMock, err := sqlmock.New()
    defer testDb.Close()
    require.NoError(t, err)

    // 모의 DB를 구성한다
    queryRegex := convertSQLToRegex(sqlInsert)
    dbMock.ExpectExec(queryRegex).WillReturnResult(sqlmock.NewResult(2, 1))

    // 몽키 패치는 여기서부터 시작한다
    defer func(original sql.DB) {
        // 테스트 후에 원래 DB로 복원한다
        db = &original
    }(*db)

    // 테스트를 위해 DB를 교체한다
    db = testDb
    // 몽키 패치의 끝부분이다

    // 입력값
    in := &Person {
        FullName: "Jake Blues",
        Phone: "01234567890",
        Currency: "AUD",
        Price: 123.45,
    }

    // 함수 호출
    resultID, err := Save(in)
```

```
    // 결과값에 대한 유효성 검사를 수행한다
    require.NoError(t, err)
    assert.Equal(t, 2, resultID)
    assert.NoError(t, dbMock.ExpectationsWereMet())
}
```

매우 환상적으로 행복 경로 테스트를 완료했다. 하지만 불행하게도 함수의 13개 줄 중 일곱 개 줄만을 테스트했다. 더 중요한 문제는 에러 처리 코드가 올바르게 동작하는지 알지 못한다는 것이다.

에러 처리 테스트

처리해야 하는 세 가지 종류의 발생 가능한 에러는 다음과 같다.

- SQL INSERT(데이터 삽입) 실패
- 데이터베이스 가져오기 실패
- 삽입된 레코드 ID의 검색 실패

그렇다면 SQL INSERT(데이터 삽입) 실패를 어떻게 테스트할 것인가? SQLMock을 사용하면 매우 쉽게 할 수 있다. 우선 앞서 진행한 테스트의 복사본을 만들고, sql.Result를 반환하는 대신에 다음 코드와 같이 에러를 반환한다.

```
// 모의 DB를 구성한다
queryRegex := convertSQLToRegex(sqlInsert)
dbMock.ExpectExec(queryRegex).WillReturnError(errors.New("failed to insert "))
```

이후 다음 코드에서 함수 호출 결과 에러를 반환하는 것으로 기댓값을 변경할 수 있다.

```
require.Error(t, err)
assert.Equal(t, defaultPersonID, resultID)
assert.NoError(t, dbMock.ExpectationsWereMet())
```

데이터베이스 가져오기 실패에 대한 테스트로 넘어가자. 이번에는 SQLMock을 사용하는 것이 도움이 되지 않지만, 몽키 패치를 사용하면 테스트할 수 있다. 현재 구현돼 있는 getDB() 함수는 다음과 같다.

```go
func getDB()(*sql.DB, error) {
    if db == nil {
        if config.App == nil {
            return nil, errors.New("config is not initialized")
        }

        var err error
        db, err = sql.Open("mysql", config.App.DSN)
        if err != nil {
            // DB에 접근할 수 없을 경우, 종료한다
            panic(err.Error())
        }
    }

    return db, nil
}
```

다음 코드와 같이 함수를 변수로 변경해보자.

```go
var getDB = func()(*sql.DB, error) {
    // 간결하게 하기 위해 코드를 제거했다
}
```

함수의 구현체 자체는 크게 변경하지 않았다. 이제 해당 변수에 대한 몽키 패치를 수행할 수 있으며 테스트 결과는 다음과 같다.

```go
func TestSave_getDBError(t *testing.T) {
    // 몽키 패치는 여기서부터 시작한다
    defer func(original func()(*sql.DB, error)) {
        // 테스트 후에 원래 DB로 복구한다
```

```
        getDB = original
    }(getDB)

    // 테스트를 위해 getDB() 함수를 대체했다
    getDB = func()(*sql.DB, error) {
        return nil, errors.New("getDB() failed")
    }
    // 몽키 패치의 끝부분이다

    // 입력값
    in := &Person {
        FullName: "Jake Blues",
        Phone: "01234567890",
        Currency: "AUD",
        Price: 123.45,
    }

    // 함수 호출
    resultID, err := Save(in)
    require.Error(t, err)
    assert.Equal(t, defaultPersonID, resultID)
}
```

행복 경로와 에러 경로 간에 상당 부분이 중복된다는 것을 확인할 수 있다. 이는 Go 테스트에서는 일반적이며, 문서화하거나 테스트하고 있는 객체의 행동 양식을 강제하기 위해 아마 다른 입력이나 환경을 갖는 함수를 반복적으로 호출한다는 사실을 바탕으로 실행될 것이다.

이처럼 기본적인 책임을 감안할 때 테스트는 읽기 쉽고 유지 관리를 하기 쉽도록 작성해야 한다. 이러한 목표를 달성하기 위해 내가 Go 언어에서 가장 좋아하는 특징인 테이블 주도 테스트를 적용해야 한다(https://github.com/golang/go/wiki/TableDrivenTests).

테이블 주도 테스트를 통한 테스트 부풀림 방지

테이블 주도 테스트에서는 테스트의 시작 부분에 각 테스트 시나리오에 필요한 요소들(함수의 입력값, 모의 설정, 기대되는 결과값)을 정의하고, 테스트 코드에서 중복되는 부분인 시나리오 러너scenario runner를 정의한다.

이와 같은 다음 예제를 한번 살펴보자. Load() 함수에 대한 행복 경로 테스트는 다음과 같다.

```go
func TestLoad_happyPath(t *testing.T) {
    expectedResult := &Person {
        ID: 2,
        FullName: "Paul",
        Phone: "0123456789",
        Currency: "CAD",
        Price: 23.45,
    }

    // 모의 DB를 정의한다
    testDb, dbMock, err := sqlmock.New()
    require.NoError(t, err)

    // 모의 DB를 구성한다
    queryRegex := convertSQLToRegex(sqlLoadByID)
    dbMock.ExpectQuery(queryRegex).WillReturnRows(
        sqlmock.NewRows(strings.Split(sqlAllColumns, ", ")).
            AddRow(2, "Paul", "0123456789", "CAD", 23.45))
    // 데이터베이스에 대한 몽키 패치
    defer func(original sql.DB) {
        // 테스트 후에 원래 DB로 복구한다
        db = &original
    }(*db)

    db = testDb
    // 몽키 패치의 끝부분

    // call function
    result, err := Load(2)

    // 결과값에 대한 유효성 검사를 수행한다
    assert.Equal(t, expectedResult, result)
```

```
        assert.NoError(t, err)
        assert.NoError(t, dbMock.ExpectationsWereMet())
}
```

이 함수는 11줄로 기능을 구현(포맷팅을 제거하고 나면)하고 있으며, 그중 아홉 줄이 SQL 로드 오류 테스트와 거의 동일하다. 위 함수를 테이블 주도 테스트로 변경하면 결과는 다음과 같다.

```
func TestLoad_tableDrivenTest(t *testing.T) {
    scenarios := []struct {
        desc string
        configureMockDB func(sqlmock.Sqlmock)
        expectedResult *Person
        expectError bool
    } {
        {
            desc: "happy path",
            configureMockDB: func(dbMock sqlmock.Sqlmock) {
                queryRegex := convertSQLToRegex(sqlLoadAll)
                dbMock.ExpectQuery(queryRegex).WillReturnRows(
                    sqlmock.NewRows(strings.Split(sqlAllColumns, ", ")).
                        AddRow(2, "Paul", "0123456789", "CAD", 23.45))
            },
            expectedResult: &Person {
                ID: 2,
                FullName: "Paul",
                Phone: "0123456789",
                Currency: "CAD",
                Price: 23.45,
            },
            expectError: false,
        },
        {
            desc: "load error",
            configureMockDB: func(dbMock sqlmock.Sqlmock) {
                queryRegex := convertSQLToRegex(sqlLoadAll)
                dbMock.ExpectQuery(queryRegex).WillReturnError(
```

```
                    errors.New("something failed"))
            },
            expectedResult: nil,
            expectError: true,
        },
    }

    for _, scenario := range scenarios {
        // 모의 DB를 정의한다
        testDb, dbMock, err := sqlmock.New()
        require.NoError(t, err)

        // 모의 DB를 구성한다
        scenario.configureMockDB(dbMock)

        // 테스트를 위한 몽키 DB
        original := *db
        db = testDb

        // 함수를 호출한다
        result, err := Load(2)

        // 결과값에 대한 유효성 검사를 수행한다
        assert.Equal(t, scenario.expectedResult, result, scenario.desc)
        assert.Equal(t, scenario.expectError, err != nil, scenario.desc)
        assert.NoError(t, dbMock.ExpectationsWereMet())

        // 테스트 후에 원래 DB로 복구한다
        db = &original
        testDb.Close()
    }
}
```

유감스럽게도 위 코드는 많은 내용을 포함하고 있으므로, 다음과 같이 분리해서 살펴
보자.

```
scenarios := []struct {
    desc string
```

```
    configureMockDB func(sqlmock.Sqlmock)
    expectedResult *Person
    expectError bool
} {
```

위 코드에서는 시나리오 집합이 될 수 있는 시나리오 개별 단위 및 익명 구조체[5]를 정의하고 있다. 이 경우, 예제에서 정의하고 있는 시나리오는 다음과 같은 내용을 포함하고 있다.

- **설명**: 테스트의 에러 메시지를 추가할 때 유용하게 사용된다.
- **모의 설정**: 데이터베이스의 다른 응답에 대해 코드가 어떻게 반응할지 테스트하고 있으므로, 가장 놀라운 작업이 실행되는 곳이다.
- **기대하는 결과값**: 상당히 보편적인 방법이며, 정해진 입력과 환경에서 기대하는 결과값이다.
- **기대하는 결과가 맞는지 여부를 의미하는 불린[Boolean] 값**: 여기에 실제 에러 값을 사용할 수 있으며, 이것이 훨씬 더 정확할 수 있다. 하지만 나의 경우, 출력이 일정하지는 않지만 사용자 정의 에러를 사용하는 것을 선호한다. 에러 메시지는 시간이 지남에 따라 계속해서 변할 수 있으므로 검토의 범위가 좁을 경우 테스트가 쉽게 깨질 수 있다. 따라서 테스트가 본질적으로 내구성과 안정성을 갖도록 노력하고 있다.

테스트 케이스별로 각기 다른 시나리오를 살펴보자.

```
{
    desc: "happy path",
    configureMockDB: func(dbMock sqlmock.Sqlmock) {
        queryRegex := convertSQLToRegex(sqlLoadAll)
        dbMock.ExpectQuery(queryRegex).WillReturnRows(
            sqlmock.NewRows(strings.Split(sqlAllColumns, ", ")).
```

---

5   이름을 생략할 수 있는 구조체 – 옮긴이

```
            AddRow(2, "Paul", "0123456789", "CAD", 23.45))
    },
    expectedResult: &Person {
        ID: 2,
        FullName: "Paul",
        Phone: "0123456789",
        Currency: "CAD",
        Price: 23.45,
    },
    expectError: false,
},
{
    desc: "load error",
    configureMockDB: func(dbMock sqlmock.Sqlmock) {
        queryRegex := convertSQLToRegex(sqlLoadAll)
        dbMock.ExpectQuery(queryRegex).WillReturnError(
            errors.New("something failed"))
    },
    expectedResult: nil,
    expectError: true,
},
```

이제 기본적으로 모든 시나리오에 루프를 적용한 테스트 러너를 살펴보자.

```
for _, scenario := range scenarios {
    // 모의 DB를 정의한다
    testDb, dbMock, err := sqlmock.New()
    require.NoError(t, err)

    // 모의 DB를 구성한다
    scenario.configureMockDB(dbMock)

    // 테스트를 위한 몽키 DB
    original := *db
    db = testDb

    // 함수를 호출한다
    result, err := Load(2)
```

```
// 결과값에 대한 유효성 검사를 수행한다
assert.Equal(t, scenario.expectedResult, result, scenario.desc)
assert.Equal(t, scenario.expectError, err != nil, scenario.desc)
assert.NoError(t, dbMock.ExpectationsWereMet())

// 테스트 후에 원래 DB로 복구한다
db = &original
testDb.Close()
}
```

이 루프문 안의 콘텐츠는 앞서 살펴본 테스트의 원본과 매우 유사하다. 행복 경로 테스트를 우선적으로 작성한 후에 추가적인 시나리오를 더해 테이블 주도 테스트로 변환하는 것이 훨씬 더 쉽다.

위 테스트 러너와 원본 함수의 유일한 차이는 아마도 위 테스트 러너가 몽키 패치를 적용하고 있다는 점이다. `defer`는 함수가 종료될 때 실행되므로, `for` 루프문 내부에는 `defer`를 사용할 수 없다. 따라서 테스트가 종료되면 루프문의 끝부분에 데이터베이스에 대한 내용을 원복해야 한다.

여기서 테이블 주도 테스트를 사용하면, 테스트 코드에서 중복을 줄여주는 것 외에 또 다른 두 가지 이점도 얻을 수 있다.

첫째, 테이블 주도 테스트는 입력값과 기대되는 결과값을 동일하게 작성하도록 해서 이해하기 쉬우며, 새로운 테스트 시나리오를 추가하는 것이 매우 용이하다.

둘째, 변경될 가능성이 있는 코드, 즉 함수 호출 자체는 한 곳에만 존재한다. 만약 함수의 입력값이 변경되거나 다른 값을 반환하도록 변경해야 할 경우에는 테스트 시나리오당 한 곳만 변경해야 한다.

패키지 사이의 몽키 패치

지금까지는 data 패키지 내에서 테스트할 목적으로 프라이빗 전역 변수private global variable

나 함수에 대한 몽키 패치를 살펴봤다. 하지만 다른 패키지를 테스트하고자 할 경우에는 무슨 일이 발생할까? 비즈니스 로직을 데이터베이스로부터 분리하는 것이 좋지 않을까? SQL 쿼리 최적화와 같이 전혀 관련 없는 이벤트에 의해 비즈니스 로직 계층에 대한 테스트가 깨지는 것을 방지할 수 있다.

다시 말하자면, 딜레마에 직면해 있다. 대규모 리팩터링을 시작할 수 있지만, 문제를 발견할 수 있는 적절한 테스트 과정이 없을 경우에는 많은 작업이 필요하고 이로 인해 위험 요소가 증가할 것이다. 간단한 비즈니스 로직 패키지인 get 패키지를 살펴보자.

```
// Getter는 person 객체에 대한 로드를 시도한다
// 데이터 계층 문제가 있거나 요청된 사람을 찾을 수 없을 경우, 에러를 반환할 수 있다
type Getter struct {
}

// Do는 객체를 가져오는 작업을 수행할 것이다
func(g *Getter) Do(ID int)(*data.Person, error) {
    // 데이터 계층으로부터 person 객체를 로드한다
    person, err := data.Load(ID)
    if err != nil {
        if err == data.ErrNotFound {
            // 에러를 변환해 사용자에게서 구현에 대한 세부 내용을 캡슐화한다
            return nil, errPersonNotFound
        }
        return nil, err
    }

    return person, err
}
```

보다시피 이 함수는 데이터베이스로부터 사람 객체(person)를 로드하는 것 외에 특별한 역할을 하지 않는다. 따라서 이 함수가 더 이상 필요하지 않다고 주장할 수도 있다. 하지만 이 함수는 추후에 더 많은 역할을 수행할 예정이므로 걱정할 필요가 없다.

그렇다면 실제 데이터베이스 없이 이 함수를 테스트할 수 있겠는가? 가장 먼저 떠오르

는 방법은 바로 앞서 실행했던 바와 같이 데이터베이스 풀이나 getDatabase() 함수를 몽키 패치하는 것이다. 이렇게 하면 어느 정도는 효과가 있겠지만, data 패키지의 공용 API 코드가 엉성해지고 오염될 것이다. 이는 테스트로 인한 손상에 해당된다. 또한 이 패키지를 data 패키지의 내부 구현체와 분리하기 위한 어떠한 작업도 하지 않았다. 따라서 이러한 사전 작업 없이 몽키 패치를 수행하는 것은 상황을 더욱 악화시킬 뿐이다. data 패키지에 변경이 있을 경우에는 이 패키지에 대한 테스트가 손상될 수 있다.

고려해야 할 또 다른 측면은 서비스의 규모가 작고 모든 코드를 소유하고 있기 때문에 원하는 대로 변경할 수 있다는 것이다. 이는 종종 사실이 아닐 수 있다. 패키지를 다른 부서에서 소유하고 있을 수도 있고, 외부 의존성이나 표준 라이브러리의 일부일 수도 있기 때문이다. 따라서 작업하고 있는 패키지의 변경 사항을 로컬에만 적용하는 습관을 들이는 것이 바람직하다.

이러한 점을 염두에 두고, 앞서 '몽키 패치의 장점' 절에서 간략히 살펴봤던 트릭을 적용할 수 있다. 다음 코드와 같이 get 패키지에서 data 패키지에 대한 호출을 가로채보자.

```
// Getter는 person 객체에 대한 로드를 시도한다
// 데이터 계층 문제가 있거나 요청된 사람을 찾을 수 없을 경우, 에러를 반환할 수 있다
type Getter struct {
}

// Do는 객체를 가져오는 작업을 수행할 것이다
func(g *Getter) Do(ID int)(*data.Person, error) {
    // 데이터 계층으로부터 person 객체를 로드한다
    person, err := loader(ID)
    if err != nil {
        if err == data.ErrNotFound {
            // 에러를 변환해 사용자에게서 구현에 대한 세부 내용을 캡슐화한다
            return nil, errPersonNotFound
        }
        return nil, err
```

```
    }

    return person, err
}

// 이 함수를 변수로 사용하면 테스트하는 동안 몽키 패치를 사용할 수 있다
var loader = data.Load
```

이제 다음 코드와 같이 몽키 패치를 통해 특정 호출을 가로챌 수 있다.

```
func TestGetter_Do_happyPath(t *testing.T) {
    // 입력값
    ID := 1234

    // 몽키 패치가 data 패키지를 호출한다
    defer func(original func(ID int)(*data.Person, error)) {
        // 원본 복구
        loader = original
    }(loader)

    // 메서드 대체
    loader = func(ID int)(*data.Person, error) {
        result := &data.Person {
            ID: 1234,
            FullName: "Doug",
        }
        var resultErr error

        return result, resultErr
    }
    // 몽키 패치 종료

    // 함수 호출
    getter := &Getter {}
    person, err := getter.Do(ID)

    // 기댓값에 대한 유효성 검사
    require.NoError(t, err)
```

```
    assert.Equal(t, ID, person.ID)
    assert.Equal(t, "Doug", person.FullName)
}
```

이제 테스트 코드는 데이터베이스나 data 패키지의 내부 구현에 대한 의존성을 갖지 않는다. 패키지를 완전히 분리하지는 않았지만, get 패키지에 대한 테스트를 통과하기 위해 올바르게 수행돼야 할 작업의 수를 크게 줄였다. 이는 몽키 패치에 의한 DI의 장점 중 하나이며, 외부 요인에 대한 의존도를 낮추고 테스트 자체에 초점을 맞춰 테스트가 깨질 수 있는 요인을 줄여준다.

▌ 몽키 패치의 단점

이 책의 초반부에서는 이 책에서 다루는 DI를 구현하는 각 방법을 비판적인 시각으로 바라볼 것을 요구했다. 이를 염두에 두고 몽키 패치의 기회비용을 생각해볼 필요가 있다.

데이터 경합: 몽키 패치는 전역 변수를 특정 테스트에 적합한 방식으로 동작하는 복사본으로 대체하는 과정이라는 것을 앞서 살펴본 예제를 통해 확인했다. 이는 아마도 큰 문제가 될 수도 있다. 공유되고 있는 전역 변수를 특정 상황에 맞는 값으로 변경할 경우, 해당 변수에 대해 데이터 경합이 발생할 수도 있다.

이러한 데이터 경합 문제를 좀 더 이해하려면 Go 환경에서 테스트하는 방법을 이해해야 한다. 기본적으로 패키지 내에서 테스트는 순차적으로 실행돼야 한다. 수행하는 테스트에 t.Parallel()이란 표시를 함으로써 테스트 실행 시간을 줄일 수 있다. 현재 작업하고 있는 data 패키지 내부에서 병렬parallel로 테스트를 수행할 경우, 데이터 경합이 발생해 예측 불가능한 테스트가 실행된다.

Go 테스트의 또 다른 중요한 특징은 Go 언어가 t.Parallel()과 비슷하게 동시에 여러 패키지를 실행한다는 점이며, 이는 테스트 실행 시간을 단축시키는 데 매우 유용하다.

현재 코드에서는 테스트 과정에서 동일한 패키지 내에서 몽키 패치만을 수행했으므로
이러한 문제로부터 비교적 안전한 상황이다. 하지만 여러 패키지에 걸쳐 몽키 패치를
수행했을 경우에는 데이터 경합 문제가 발생할 것이다.

만약 테스트가 불안정해 데이터 경합이 의심된다면, Go에 내장된 데이터 경합 탐지
기능(https://golang.org/doc/articles/race_detector.html)을 사용해 확인할 수 있다.

```
$ go test -race ./...
```

확인해본 결과, 어떠한 문제점도 발견되지 않을 경우에는 다음과 같은 명령을 실행해
모든 테스트를 순차적으로 실행해볼 수도 있다.

```
$ go test -p 1 ./...
```

테스트가 일관성 있게 통과하기 시작할 경우, 데이터 경합 문제를 의심해보고 이를 분
석해볼 필요가 있다.

장황한 테스트: 앞선 테스트 과정에서 살펴봤듯이, 코드에 몽키 패치를 수행하고 이를
복원하는 것은 오랜 시간이 걸릴 수도 있는 작업이다. 약간의 리팩터링을 통해 상용구
코드를 줄일 수 있다. 다음 예제를 살펴보자.

```go
func TestSaveConfig(t *testing.T) {
    // 입력값
    filename := "my-config.json"
    cfg := &Config {
        Host: "localhost",
        Port: 1234,
    }

    // 파일 작성기에 대한 몽키 패치
    defer func(original func(filename string, data []byte, perm os.FileMode) error) {
        // 원본 복구
```

```
        writeFile = original
    }(writeFile)

    writeFile = func(filename string, data []byte, perm os.FileMode) error {
        // 에러 출력
        return nil
    }

    // 함수를 호출한다
    err := SaveConfig(filename, cfg)

    // 결과값에 대한 유효성 검사를 수행한다
    assert.NoError(t, err)
}
```

위 예제 코드를 다음과 같이 변경할 수 있다.

```
func TestSaveConfig_refactored(t *testing.T) {
    // 입력값
    filename := "my-config.json"
    cfg := &Config {
        Host: "localhost",
        Port: 1234,
    }

    // 파일 작성기에 대한 몽키 패치
    defer restoreWriteFile(writeFile)

    writeFile = mockWriteFile(nil)

    // 함수를 호출한다
    err := SaveConfig(filename, cfg)

    // 결과값에 대한 유효성 검사를 수행한다
    assert.NoError(t, err)
}

func mockWriteFile(result error) func(filename string, data []byte, perm os.FileMode)
error {
```

```
    return func(filename string, data []byte, perm os.FileMode) error {
        return result
    }
}

// 세 줄을 한 줄로 줄이기 위해 복구 함수를 제거한다
func restoreWriteFile(original func(filename string, data []byte, perm os.FileMode)
error) {
    // 원본으로 복원한다
    writeFile = original
}
```

리팩터링 과정을 통해, 테스트 코드에서 중복되는 부분이 훨씬 줄어들어 유지 관리가 한결 간편해졌다. 무엇보다 중요한 점은 위 테스트 코드가 몽키 패치와 관련된 코드로 채워지지 않는다는 것이다.

난독화된 의존 관계: 이것은 몽키 패치 그 자체로 인해 생길 수 있는 문제가 아니지만, 일반적으로 의존성 관리 스타일에 따라 발생한다. 전통적인 스타일의 DI에서는 의존성이 매개변수를 통해 전달돼 관계를 명시적으로 표시할 수 있다.

사용자 관점에서 볼 때, 이러한 매개변수의 부족은 곧 코드의 UX 개선이 필요한 상황을 의미한다고 생각할 수 있다. 하지만 결국 함수의 입력값이 줄어들수록 일반적으로는 사용하기가 더 쉬워진다. 하지만 테스트 환경에서는 이러한 상황이 오히려 불편을 초래할 수도 있다.

앞서 살펴본 예제에서는 SaveConfig() 함수가 ioutil.WriteFile()에 의존성을 갖고 있었으므로 SaveConfig() 함수를 테스트하기 위해 해당 함수에 대한 모의를 사용하는 것이 타당해 보였다. 하지만 SaveConfig()를 호출하는 함수를 테스트하는 경우는 어떤가?

SaveConfig() 함수의 사용자가 ioutil.WriteFile()에 대한 모의가 필요하다는 것을 어떻게 알 수 있는가?

이처럼 관계가 매우 복잡하므로 테스트하는 데 필요한 지식은 점차 많아지며, 부가적

으로 테스트 코드도 길어진다. 머지않아 모든 테스트 코드의 시작 부분부터 화면의 절반까지를 함수의 몽키 패치 코드로 가득 채우게 될 것이다.

요약

5장에서는 테스트 과정에서 몽키 패치를 활용해 의존성들을 변경하는 방법을 학습했다. 몽키 패치를 통해 전역 변수를 테스트하고, 패키지를 분리했으며, 데이터베이스와 파일시스템 같은 외부 리소스로부터 의존성을 제거했다. 실제 예제를 통해 이 책에서 제공하는 샘플 서비스의 코드를 개선했으며, 몽키 패치의 장단점을 허심탄회하게 논의했다.

6장에서는 두 번째이면서 아마도 가장 전통적인 방식의 DI 기법인 생성자를 통한 의존성 주입을 살펴본다. 이를 통해 샘플 서비스 코드를 더욱 향상시킬 것이다.

질문

1. 몽키 패치가 어떻게 동작하는가?
2. 몽키 패치를 적용하기 위한 가장 이상적인 사용 사례는 무엇인가?
3. 의존 관계에 있는 패키지를 변경하지 않고 몽키 패치를 사용해 두 패키지를 분리할 수 있는 방법은 무엇인가?

더 읽을 거리

팩트출판사는 몽키 패치를 학습할 수 있는 다양한 도서를 출간하고 있다.

- 『Mastering JQuery』: https://subscription.packtpub.com/book/web_

development/9781785882166/12/ch12lvl1sec100/monkey−patching

- 『Learn to code with Ruby』: https://subscription.packtpub.com/video/
  application_development/9781788834063/40761/41000/monkey−
  patching−ii

06

생성자 주입을 통한 의존성 주입

앞서 의존성 주입(DI)의 가장 독특한 형태인 몽키 패치를 살펴봤다. 6장에서는 몽키 패치와 정반대의 특징을 갖는 가장 일반적이면서 전통적인 생성자 주입^{construction injection}을 살펴본다.

생성자 주입은 매우 보편적이므로 그동안 이를 사용한다는 점을 충분히 인지하지 못한 채 사용했을 수도 있다. 특히 생성자 주입의 장단점과 관련해서는 검토할 만한 많은 세부 요소들이 있다.

5장과 마찬가지로, 생성자 주입 기법을 샘플 서비스에 적용함으로써 상당한 개선을 이룰 것이다.

6장에서 다룰 주제는 다음과 같다.

- 생성자 주입
- 생성자 주입의 장점
- 생성자 주입 적용하기
- 생성자 주입의 단점

▌ 기술적 요구 사항

4장, 'ACME 등록 서비스 소개'에서 살펴본 샘플 서비스의 코드에 익숙해지면 매우 유용할 수 있다.

또한 6장에서 다룰 코드는 https://github.com/PacktPublishing/Hands-On-Dependency-Injection-in-Go/tree/master/ch06에서 다운로드할 수 있으며, 코드의 전체 버전을 한번 살펴보고 실행해보면 6장을 학습하는 데 큰 도움이 될 것이다.

코드를 다운로드해 샘플 서비스를 구성하는 방법은 https://github.com/PacktPublishing/Hands-On-Dependency-Injection-in-Go/의 README 파일에 설명돼 있다.

6장에서 다룰 내용이 이미 적용된 샘플 서비스의 소스 코드는 ch06/acme에서 확인할 수 있다.

▌ 생성자 주입

객체가 특정 작업에 대한 의존성을 필요로 할 경우, 이러한 의존성을 언제든지 사용할 수 있도록 하는 가장 쉬운 방법은 모든 사용자가 객체 생성자의 매개변수로 의존성을 제공하도록 요구하는 것이다. 이것이 바로 가장 널리 알려진 생성자 주입^{construction injection}이다.

의존성을 추출하고 일반화해서 생성자 주입을 구현하는 예제를 실습해보자. 온라인 커뮤니티를 위한 웹사이트를 구축하고 있다고 가정해보자. 이 웹사이트에서는 새로운 사용자가 가입했을 때, 가입을 마치고 나면 즉시 이메일을 발송하길 원한다. 이 코드는 다음과 같다.

```
// WelcomeSender는 새로운 사용자에게 환영 메일을 송신한다
type WelcomeSender struct {
    mailer *Mailer
}

func(w *WelcomeSender) Send(to string) error {
    body := w.buildMessage()

    return w.mailer.Send(to, body)
}
```

여기서는 구조체 내부에 대한 적절한 캡슐화를 위해 *Mailer 변수를 프라이빗으로 정의했다. 이어서 다음 예제 코드와 같이 *Mailer의 의존성을 생성자의 매개변수로 정의해 주입할 수 있다.

```
func NewWelcomeSender(in *Mailer)(*WelcomeSender, error) {
    // 보호 절
    if in == nil {
        return nil, errors.New("programmer error: mailer must not provided")
    }

    return &WelcomeSender {
        mailer: in,
    }, nil
}
```

다음 예제 코드는 앞의 예제에서 보호 절^{guard clause}을 추가했다. 이는 제공된 의존성이 nil[1]이 아님을 보장하기 위한 것이다. 이것은 반드시 필요하지 않으므로, 이를 구현하는 개인 스타일에 따라 다르다.

```
func NewWelcomeSenderNoGuard(in *Mailer) *WelcomeSender {
    return &WelcomeSender {
        mailer: in,
    }
}
```

아마 여기서 모든 동작이 끝났다고 생각할 수도 있다. 하지만 최종적으로는 WelcomeSender에 의존성 Mailer를 주입하고 있다.

DI를 학습하는 과정에서 이 부분을 다루기에는 아직 이르다. 사실 우리는 DI의 진짜 목적을 놓치고 있었다. 결국에는 배우게 되겠지만 테스트는 아니다. DI의 실제 목적은 분리다.

이러한 관점에서 생각해보면, WelcomeSender 함수는 Mailer 인스턴스 없이는 제대로 동작하지 않는다. 2장, 'Go 언어를 위한 SOLID 디자인 원칙'의 '의존성 역전 원칙(DIP)' 절에서 배운 기법을 적용해 분리해보자.

우선 Mailer 구조체를 살펴보자.

```
// Mailer 이메일을 송수신한다
type Mailer struct {
    Host string
    Port string
    Username string
    Password string
}

func(m *Mailer) Send(to string, body string) error {
```

---

1   Go 언어에서 nil은 NULL 값을 의미한다. – 옮긴이

```
    // 이메일을 송신한다
    return nil
}

func(m *Mailer) Receive(address string)(string, error) {
    // 이메일을 수신한다
    return "", nil
}
```

메서드 시그니처$^{method\ signature2}$를 기반으로 인터페이스로 변환해 추상화 개념을 적용해보자.

```
// Mailer는 이메일을 송수신한다
type MailerInterface interface {
    Send(to string, body string) error
    Receive(address string)(string, error)
}
```

잠깐 생각해보면, 단지 메일 발송 기능만 필요할 뿐이다. 인터페이스 분리 원칙을 적용해보자. 그런 다음 앞으로 사용할 인터페이스만을 포함하도록 인터페이스를 축소하고 생성자를 업데이트한다. 결과는 다음과 같다.

```
type Sender interface {
    Send(to string, body string) error
}

func NewWelcomeSenderV2(in Sender) *WelcomeSenderV2 {
    return &WelcomeSenderV2 {
        sender: in,
    }
}
```

---

2   메서드 정의를 위한 메서드의 이름과 매개변수만을 의미한다. – 옮긴이

이러한 작은 변경을 통해 그동안 볼 수 없었던 몇 가지 편리한 점이 나타나서 유용하게 활용할 수 있게 됐다. 첫째, 코드가 전적으로 자가 수용적$^{self\ contained}$(독립적)인 상태가 됐다. 이는 모든 버그, 확장, 테스트 또는 기타 변경 사항이 해당 패키지에만 한정된다는 것을 의미한다. 둘째, 테스트를 통과하기 위해 실제로 동작하는 메일 서버 없이도 모의 또는 스텁을 사용해 코드를 테스트할 수 있다. 마지막으로, Mailer 구조체에 묶이지 않는다. 가입 환영 메시지를 보내는 매개체를 메일에서 SMS 또는 트위터로 변경하고자 한다면, 입력 매개변수를 다른 Sender로 변경해 해당 동작을 구현할 수 있다.

의존성을 추상화(로컬 인터페이스)로 정의하고 의존성을 생성자에 전달함으로써, 요구 사항을 명시적으로 정의했고 테스트와 확장을 수행하는 데 더 많은 자유를 부여했다.

방 안에 있는 오리 설명하기

생성자 주입을 자세히 살펴보기 전에 덕 타이핑$^{duck\ typing3}$을 간략하게 이야기해보자.

앞선 장에서는 Go 언어에서 지원하는 암시적 인터페이스를 소개했으며, 또한 이를 활용해 의존성 역전과 객체 분리를 수행하는 방법을 학습했다. 파이썬이나 루비 언어에 익숙한 사람들에게는 마치 덕 타이핑과 같다는 느낌이 들었을 것이다. 그렇지 않은 사람들을 위해 덕 타이핑이 무엇인지 살펴본다. 이는 다음과 같이 설명할 수 있다.

만약 어떤 새가 오리처럼 생겼고 오리처럼 꽥꽥거린다면, 그것은 틀림없는 오리다.

좀 더 기술적으로 설명해보자.

덕 타이핑이란? 런타임 시, 접근되는 객체의 속성을 기반으로 객체의 적합성이 동적으로 결정되는 것을 의미한다.

Go 언어가 덕 타이핑을 지원하는지 확인하기 위해 다음 예제를 살펴보자.

---

3   동적 언어의 특징으로 객체의 변수와 메서드의 집합이 객체의 타입을 결정하는 것을 의미한다. – 옮긴이

```
type Talker interface {
    Speak() string
    Shout() string
}

type Dog struct {}

func(d Dog) Speak() string {
    return "Woof!"
}

func(d Dog) Shout() string {
    return "WOOF!"
}

func SpeakExample() {
    var talker Talker
    talker = Dog {}

    fmt.Print(talker.Speak())
}
```

보다시피 Dog 타입은 자바 또는 C#의 경우와 같이 Talker 인터페이스를 구현한다고 선언하지 않았다. 하지만 Talker 인터페이스를 통해 Dog 타입을 사용할 수 있다.

위 예제를 통해 Go 언어가 덕 타이핑을 지원한다는 것을 확인했다. 하지만 여기에는 몇 가지 문제점이 존재한다.

- 덕 타이핑에서 호환성^{compatibility}은 런타임 시점에 결정된다. Go 언어는 컴파일 시점에 Dog 타입이 Talker 인터페이스를 구현했는지 확인할 것이다.
- 덕 타이핑에서는 적합성^{suitability}이 런타임 시점에 접근되는 객체의 속성을 기반으로 결정된다. 앞서 살펴본 예제에서는 실제로 speak() 메서드만이 사용됐다. 하지만 그렇다고 해서 Dog 타입이 shout() 메서드를 구현하지 않는다면, 컴파일에 실패할 것이다.

그럼 이것이 만약 덕 타이핑이 아니라면 무엇이라 할 수 있는가? 덕 타이핑과 어딘가 유사한 구조적 타이핑structural typing이라고 할 수 있다. 구조적 타이핑은 타입의 구조를 기반으로 컴파일 시점에 적합성을 결정하는 정적 타이핑 시스템이다. 조금은 덜 멋진 이름에 속지 않도록 조심하자. 구조적 타이핑은 이름에 비해 매우 강력하고 유용하다. Go 언어는 명시적으로 선언된 인터페이스를 구현해야 하는 강제적 형식 없이도 컴파일을 제공함으로써 높은 안정성을 보장한다. 즉, Go 언어는 동적 언어의 빠른 개발 속도와 정적 언어의 안정감이라는 두 가지 장점을 모두 갖고 있다.

▌ 생성자 주입의 장점

많은 프로그래머와 프로그래밍 언어에서 생성자 주입은 DI를 구현하기 위한 가장 기본적인 방법이다. 따라서 수많은 장점이 있다는 사실은 그리 놀랄 만한 일이 아니다.

의존성의 수명 주기로부터 분리: 대부분의 DI 방식과 마찬가지로 생성자 주입은 의존성의 수명 주기 관리를 의존성이 주입되는 객체와 분리한다. 이렇게 하면, 객체가 더욱 간결해지고 이해하기 쉬워진다.

쉬운 구현: 앞의 예제에서 살펴봤듯이, 다음과 같은 작업을 쉽게 수행할 수 있다.

```
// WelcomeSender는 새로운 사용자에게 환영 메일을 송신한다
type WelcomeSender struct {
    Mailer *Mailer
}

func(w *WelcomeSender) Send(to string) error {
    body := w.buildMessage()

    return w.Mailer.Send(to, body)
}
```

그런 다음 위 예제 코드를 다음과 같이 변경한다.

```go
func NewWelcomeSender(mailer *Mailer) *WelcomeSender {
    return &WelcomeSender {
        mailer: mailer,
    }
}

// WelcomeSender는 새로운 사용자에게 환영 메일을 송신한다
type WelcomeSender struct {
    mailer *Mailer
}

func(w *WelcomeSender) Send(to string) error {
    body := w.buildMessage()

    return w.mailer.Send(to, body)
}
```

예측 가능하고 간결함: 의존성을 생성자에서 할당하도록 변경함으로써, 요구 사항을 명확하게 할 뿐만 아니라 의존성이 메서드에서 설정되고 사용 가능하다는 것을 보장한다. 특히 생성자에 보호 절을 포함하고 있다면 더욱 그렇다. 생성자가 없을 경우에는 각 메서드에 (다음 예제에서 보는 바와 같이) 보호 절을 포함해야 한다. 그렇지 않을 경우에는 널 포인터 오류[nil pointer exception]를 발생시킬 위험이 있다.

```go
type Car struct {
    Engine Engine
}

func(c *Car) Drive() error {
    if c.Engine == nil {
        return errors.New("engine ie missing")
    }

    // 엔진을 사용한다
```

```
        c.Engine.Start()
        c.Engine.IncreasePower()

        return nil
}

func(c *Car) Stop() error {
    if c.Engine == nil {

        return errors.New("engine ie missing")
    }

    // 엔진을 사용한다
    c.Engine.DecreasePower()
    c.Engine.Stop()

    return nil
}
```

다음은 훨씬 더 간결하게 작성된 예제다.

```
func NewCar(engine Engine)(*Car, error) {
    if engine == nil {
        return nil, errors.New("invalid engine supplied")
    }
    return &Car {
        engine: engine,
    }, nil
}

type Car struct {
    engine Engine
}

func(c *Car) Drive() error {
    // 엔진을 사용한다
    c.engine.Start()
    c.engine.IncreasePower()
```

```
        return nil
}

func(c *Car) Stop() error {
    // 엔진을 사용한다
    c.engine.DecreasePower()
    c.engine.Stop()

    return nil
}
```

사실 메서드에서 의존성에 접근할 때는 해당 의존성이 준비 상태가 돼 있을 것이라고 가정한다. 따라서 생성자 외부에서의 초기화 지연이나 구성 문제를 처리할 필요가 없다. 게다가 의존성에 접근하기 위한 데이터 경합도 발생하지 않는다. 의존성은 생성 단계에서 설정되며 결코 변경되지 않는다.

캡슐화: 생성자 주입은 객체가 어떻게 의존성을 사용하는지에 대해 높은 수준의 캡슐화를 제공한다. 앞서 살펴봤던 Car 예제를 다음 코드와 같이 FillPetrolTank() 메서드를 추가함으로써 확장했을 때 무슨 일이 벌어질지 생각해보자.

```
func(c *Car) FillPetrolTank() error {
    // 엔진을 사용한다
    if c.engine.IsRunning() {
        return errors.New("cannot fill the tank while the engine is running")
    }

    // 탱크를 채운다
    return c.fill()
}
```

휘발유 탱크를 채우는 것이 엔진과는 전혀 관련 없고 이 메서드를 호출하기 전에 휘발유 탱크가 채워지지 않았다고 가정한다면 무슨 일이 발생하겠는가? 만약 생성자 주입을 통해 엔진을 공급하지 않는다면, 이 메서드에서는 널 포인터 오류가 발생한다. 이에 대한 대안으로 위 함수는 다음 코드와 같이 생성자 주입 없이 작성될 수 있다.

```
func(c *Car) FillPetrolTank(engine Engine) error {
    // 엔진을 사용한다
    if engine.IsRunning() {
        return errors.New("cannot fill the tank while the engine is running")
    }

    // 탱크를 채운다
    return c.fill()
}
```

하지만 위 버전의 경우 엔진을 동작하도록 하는 메서드의 상세 구현 내용이 노출될 수 있다.

코드 속 나쁜 냄새를 찾는 데 도움이 된다: 기존 구조체나 인터페이스에 하나 이상의 기능을 추가하는 것은 흔히 빠지기 쉬운 함정이다. 2장의 '단일 책임 원칙(SRP)' 절에서 살펴봤듯이, 위와 같은 충동을 억제해야 하며 객체와 인터페이스를 가능한 한 작게 유지해야 한다. 객체가 너무 많은 책임을 갖고 있는 경우를 쉽게 식별하는 한 가지 방법은 객체가 갖고 있는 의존성의 개수를 세어보는 것이다. 일반적으로 객체가 더 많은 책임을 가질수록 더 많은 의존성이 누적될 것이다. 따라서 모든 의존성이 동일한 위치인 생성자에 명확하게 나열돼 있다면, 무엇인가 잘못된 것이 있을 경우 훨씬 쉽게 발견할 수 있다.

┃ 생성자 주입 적용하기

앞서 구현한 ACME 등록 서비스에 생성자 주입을 적용해보자. 여기서는 Register 엔드포인트를 시작으로, rest 패키지에 대한 리팩터링을 수행할 것이다. Register는 ACME 등록 서비스에서 제공하는 세 가지 엔드포인트(Register, Get, List) 중 하나임을

202

기억하고 있어야 한다. Register 엔드포인트는 다음과 같은 세 가지 책임^{responsibility}을 갖고 있다.

- 등록이 완료됐고 유효한지 확인한다.
- 등록 과정에서 통화 변환^{currency conversion}을 호출해 등록비를 사용자가 요청한 환율로 변경해준다.
- 사용자의 등록 및 변환된 등록비 정보를 데이터베이스에 저장한다.

현재 Register 엔드포인트의 코드는 다음과 같다.

```
// RegisterHandler는 Register 엔드포인트를 위한 HTTP 처리기다
// 이 간단한 예제에서는 가능한 모든 오류가 사용자 오류라 가정하고
// '잘못된 요청' HTTP 400을 반환한다
// 프로그래머에 의한 일부 오류가 있을 수도 있지만, 이는 테스트 과정에서 수정되길 희망한다
type RegisterHandler struct {
}

// ServeHTTP는 http.Handler의 구현체다
func(h *RegisterHandler) ServeHTTP(response http.ResponseWriter, request *http.Request)
{
    // 요청으로부터 페이로드를 추출한다
    requestPayload, err := h.extractPayload(request)
    if err != nil {
        // 에러를 출력한다
        response.WriteHeader(http.StatusBadRequest)
        return
    }

    // person 객체를 등록한다
    id, err := h.register(requestPayload)
    if err != nil {
        // 다른 계층에서도 그렇게 할 수 있으므로, 여기서 로그인할 필요가 없다
        response.WriteHeader(http.StatusBadRequest)
        return
    }

    // 행복 경로
```

```
    response.Header().Add("Location", fmt.Sprintf("/person/%d/", id))
    response.WriteHeader(http.StatusCreated)
}

// 요청에서 페이로드를 추출한다
func(h *RegisterHandler) extractPayload(request *http.Request)
(*registerRequest, error) {
    requestPayload := &registerRequest {}
    decoder := json.NewDecoder(request.Body)
    err := decoder.Decode(requestPayload)
    if err != nil {
        return nil, err
    }
    return requestPayload, nil
}

// 로직 계층을 호출한다
func(h *RegisterHandler) register(requestPayload *registerRequest)(int,
error) {
    person := &data.Person {
        FullName: requestPayload.FullName,
        Phone: requestPayload.Phone,
        Currency: requestPayload.Currency,
    }
    registerer := &register.Registerer {}
    return registerer.Do(person)
}
```

실망스럽게도 위 함수에 대한 테스트는 하나뿐이며 이 테스트는 너무나도 쉽게 깨진다. 이 테스트를 위해 데이터베이스 및 다운스트림 환율 변환 서비스를 접근 가능하도록 구성해야 한다.

로컬 데이터베이스의 경우에는 변경 사항이 본 서비스를 제외한 다른 사람들에게 영향을 끼치지 않는다는 것을 보장할 수 있지만, 인터넷상에 존재하는 환율 변환 서비스의 경우에는 속도가 제한적이다. 이러한 부분은 직접적인 통제가 불가능하다.

이는 단 하나의 테스트를 갖고 있음에도 불구하고, 이 테스트가 통제할 수 없는 외부 요인에 의해 언제든지 깨질 수 있으므로 테스트의 실행 및 유지 관리가 어려울 가능성이 매우 높다는 것을 의미한다.

다행히도 이러한 종속성을 제거할 수 있을 뿐만 아니라, 모의를 사용해 실제로는 통제 불가능한 환경을 구현할 수 있다. 예를 들면, 모의를 사용해 환율 변환 서비스가 다운됐거나 쿼터를 초과한 경우에 대한 에러 처리 코드를 테스트할 수 있다.

의존성으로부터 분리

첫 번째 단계는 주입하고자 하는 의존성을 확인하는 것이다. 등록을 처리하는 처리기에서 의존성은 데이터베이스나 환율 호출이 아니다. 이 경우에는 다음 소프트웨어 계층에 해당하는 모델 계층^{model layer}을 주입하고자 한다.

특히 register 메서드에 다음과 같은 코드를 추가하고자 한다.

```
registerer := &register.Registerer{}
```

좀 더 쉽게 사용했던 동일한 프로세스에 따라, 우선 다음 코드와 같이 객체를 멤버 변수로 승격시킨다.

```
// RegisterHandler는 'Register' 엔드포인트를 위한 HTTP 처리기다
type RegisterHandler struct {
    registerer *register.Registerer
}
```

이렇게 하면 코드를 의존성으로부터 분리할 수 없으므로, 다음 코드와 같이 요구 사항을 로컬 인터페이스로 정의하고 멤버 변수를 업데이트한다.

```
// RegisterModel은 등록에 대한 유효성 검사 및 저장을 수행할 것이다
type RegisterModel interface {
```

```
    Do(in *data.Person)(int, error)
}

// RegisterHandler는 'Register' 엔드포인트를 위한 HTTP 처리기다
type RegisterHandler struct {
    registerer RegisterModel
}
```

생성자 만들기

이제 RegisterHandler는 추상화된 의존성을 필요로 하기 때문에 다음 코드와 같이 생성자 주입을 적용해 의존성이 제대로 설정됐는지 확인해야 한다.

```
// NewRegisterHandler는 RegisterHandler를 위한 생성자다
func NewRegisterHandler(model RegisterModel) *RegisterHandler {
    return &RegisterHandler {
        registerer: model,
    }
}
```

생성자 주입을 적용함으로써, RegisterHandler는 모델 계층 및 외부 리소스(데이터베이스 및 업스트림 서비스)와 비교적 덜 결합돼 있다. 이 느슨한 결합을 활용해 RegisterHandler에 대한 테스트를 개선하고 확장할 수 있다.

테스트 시나리오 커버리지 개선하기

테스트 과정에서 개선을 위해 가장 먼저 해야 할 일은 업스트림 통화 서비스에 대한 의존성을 깨뜨리는 것이다. 그런 다음, 기존에 다룰 수 없었던 부가적인 시나리오를 커버하는 테스트를 추가하는 작업을 진행할 것이다. 다음은 현재 구현돼 있는 테스트 코드다.

```go
func TestRegisterHandler_ServeHTTP(t *testing.T) {
    // 제한 시간을 둬서 테스트가 항상 실패하도록 해야 한다
    ctx, cancel := context.WithTimeout(context.Background(), 5 * time.Second)
    defer cancel()

    // 서버 생성 및 구동
    // 현재 구현이 아닐 경우, mux가 필요하기 때문에 전체 서버 없이
    // 해당 처리기를 테스트할 수 없다
    address, err := startServer(ctx)
    require.NoError(t, err)

    // 입력값에 대한 빌드를 수행한다
    validRequest := buildValidRequest()
    response, err := http.Post("http://" + address + "/person/register",
"application/json", validRequest)

    // 결과값에 대한 유효성 검사를 수행한다
    require.NoError(t, err)
    require.Equal(t, http.StatusCreated, response.StatusCode)
    defer response.Body.Close()

    // 해당 호출은 새로운 사람에게 위치를 출력해야 한다
    headerLocation := response.Header.Get("Location")
    assert.Contains(t, headerLocation, "/person/")
}
```

위 테스트 코드는 HTTP 서버를 구동하는 것부터 시작된다. 이는 다소 과한 것처럼 여겨질 수 있으므로 단지 RegisterHandler에 대한 테스트로 범위를 축소하자.

이렇게 테스트 커버리지를 축소하면 HTTP 라우터와 같은 주변의 문제를 제거해 테스트를 향상시킬 수 있다.

이미 테스트할 여러 가지 유사한 시나리오가 있다는 것을 알고 있으므로, 테이블 주도 테스트를 구현하기 위한 기초를 다지는 것부터 출발하자.

```go
func TestRegisterHandler_ServeHTTP(t *testing.T) {
```

```
        scenarios := []struct {
            desc            string
            inRequest       func() *http.Request
            inModelMock     func() *MockRegisterModel
            expectedStatus  int
            expectedHeader  string
        } {
            // 시나리오는 여기서부터 시작한다
        }

        for _, s := range scenarios {
            scenario := s
            t.Run(scenario.desc, func(t *testing.T) {
                // 테스트는 여기서부터 시작한다
            })
        }
    }
```

원래의 테스트에서는 입력값이 *http.Request와 *MockRegisterModel인 것을 볼 수 있다. 둘 다 생성과 구성이 다소 복잡하기 때문에 함수 형태로 만들기로 결정했다. 또한 원래의 테스트 코드에서는 출력 결과가 HTTP 응답 코드 및 Location 헤더임을 확인할 수 있다.

이 네 가지 객체(*http.Request, *MockRegistrationModel, HTTP 상태 코드, Location 헤더)는 이전 코드에서 볼 수 있듯이 테스트 시나리오에 대한 구성을 담당한다.

테이블 주도 테스트 코드의 작성을 완료하려면, 원래 테스트 코드의 내용을 루프 안으로 복사하고 입력값과 출력값을 다음 코드와 같이 변경해야 한다.

```
for _, s := range scenarios {
    scenario := s
    t.Run(scenario.desc, func(t *testing.T) {
        // 모델 계층 모의에 대한 정의
        mockRegisterModel := scenario.inModelMock()

        // 처리기에 대한 빌드를 수행한다
```

```go
        handler := &RegisterHandler {
            registerer: mockRegisterModel,
        }

        // 요청을 수행한다
        response := httptest.NewRecorder()
        handler.ServeHTTP(response, scenario.inRequest())

        // 결과에 대한 유효성 검증을 수행한다
        require.Equal(t, scenario.expectedStatus, response.Code)

        // 호출은 새로운 사람에게 위치를 출력해야 한다
        resultHeader := response.Header().Get("Location")
        assert.Equal(t, scenario.expectedHeader, resultHeader)

        // 예상대로 모의가 사용됐는지 검증을 수행한다
        assert.True(t, mockRegisterModel.AssertExpectations(t))
    })
}
```

이제 테스트를 위한 모든 작업을 완료했기 때문에 행복 경로를 시작으로 테스트 시나리오를 작성해본다.

```go
{
    desc: "Happy Path",
    inRequest: func() *http.Request {
        validRequest := buildValidRegisterRequest()
        request,
        err := http.NewRequest("POST", "/person/register",
            validRequest)
        require.NoError(t, err)
        return request
    },
    inModelMock: func() *MockRegisterModel {
        // 유효한 다운스트림 컨피규레이션
        resultID := 1234
        var resultErr error
        mockRegisterModel := &MockRegisterModel {}
```

```
        mockRegisterModel.On("Do", mock.Anything).Return(resultID,
            resultErr).Once()
        return mockRegisterModel
    },
    expectedStatus: http.StatusCreated,
    expectedHeader: "/person/1234/",
},
```

다음으로 코드가 에러를 잘 처리하는지 테스트해볼 필요가 있다. 그렇다면 어떤 종류의 에러가 발생할 수 있을까? 코드를 살펴보고 if err != nil과 같은 코드를 찾아볼 수 있다. 이는 유용한 지름길처럼 느껴질 수 있으며, 고려해볼 필요가 있다. 테스트가 현재 구현된 내용을 반영하는 경우, 구현된 내용이 변경된다면 어떤 일이 발생할까?

구현을 고려하기보다는 기능 자체와 상황 또는 그것의 사용을 고려하는 것이 더 바람직한 방안이다. 여기에는 항상 적용 가능한 두 가지 답변이 있다. 잘못된 입력과 같은 사용자 에러와 의존성으로부터 반환된 에러다.

이제 살펴볼 사용자 에러 시나리오 코드는 다음과 같다.

```
{
    desc: "Bad Input / User Error",
    inRequest: func() *http.Request {
        invalidRequest := bytes.NewBufferString(`this is not valid JSON`)
        request,
        err := http.NewRequest("POST", "/person/register",
            invalidRequest)
        require.NoError(t, err)
        return request
    },
    inModelMock: func() *MockRegisterModel {
        // 의존성은 호출되면 안 된다
        mockRegisterModel := &MockRegisterModel {}
        return mockRegisterModel
    },
    expectedStatus: http.StatusBadRequest,
    expectedHeader: "",
```

```
},
```

그리고 의존성으로부터 반환된 에러에 대한 코드는 다음과 같다.

```
{
    desc: "Dependency Failure",
    inRequest: func() *http.Request {
        validRequest := buildValidRegisterRequest()
        request,
        err := http.NewRequest("POST", "/person/register",
            validRequest)
        require.NoError(t, err)
        return request
    },
    inModelMock: func() *MockRegisterModel {
        // 의존성 호출 실패
        resultErr := errors.New("something failed")
        mockRegisterModel := &MockRegisterModel {}
        mockRegisterModel.On("Do", mock.Anything).Return(0, resultErr).Once()
        return mockRegisterModel
    },
    expectedStatus: http.StatusInternalServerError,
    expectedHeader: "",
},
```

이 세 가지 테스트를 통해 합리적인 테스트 시나리오를 적용할 수 있지만, 다른 문제에 직면하게 된다. 의존성으로부터 반환된 에러 시나리오에서 HTTP 500(내부 서버 오류) 응답 코드 대신 HTTP 400(잘못된 요청) 응답 코드를 반환하고 있다. 모델 계층의 구현 부분을 살펴본 결과, HTTP 400 에러는 의도적이며 요청이 불완전해 유효성 검증이 실패했다는 사실이 명백하다.

위와 같은 문제를 파악했다면, 본능적으로 우선 유효성 검사를 HTTP 계층으로 이동시키려 할 것이다. 그 전에 고려해볼 만한 사항이 있다. gRPC와 같은 다른 유형의 서버를 추가한다면 어떻게 될 것인가? 이 유효성 검사는 여전히 수행돼야 한다. 그렇다면 사용자 에러를 시스템 에러와 어떻게 구분할 수 있을까?

모델 계층에서 발생되는 유효성 검사에 의한 에러는 명명된 에러를 반환하고, 다른 유형의 에러에 대해서는 다르게 정의한 에러를 반환하는 것이다. 이처럼 응답을 별도로 감지하는 것이 처리하기에 쉽지만, 이러한 방식은 작성하는 코드가 model 패키지와 강하게 결합되도록 만든다.

또 다른 옵션은 model 패키지에 대한 호출을 Validate()와 Do() 두 가지로 분리해 수행할 수 있지만, model 패키지의 사용자 경험(UX)을 떨어뜨린다. 이 옵션을 사용할지 아니면 또 다른 옵션을 사용할지는 여러분의 선택에 맡기겠다.

RegisterHandler와 이 패키지 내의 다른 처리기들에 대한 변경 작업을 완료한 후에는 Go의 테스트 커버리지 툴을 사용해 빠뜨린 시나리오가 있는지 확인할 수 있다.

 유닉스/리눅스 사용자들을 위해 6장의 소스 코드에 HTML로 커버리지를 생성하는 스크립트를 포함시켰으며, 그 과정은 다른 플랫폼과 비슷해야 한다. 이 스크립트는 https://github.com/PacktPublishing/Hands-On-Dependency-Injection-in-Go/blob/master/ch06/pcov-html에서 다운로드할 수 있다.

여기서 테스트 커버리지 퍼센트는 크게 중요하지 않다는 점을 명심해야 한다. 무엇보다 테스트 과정에서 어떤 코드가 실행되지 않았는지와 합리적으로 발생 가능한 에러인지를 확인하고, 필요한 테스트 시나리오를 추가해야 한다.

이제 RegisterHandler는 좀 더 나은 모양을 갖추게 됐다. 따라서 rest 패키지 내의 다른 처리기에도 동일한 방법을 사용해 생성자 주입을 적용할 수 있다.

생성자 주입을 적용한 변경의 결과는 6장의 소스 코드(https://github.com/PacktPublishing/Hands-On-Dependency-Injection-in-Go/tree/master/ch06/acme/internal/rest)에서 확인할 수 있다.

의존성 그래프를 통한 개선 사항 검증하기

rest 패키지에 대한 작업을 마무리하기 전에 시작 시점과 현재 시점을 살펴보자. 처음 시작할 때, 처리기는 매칭되는 model 패키지에 강하게 결합돼 있었으며 테스트가 충분히 진행되지 않았다. 이제 이 두 가지 문제는 모두 해결됐다.

다음과 같은 의존성 그래프를 통해 얼마나 개선됐는지 확인해보자.

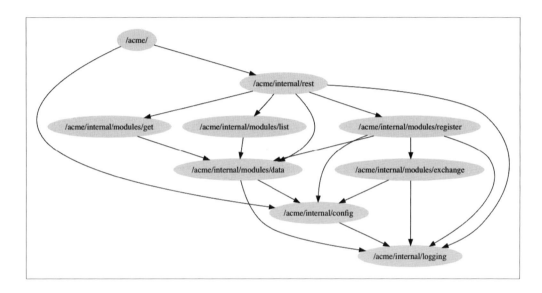

안타깝게도 위 의존성 그래프는 여전히 이전과 동일한 것처럼 보인다. 코드를 면밀히 살펴보면, 무엇이 문제인지 확인할 수 있다.

```
// New는 서버 생성 및 초기화를 수행한다
func New(address string) *Server {
    return &Server {
        address: address,
        handlerGet: NewGetHandler(&get.Getter {}),
        handlerList: NewListHandler(&list.Lister {}),
        handlerNotFound: notFoundHandler,
        handlerRegister: NewRegisterHandler(&register.Registerer {}),
```

```
        }
}
```

Server(rest 패키지의 일부분)를 위해 생성자 내부에서 모델 계층 오브젝트를 인스턴스화하고 있으며, 수정 방법은 매우 쉽고 분명하다. 다음 코드와 같이 의존성을 한 레벨 위로 올릴 수 있다.

```
// New는 서버 생성 및 초기화를 수행한다
func New(address string,
    getModel GetModel,
    listModel ListModel,
    registerModel RegisterModel) *Server {

    return &Server {
        address: address,
        handlerGet: NewGetHandler(getModel),
        handlerList: NewListHandler(listModel),
        handlerNotFound: notFoundHandler,
        handlerRegister: NewRegisterHandler(registerModel),
    }
}
```

의존성 그래프를 다시 한 번 확인해보면, 마침내 몇 가지 사항이 개선됐다는 것을 확인할 수 있다.

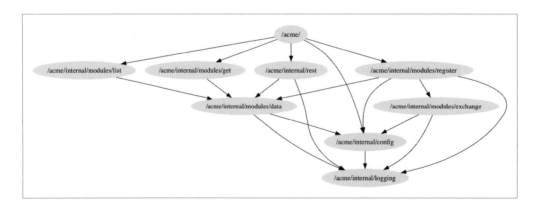

214

보다시피 의존성 그래프는 이전에 비해 좀 더 평평해졌다. rest 패키지는 모듈 계층 ^{module layer}(list, get, register 패키지)에 의존성을 갖고 있지 않다.

여전히 data 패키지와 config 패키지에 너무 많은 의존성이 있지만, 이와 관련된 내용은 이후 장에서 다룰 것이다.

▌ 생성자 주입의 단점

DI를 적용하는 것만으로 모든 문제가 해결되지는 않으며, 생성자 주입이 유용함에도 불구하고 모든 경우에 사용할 수는 없다. 이번 절에서는 생성자 주입의 단점과 한계를 다룰 것이다.

많은 변경 사항을 유발할 수 있다: 기존 코드에 생성자 주입을 적용할 때는 많은 변경을 초래할 수 있다. 코드가 처음에 함수로 작성된 경우에 특히 그렇다.

다음과 같은 코드를 생각해보자.

```
// 딜러는 한 벌의 카드를 섞어서 플레이어에게 나눠준다
func DealCards()(player1 []Card, player2 []Card) {
    // 새로운 한 벌의 카드를 생성한다
    cards := newDeck()

    // 카드를 섞는다
    shuffler := &myShuffler {}
    shuffler.Shuffle(cards)

    // 카드를 나눠준다
    player1 = append(player1, cards[0])
    player2 = append(player2, cards[1])

    player1 = append(player1, cards[2])
    player2 = append(player2, cards[3])
    return
}
```

이전 절에서 살펴봤듯이, 위 예제 코드를 생성자 주입을 사용하도록 변경하려면 다음과 같은 작업을 수행해야 한다.

- 함수를 구조체로 변환한다.
- 인터페이스를 정의해 *myShuffler에 대한 의존성을 추상화한다.
- 생성자를 만든다.
- 생성자를 사용해 의존성을 주입하기 위해 현재 사용되고 있는 함수의 모든 사용 방법을 업데이트한다.

모든 변경 사항 중에서 가장 중요한 부분은 바로 마지막 부분이다. 로컬에서 발생하는 변경, 즉 동일한 패키지 내에서 변경은 쉽기 때문에 위험이 적다. 하지만 외부 패키지와 같이 특히 다른 팀에 속한 코드를 변경하는 것은 많은 위험을 내포한다.

매우 조심하는 것 외에, 위험을 줄여주는 가장 좋은 방법은 테스트를 진행하는 것이다. 리팩터링에 앞서 해당 코드에 대한 테스트 코드가 적거나 아예 없을 경우, 리팩터링을 시작하기 전에 우선 테스트 코드를 작성하는 것이 좋다.

몽키 패치를 통한 DI는 테스트 코드에 있는 의존성을 제거하는 좋은 방법 중 하나가 될 수 있다. 이러한 테스트 코드는 생성자 주입을 통해 리팩터링하거나 제거해야 하지만, 그렇다고 잘못된 것은 아니다. 리팩터링 전에 테스트를 수행하면 코드가 정상적으로 동작하는 것을 보장하고, 리팩터링 과정에서도 코드를 매우 유용하게 활용할 수 있다. 또는 다른 방법을 사용해서 리팩터링을 좀 더 안전하게 수행하도록 테스트할 수 있다.

초기화 문제가 발생할 수 있다: 생성자 주입의 장점을 논의할 때, 객체를 의존성의 수명 주기로부터 분리해야 한다는 것을 설명했다. 이러한 코드는 호출 관계가 좀 더 복잡해진다. 생성자 주입을 통해 몇 가지 우려되는 사항을 개별적으로 해결할 수 있다는 것은 분명한 장점이지만, 이는 2차 문제(객체 초기화 문제)를 발생시킬 수 있다. 앞서 살펴봤던 ACME 등록 서비스를 생각해보자. 이 서비스는 프레젠테이션, 모델, 데이터라는 세 가지 계층으로 구성돼 있다.

프레젠테이션 계층이 동작하려면, 먼저 모델 계층이 정상적으로 동작해야 한다. 또한 모델 계층이 정상적으로 동작하려면, 데이터 계층이 정상적으로 동작해야 한다. 그리고 데이터 계층이 정상적으로 동작하려면, 데이터베이스 연결 풀을 생성해야 한다.

ACME 등록 서비스가 비교적 단순한 서비스임에도 불구하고, 매우 복잡한 구조를 갖고 있다. 이러한 복잡성을 해결하기 위해 많은 종류의 DI 프레임워크가 만들어졌으며, 10장에서는 이러한 프레임워크 중 하나인 구글의 오프 더 셸프 주입^{off-the-shelf injection}을 살펴볼 것이다.

또 다른 잠재적인 문제는 애플리케이션을 구동할 때 생성되는 객체의 양이다. 이로 인해 애플리케이션 구동이 다소 느려진다. 하지만 초기화 설정 과정을 마치고 나면, 이 애플리케이션에서는 더 이상 의존성 생성으로 인한 지연이 발생하지 않는다.

초기화 문제와 관련해 고려해야 하는 마지막 사항은 디버깅이다. 의존성 생성과 이에 대한 사용자가 코드의 동일한 부분일 경우, 수명 주기와 관계를 이해하고 디버깅하는 것이 훨씬 쉽다.

남용의 위험: 생성자 주입 기법은 이해하고 사용하기가 쉬우므로 남용될 우려가 있다. 남용의 명백한 징후는 바로 매개변수가 많은 생성자다. 매개변수가 많은 생성자는 객체에 너무 많은 책임이 있다는 것을 나타낼 수 있지만, 너무 많은 의존성을 추출하고 추상화하는 것을 의미할 수 있다.

의존성을 추출하기 전에 캡슐화를 생각해보자. 객체의 사용자가 알아야 할 정보는 무엇인가? 구현과 관련해 숨길 수 있는 정보가 많을수록 유연성이 증가한다.

고려해야 할 또 다른 측면은 다음과 같다. 의존성은 추출돼야 하는가? 아니면 컨피규레이션으로 남겨둬야 하는가? 다음 코드를 생각해보자.

```go
// FetchRates는 다운스트림 서비스로부터 rate를 패치한다
type FetchRates struct {}

func(f *FetchRates) Fetch()([]Rate, error) {
    // rate를 패치하기 위한 URL을 빌드한다
    url := downstreamServer + "/rates"

    // 요청을 빌드한다
    request,
    err := http.NewRequest("GET", url, nil)
    if err != nil {
        return nil, err
    }

    // rate를 패치한다
    response,
    err := http.DefaultClient.Do(request)
    if err != nil {
        return nil, err
    }
    defer response.Body.Close()

    // 응답의 내용을 읽는다
    data,
    err := ioutil.ReadAll(response.Body)
    if err != nil {
        return nil, err
    }

    // JSON 바이트를 GO 구조체로 변환한다
    out := &downstreamResponse {}
    err = json.Unmarshal(data, out)
    if err != nil {
        return nil, err
    }
    return out.Rates, nil
}
```

*http.Client를 추상화하고 주입할 수는 있지만 실제로 필요할까? 실제로 변경이 필요

한 유일한 부분은 기본 URI다. 이러한 접근 방식은 8장, '컨피그에 의한 의존성 주입'에서 살펴보자.

명확하지 않은 요구 사항: Go 언어에서 생성자를 사용하는 것은 필수적인 패턴이 아니다. 또한 일부 팀에서는 표준 패턴으로도 채택하지 않는다. 이러한 이유로 Go 언어에서 사용자는 심지어 생성자의 존재와 그것을 사용해야 한다는 사실을 제대로 인지하지 못한다. 의존성 주입이 없는 코드일 경우 충돌crash[4]이 발생할 가능성이 높다는 점을 고려해보면, 운영상의 문제가 발생할 가능성은 낮지만 다소 성가시게 느껴질 수 있다.

일부 팀에서는 다음 코드와 같이 객체를 private으로 설정하고 생성자와 인터페이스만 외부에 노출해 이와 같은 문제를 해결하고자 했다.

```go
// NewClient는 client를 생성하고 초기화한다
func NewClient(service DepService) Client {
    return &clientImpl {
        service: service,
    }
}

// Client는 노출된 API다
type Client interface {
    DoSomethingUseful()(bool, error)
}

// Client에 대한 구현체다
type clientImpl struct {
    service DepService
}

func(c *clientImpl) DoSomethingUseful()(bool, error) {
    // 해당 함수는 매우 유용하다
    return false, errors.New("not implemented")
}
```

---

4   시스템 또는 애플리케이션이 적절하게 동작하는 것을 멈춘 상태를 의미한다. – 옮긴이

이러한 접근 방법은 생성자가 사용되도록 보장하지만, 이를 위해 어느 정도 비용이 발생한다.

첫째, 인터페이스와 구조체를 동기화 상태로 유지해야 한다. 이는 그다지 어렵지 않지만, 추가적인 작업이 발생하므로 꽤 성가시다.

둘째, 일부 사용자는 자체적으로 인터페이스를 정의하지 않고 해당 인터페이스를 사용하려고 한다. 그로 인해 사용자와 노출된 인터페이스 사이에 강한 결합이 생성된다. 이러한 결합은 외부에 공개하는 API를 추가하는 것을 더욱 어렵게 만든다.

다음 코드와 같이 다른 패키지에서 앞서 살펴본 예제를 사용하는 상황을 생각해보자.

```
package other

// StubClient는 sdk의 스텁 구현체다. 클라이언트 인터페이스
type StubClient struct {}

// DoSomethingUseful은 sdk의 구현체다. 클라이언트
func(s *StubClient) DoSomethingUseful()(bool, error) {
    return true, nil
}
```

클라이언트 인터페이스에 새로운 메서드를 추가할 경우에는 앞서 살펴본 코드가 손상된다.

생성자는 상속할 수 없다: 7장에서 다룰 메서드 및 메서드 주입과 달리, 컴포지션composition을 수행할 때는 생성자가 상속되지 않는다. 대신에 생성자가 존재한다는 것을 기억하고 이를 사용해야 한다.

컴포지션을 수행할 때 고려해야 할 또 다른 요소는 내부inner 구조체의 생성자 매개변수를 외부outer 구조체의 생성자에 추가해야 한다는 점이다. 이에 대한 예제 코드는 다음과 같다.

```go
type InnerService struct {
    innerDep Dependency
}

func NewInnerService(innerDep Dependency) *InnerService {
    return &InnerService {
        innerDep: innerDep,
    }
}

type OuterService struct {
    // 구성
    innerService *InnerService
    outerDep Dependency
}

func NewOuterService(outerDep Dependency, innerDep Dependency) *OuterService {
    return &OuterService {
        innerService: NewInnerService(innerDep),
        outerDep: outerDep,
    }
}
```

앞서 나온 것과 같은 관계는 OuterService에 일치하도록 변경해야 하기 때문에 InnerService를 변경하지 못하도록 막을 수 있다.

▌요약

6장에서는 생성자 주입을 통한 DI를 학습했으며, 생성자 주입의 개념을 이해하고 적용하는 것이 얼마나 쉬운지 살펴봤다.

그리고 보호 절을 사용할 때, 생성자 주입을 통해 객체와 그 의존성 사이의 관계에 대한 예측 가능성을 가져오는 방법을 확인했다.

rest 패키지에 생성자 주입을 적용해 객체들의 집합을 느슨하게 결합되도록 만들고 이 해하기 쉽도록 변경했으며, 이로써 테스트 시나리오 커버리지를 쉽게 확장할 수 있었 다. 또한 모델 계층의 변경 사항이 rest 패키지에 과도한 영향을 주지 않는 것을 기대 할 수 있었다.

7장에서는 메서드 주입을 통한 DI를 소개할 것이다. 여러 가지 DI 기법 중에서 메서드 주입은 부가적인 의존성을 처리하는 데 매우 편리한 방법이다.

┃ 질문

1. 생성자 주입을 채택하고자 취한 조치는 무엇인가?
2. 보호 절은 무엇이며 언제 사용하는가?
3. 생성자 주입이 의존성의 수명 주기에 어떻게 영향을 미치는가?
4. 생성자 주입의 가장 이상적인 사용 사례는 무엇인가?

07

메서드 주입을 통한 의존성 주입

6장에서는 생성자를 사용해 의존성을 주입했다. 이렇게 하면 객체와 그 의존성의 수명 주기가 단순화된다. 하지만 이 의존성이 요구 사항마다 다른 경우에는 어떻게 될까? 이러한 상황에서 메서드 주입method injection이 필요하다고 할 수 있다.

7장에서 다룰 주제는 다음과 같다.

- 메서드 주입
- 메서드 주입의 장점
- 메서드 주입 적용하기
- 메서드 주입의 단점

▌기술적 요구 사항

4장, 'ACME 등록 서비스 소개'에서 살펴본 서비스 코드에 익숙해지면 매우 유용할 수 있다.

또한 7장에서 실습할 코드는 https://github.com/PacktPublishing/Hands-On-Dependency-Injection-in-Go/tree/master/ch07에서 다운로드할 수 있으며, 코드의 전체 버전을 한번 살펴보고 실행해보면 7장을 학습하는 데 큰 도움이 될 것이다.

코드를 다운로드해 샘플 서비스를 구성하는 방법은 https://github.com/PacktPublishing/Hands-On-Dependency-Injection-in-Go/의 README 파일에 설명돼 있다.

7장에서 학습하게 될 내용이 이미 적용된 샘플 서비스의 소스 코드는 ch07/acme에서 확인할 수 있다.

▌메서드 주입

메서드 주입은 어디에나 존재한다. 아마 메서드 주입을 매일 사용하고 있음에도 대부분 이를 인지하지 못하고 있을 것이다. 다음과 같이 작성된 코드를 본 적이 있는가?

```
fmt.Fprint(os.Stdout, "Hello World")
```

그렇다면 이 코드는 어떤가?

```
req, err := http.NewRequest("POST", "/login", body)
```

이것은 메서드 주입이다(요청에 대한 매개변수로서 의존성을 전달하고 있다).

224

앞서 살펴본 예제를 좀 더 자세히 살펴보자. Fprint()의 함수 시그니처는 다음과 같다.

```go
// Fprint는 피연산자에 대해 기본 형식을 사용해 w에 기록한다
// 기록한 바이트 수와 에러 값을 반환한다
func Fprint(w io.Writer, a...interface {})(n int, err error)
```

보다시피 첫 번째 매개변수 io.Writer는 이 함수의 의존성이다. 다른 함수 호출과 비교해보면, 의존성이 함수를 호출할 때 호출 컨텍스트 또는 데이터를 제공한다는 특징이 있다.

첫 번째 예제에서 의존성은 출력을 위한 타깃으로 사용되기 때문에 반드시 필요하다. 하지만 메서드 주입에 사용되는 의존성의 경우 항상 필요하지는 않다. 다음 예제에서 보듯이 때때로 의존성은 선택적이다.

```go
func NewRequest(method, url string, body io.Reader)(*http.Request, error)
{
    // 메서드에 대한 유효성을 검사한다
    m, err := validateMethod(method)
    if err != nil {
        return nil, err
    }

    // URL에 대한 유효성을 검사한다
    u, err := validateURL(url)
    if err != nil {
        return nil, err
    }

    // 본문 부분 처리
    var b io.ReadCloser
    if body != nil {
        // 본문이 준비됐을 경우
        b = ioutil.NopCloser(body)
    }
```

```
// 요청 값 빌드 및 반환
req := &http.Request {
    URL: u,
    Method: m,
    Body: b,
}

return req, nil
}
```

이것은 표준 라이브러리의 실제 구현체가 아니며, 중요한 부분을 강조하기 위해 전체 코드를 간략화했다. 앞서 살펴본 예제에서 io.Reader는 선택적이며 보호 절에 의해 보호된다.

메서드 주입을 적용할 경우, 의존성은 현재 호출에 따라 다르기 때문에 보호 절이 필요한 경우가 많을 것이다. 보호 절의 포함 여부를 결정할 수 있도록 예제를 좀 더 자세히 살펴보자.

fmt.Fprint() 표준 라이브러리 구현체에서는 io.Writer에 보호 절이 없으므로, nil 값이 제공될 경우 함수에 패닉^panic이 발생한다. io.Writer에 지정된 값이 없으므로 출력은 불가능하다.

그러나 http.NewRequest() 구현체에는 본문^body을 포함하지 않는 HTTP 요청^HTTP request을 만들 수 있으므로 보호 절이 존재한다.

그렇다면 작성하는 함수는 무엇을 의미하는가? 대부분의 경우, 패닉과 함께 충돌이 일어나는 코드를 작성하는 것을 피해야 한다. Fprint()와 비슷한 목적을 가진 함수를 구현해보고 패닉을 피할 수 있는지 살펴보자. 다음 예제는 (패닉이 발생하는) 대략적인 구현체다.

```
// TimeStampWriterV1은 전달된 메시지를 타임스탬프와 함께 writer에 출력한다
func TimeStampWriterV1(writer io.Writer, message string) {
    timestamp := time.Now().Format(time.RFC3339)
```

```
    fmt.Fprintf(writer, "%s -> %s", timestamp, message)
}
```

writer 매개변수가 nil인 경우로 인한 패닉을 회피하기 위해 가장 먼저 떠오르는 방법은 무엇인가?

다음 코드와 같이 io.Writer에 제대로 된 값이 전달되지 않았을 경우에 대한 보호 절을 추가하고 오류를 반환할 수 있다.

```
// TimeStampWriterV2는 전달된 메시지를 타임스탬프와 함께 writer에 출력한다
func TimeStampWriterV2(writer io.Writer, message string) error {
    if writer == nil {
        return errors.New("writer cannot be nil")
    }

    timestamp := time.Now().Format(time.RFC3339)
    fmt.Fprintf(writer, "%s -> %s", timestamp, message)

    return nil
}
```

위 예제 코드는 여전히 일반적이고 유효한 Go 언어 코드처럼 느껴지지만, 이제는 프로그래머가 실수할 때만 에러가 발생한다. 따라서 훨씬 더 나은 옵션은 다음 코드와 같이 적절한 기본값을 설정하는 것이다.

```
// TimeStampWriterV3는 전달된 메시지를 타임스탬프와 함께 writer에 출력한다
func TimeStampWriterV3(writer io.Writer, message string) {
    if writer == nil {
        // 기본값을 표준 출력으로 설정한다
        writer = os.Stdout
    }

    timestamp := time.Now().Format(time.RFC3339)
    fmt.Fprintf(writer, "%s -> %s", timestamp, message)
}
```

이 기법은 방어적 코딩^{defensive coding}이라고 부른다. 이 기법의 주된 개념은 비정상적인 입력에도 충돌을 일으키기보다 계속적으로 동작하도록 하는 것이다.

비록 이러한 예제는 모두 함수였지만, 메서드 주입은 정확하게 같은 방식으로 구조체에도 사용될 수 있다. 단 한 가지 주의 사항이 있다. 주입된 의존성을 멤버 변수로 저장해서는 안 된다. 의존성이 함수 호출 컨텍스트나 데이터를 제공하기 때문에 메서드 주입을 사용하고 있다. 의존성을 멤버 변수로 저장할 경우에는 호출 사이에 공유되므로 요청 사이에 이 컨텍스트를 효과적으로 유출시킬 수 있다.

▌ 메서드 주입의 장점

앞선 절에서 살펴본 바와 같이, 메서드 주입은 표준 라이브러리에서 광범위하게 사용된다. 또한 자기 자신만의 공유 라이브러리 또는 프레임워크를 작성하는 경우 매우 유용하게 사용될 수 있다. 메서드 주입의 유용성은 매우 다양하다.

함수와 잘 어울린다: 일반적으로 모든 사람은 2장, 'Go 언어를 위한 SOLID 디자인 원칙'에서 설명한 단일 책임 원칙을 따르는 좋은 함수를 특히 선호한다. 이러한 함수들은 단순하고, 무상태^{statelss}이며, 재사용성이 매우 높다. 함수에 메서드 주입을 추가할 경우, 의존성을 추상화하기 때문에 함수의 재사용성을 높여준다. 다음 HTTP 처리기 예제를 살펴보자.

```go
func HandlerV1(response http.ResponseWriter, request *http.Request) {
    garfield := &Animal {
        Type: "Cat",
        Name: "Garfield",
    }

    // JSON으로 인코딩하고 출력한다
    encoder := json.NewEncoder(response)
    err := encoder.Encode(garfield)
```

```
    if err != nil {
        response.WriteHeader(http.StatusInternalServerError)
        return
    }

    response.WriteHeader(http.StatusOK)
}
```

위 함수는 잘 작성돼 있고 단순하다. 위 코드는 Go 객체를 빌드한 후 응답^{response}에 객체의 내용을 JSON 형식으로 쓴다. 작성한 또 다른 HTTP 처리기에도 마지막 아홉 줄과 동일한 코드가 있을 것이라는 점을 어렵지 않게 생각해볼 수 있다. 따라서 복사하고 붙여넣기를 하는 대신, 다음과 같이 함수 형태로 추출해보자.

```
func outputAnimal(response http.ResponseWriter, animal *Animal) {
    encoder := json.NewEncoder(response)
    err := encoder.Encode(animal)
    if err != nil {
        response.WriteHeader(http.StatusInternalServerError)
        return
    }

    // 행복 경로
    response.WriteHeader(http.StatusOK)
}
```

이제 함수의 입력을 살펴보자. 이 입력을 더욱 일반적이고 추상적으로 만드는 방법은 무엇인가?

JSON 인코더^{encoder}는 전체 http.ResponseWriter를 필요로 하지 않고 단지 io.Writer만 요구하며, 또한 HTTP 상태 코드도 출력하고 있다. 따라서 가능하기는 하지만, 인터페이스로 정의하기에 이것만으로는 부족하다. 두 번째 매개변수는 *Animal이다. 위 함수에서 실제로 필요한 최솟값은 무엇인가?

위 함수에서 *Animal은 단지 JSON 인코더의 입력으로만 사용되고 있으며, 이 인코더의 함수 시그니처는 Encode(v interface{}) error다. 따라서 함수의 매개변수를 다음과 같이 줄일 수 있다.

```
func outputJSON(response http.ResponseWriter, data interface {}) {
    encoder := json.NewEncoder(response)
    err := encoder.Encode(data)
    if err != nil {
        response.WriteHeader(http.StatusInternalServerError)
        return
    }

    // 행복 경로
    response.WriteHeader(http.StatusOK)
}
```

일반적으로, 나는 코드가 형 변환^{type cast}과 구문^{statement}으로 어질러지기 때문에 interface{}를 잘 사용하지 않는다. 하지만 위와 같은 경우에는 interface{}를 사용하는 것이 최선의 선택이다.

다른 장의 '인터페이스 분리 원칙' 기반 예제와 마찬가지로, 함수 또는 메서드에 최소한의 가능한 인터페이스를 정의하는 것이 가장 좋다. 또는 가능하다면 표준 라이브러리(예: io.Writer)에서 적절한 최소 단위의 인터페이스를 사용하도록 한다.

의존성이 데이터 역할을 한다: 메서드 주입은 사용자가 각 호출마다 의존성을 전달해야 하므로 의존성과 사용 간의 관계 사이에 몇 가지 흥미로운 부작용이 나타난다. 의존성은 요청^{request}에서 데이터의 일부가 되며, 호출 결과를 크게 바꿀 수 있다. 다음 코드를 생각해보자.

```
func WriteLog(writer io.Writer, message string) error {
    _, err := writer.Write([]byte(message))
    return err
}
```

크게 잘못된 부분이 없는 간단한 함수이지만, 몇 가지 다른 의존성을 공급할 경우에는 어떤 일이 발생하는지 살펴보자.

```
// 콘솔에 기록한다
WriteLog(os.Stdout, "Hello World!")

// 파일에 기록한다
file, _ := os.Create("my-log.log")
WriteLog(file, "Hello World!")

// TCP 연결에 기록한다
tcpPipe, _ := net.Dial("tcp", "127.0.0.1:1234")
WriteLog(tcpPipe, "Hello World!")
```

의존성의 수명 주기가 요청 범위에 한정된다: 이러한 의존성은 매번 정의^{definition}를 통해 생성되고 파괴된다. 따라서 이러한 의존성은 생성자 주입이나 심지어 몽키 패치를 적용하기 위한 좋은 후보가 아니다. 물론 매 요청마다 의존성을 사용하는 객체를 생성할 수도 있지만, 이는 성능 기준에 부합하지 않을 뿐 아니라 항상 필요하지도 않다.

HTTP 요청 처리기를 살펴보자.

```
// LoadOrderHandler는 현재 사용자와 전달된 사용자 ID를 기준으로 Order를 로드한다
type LoadOrderHandler struct {
    loader OrderLoader
}

// ServeHTTP는 http.Handler의 구현체다
func(l *LoadOrderHandler) ServeHTTP(response http.ResponseWriter, request *http.
Request) {
    // 전달된 인증 자격 증명으로부터 User를 추출한다
    currentUser, err := l.authenticateUser(request)
    if err != nil {
        response.WriteHeader(http.StatusUnauthorized)
        return
    }
```

```
    // 요청으로부터 order ID를 추출한다
    orderID, err := l.extractOrderID(request)
    if err != nil {
        response.WriteHeader(http.StatusBadRequest)
        return
    }

    // 현재 사용자를 요청 범위의 의존성으로 사용해 order를 로드한다(메서드 주입)
    order, err := l.loader.loadOrder(currentUser, orderID)
    if err != nil {
        response.WriteHeader(http.StatusInternalServerError)
        return
    }

    // order를 출력한다
    encoder := json.NewEncoder(response)
    err = encoder.Encode(order)
    if err != nil {
        response.WriteHeader(http.StatusInternalServerError)
        return
    }

    response.WriteHeader(http.StatusOK)
}
```

HTTP 처리기로서, ServeHTTP() 메서드가 들어오는 모든 HTTP 요청에 대해 한 번 호출된다. LoadOrderHandler는 OrderLoader에 의존하고 있으며, 생성자 주입을 사용해 AuthenticatedLoader의 구현체를 주입한다.

AuthenticatedLoader 구현체 코드는 다음과 같다.

```
// AuthenticatedLoader는 전달된 owner를 기준으로 order를 로드한다
type AuthenticatedLoader struct {
    // 해당 풀은 생성 비용이 많이 발생한다
    // 따라서 한 번만 생성하고, 재사용할 것이다
    db *sql.DB
}
```

```
// owner 및 order ID를 기준으로 데이터베이스에서 order를 로드한다
func(a *AuthenticatedLoader) loadByOwner(owner Owner, orderID int)
(*Order, error) {
    order, err := a.load(orderID)
    if err != nil {
        return nil, err
    }
    if order.OwnerID != owner.ID() {
        // 해커에게 정보가 유출되지 않도록 반환값을 정의하지 않는다
        return nil, errNotFound
    }
    // 행복 경로
    return order, nil
}
```

보다시피 AuthenticationLoader는 데이터베이스 연결 풀에 의존하고 있다. 이 연결을 생성하려면 많은 비용이 발생하므로 매 요청마다 다시 생성하는 것은 좋은 방법이 아니다.

loadByOwner() 함수는 메서드 주입을 사용해 Owner를 받아들인다. Owner가 각 요청에 따라 달라질 것으로 예상하기 때문에 여기서는 메서드 주입을 사용하고 있다.

위 예제에서는 긴 수명 주기를 갖는 의존성을 위해 생성자 주입을 사용하고 있으며, 요청 범위에 한정된 수명 주기를 갖는 의존성을 위해 메서드 주입을 사용하고 있다. 이러한 방법을 사용해 불필요한 객체를 생성하거나 파괴하지 않는다.

변경 불가성, 상태 비저장성, 동시성 지원: 여기서 다소 과장되게 말한다고 비판할 수도 있겠지만, 병렬로 수행되는 시스템을 Go 언어로 작성한 후에는 상태 비저장성이나 변경 불가성과 같은 동시성에 관련된 문제가 잘 발생하지 않는 것으로 확인했다. 메서드 주입은 자체적으로 이러한 특징을 제공하지는 않지만, 좀 더 쉽게 구현할 수 있도록 해준다. 의존성을 전달해주면, 이에 대한 소유권ownership과 사용의 범위가 훨씬 더 명확해진다. 또한 마치 멤버 변수인 것처럼 의존성에 대한 동시 접근을 걱정하지 않아도 된다.

▎ 메서드 주입 적용하기

이번 절에서는 Go 표준 라이브러리인 context 패키지에 내가 선호하는 패키지가 포함된 메서드 주입을 적용함으로써 ACME 등록 서비스를 개선해나갈 것이다. 이 패키지의 핵심은 다음과 같이 자기 자신을 설명하는 context 인터페이스다.

컨텍스트는 API 경계를 넘어 마감 시간, 취소 신호, 요청 범위 값을 전달한다. 이 방법은 여러 개의 고루틴을 사용하도록 해서 매우 안전하다.

그렇다면, 나는 왜 이 방법을 선호하는가? 의존성으로 컨텍스트를 사용하고, 메서드 주입을 적용해 자동으로 취소하고 정리할 수 있는 처리 로직processing logic을 빌드할 수 있다.

빠르게 요약하기

본격적으로 변경을 진행하기 전에, 샘플 서비스에서 제공하는 등록 함수와 외부 리소스와의 상호 작용을 자세히 살펴보자. 다음 다이어그램은 Register 엔드포인트에 대한 단일 호출 중에 수행되는 단계를 요약한 것이다.

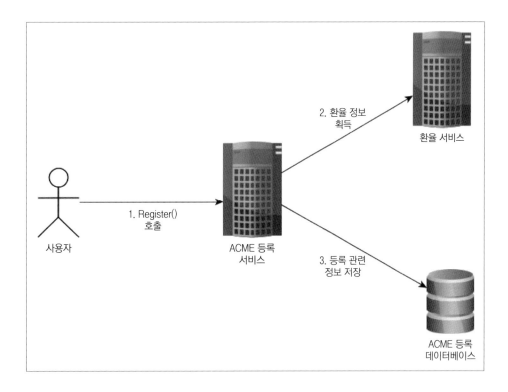

여기서 이뤄지는 상호 작용은 다음과 같다.

1. 사용자는 Register 엔드포인트를 호출한다.
2. ACME 등록 서비스는 환율 서비스Exchange Rate Service를 호출한다.
3. ACME 등록 서비스는 등록 관련 정보를 데이터베이스에 저장한다.

이제 이러한 상호 작용이 어떻게 하면 잘못될 수 있는지 생각해보자. 다음과 같이 스스로에게 질문해보자.

- 장애가 발생하거나 느려질 수 있는 것은 무엇인가?
- 장애가 발생할 경우 어떻게 반응하고 복구하길 원하는가?
- 장애가 발생할 경우 사용자들은 어떻게 반응할 것인가?

함수에서 상호 작용을 수행할 때를 고려해보면, 다음과 같은 두 가지 문제가 발생할 것으로 생각된다.

- **데이터베이스에 대한 호출이 실패하거나 느려지는 경우**: 이러한 문제 상황으로부터 어떻게 복구할 수 있을까? 재시도할 수 있지만, 매우 주의해야 한다. 사실 데이터베이스는 웹 서비스에 비해 훨씬 더 한정된 리소스인 경우가 많다. 따라서 요청을 계속해서 다시 시도하면 데이터베이스의 성능이 저하될 수 있다.

- **환율 서비스에 대한 호출이 실패하거나 느려지는 경우**: 이러한 문제 상황으로부터 어떻게 복구할 수 있을까? 실패한 요청을 자동으로 다시 시도하도록 만들 수 있다. 이렇게 하면 환율을 로드하지 못하는 경우가 줄어들게 된다. 또한 비즈니스가 승인된다고 가정할 때 등록을 완전히 실패하는 대신에 사용할 기본 요금을 설정할 수 있다.

시스템의 안정성을 향상시키기 위한 최선의 노력을 반영한 변경 작업의 결과는 아마 여러분을 놀라게 할 것이다.

위와 같은 문제 상황에서는 새로운 요청을 전혀 할 수 없게 된다. 처리 과정에서 환율이 필요하지 않도록 등록 절차를 변경할 수 있다면 문제가 발생하지 않을 것이다.

앞에서 언급한 해결책 중 어느 것도 이 책의 예제에서 사용할 수 없다고 가정해보자. 유일하게 남은 옵션은 서비스가 실패하는 것이다. 환율을 로딩하는 데 너무 오랜 시간이 걸려서, 사용자가 요청을 취소한다면 무슨 일이 발생할까? 사용자는 단지 등록이 실패한 것으로 생각하고 다시 시도할 것이다.

이를 염두에 뒀을 때 최선의 방법은 환율이 로딩되기를 기다리는 것을 포기하고, 등록 절차를 더 이상 진행하지 않는 것이다. 이러한 프로세스는 짧은 중단^{stopping short}이라고 알려져 있다.

짧은 중단

짧은 중단은 외부 시그널을 기반으로 처리 중인 요청을 중단하는 프로세스다. 이러한 경우에 외부 시그널은 사용자의 HTTP 요청에 대한 취소를 의미한다. Go 언어에서 http.Request 객체는 Context() 메서드를 포함하고 있다. 다음은 Context() 메서드 관련 문서에서 발췌한 내용이다.

서버로 들어오는 요청에 대해, HTTP/2 요청이 취소돼 클라이언트와의 연결이 종료되거나 ServeHTTP 메서드가 반환될 경우 컨텍스트가 취소된다.

요청이 취소된 경우는 무엇을 의미하는가? 가장 중요한 사항은 그 누구도 요청에 대한 응답을 기다리지 않는다는 것이다.

사용자가 응답에 대한 수신을 포기한 경우에는 요청이 실패한 것으로 간주돼 다시 시도하게 된다.

이 상황에 대응하는 방법은 구현하는 기능에 따라 다르지만, 대부분의 경우 데이터를 로드하거나 가져오는 역할을 하는 기능을 멈추는 것이 요청에 대한 처리 절차를 중단 시키는 가장 효과적인 방법이다.

위와 같은 방법을 ACME 등록 서비스의 Register 엔드포인트에 대해 적용했다. 또한 메서드 주입을 사용해 코드의 모든 계층에서 요청을 통해 컨텍스트를 전달하고자 한다. 이를 통해 만약 사용자가 요청을 취소하면, 요청에 대한 처리 절차를 즉시 중단할 수 있다.

이제 달성하고자 하는 목표가 분명해졌으므로, 서비스의 각 계층의 내부에서 외부로 의존성 주입을 적용해보자. 리팩터링 과정에서 코드와 테스트가 정상적으로 실행되는 것을 보장하기 위해 시스템의 내부에서부터 적용을 시작한다.

data 패키지에 메서드 주입 적용하기

다시 한 번 상기시키자면, data 패키지는 데이터 접근 계층Data Access Layer(DAL)이며

MySQL 데이터베이스에 대해 단순하고 추상화된 접근을 제공한다.

다음은 Save() 함수의 코드 내용이다.

```
// Save는 전달된 person 객체를 저장하고, 새롭게 생성된 person과 에러를 반환한다
// 반환된 에러는 기본 데이터베이스 또는 데이터베이스 연결에 의해 발생한다
func Save(in *Person)(int, error) {
    db, err := getDB()
    if err != nil {
        logging.L.Error("failed to get DB connection. err: %s", err)
        return defaultPersonID, err
    }

    // DB 삽입을 수행한다
    result, err := db.Exec(sqlInsert, in.FullName, in.Phone, in.Currency, in.Price)
    if err != nil {
        logging.L.Error("failed to save person into DB. err: %s", err)
        return defaultPersonID, err
    }

    // 생성된 person 객체를 검색해 ID를 반환한다
    id, err := result.LastInsertId()
    if err != nil {
        logging.L.Error("failed to retrieve id of last saved person. err: %s", err)
        return defaultPersonID, err
    }

    return int(id), nil
}
```

메서드 주입을 적용한 결과는 다음과 같다.

```
// Save는 전달된 person 객체를 저장하고, 새롭게 생성된 person과 에러를 반환한다
// 반환된 에러는 기본 데이터베이스나 데이터베이스 연결에 의해 발생한다
func Save(ctx context.Context, in *Person)(int, error) {
    db, err := getDB()
    if err != nil {
        logging.L.Error("failed to get DB connection. err: %s", err)
```

```
        return defaultPersonID, err
    }

    // DB 삽입을 수행한다
    result, err := db.ExecContext(ctx, sqlInsert, in.FullName, in.Phone, in.Currency,
in.Price)
    if err != nil {
        logging.L.Error("failed to save person into DB. err: %s", err)
        return defaultPersonID, err
    }

    // 생성된 person 객체를 검색해 ID를 반환한다
    id, err := result.LastInsertId()
    if err != nil {
        logging.L.Error("failed to retrieve id of last saved person. err: %s", err)
        return defaultPersonID, err
    }

    return int(id), nil
}
```

Exec() 호출을 ExecContext() 호출로 변경한 것 외에는 별다른 변경 사항이 없다. 함수 시그니처를 변경했기 때문에 패키지의 사용 방법을 다음과 같이 업데이트해야 한다.

```
// registration을 저장한다
func(r *Registerer) save(in *data.Person, price float64)(int, error) {
    person := &data.Person {
        FullName: in.FullName,
        Phone: in.Phone,
        Currency: in.Currency,
        Price: price,
    }
    return saver(context.TODO(), person)
}

// 해당 함수를 변수로 사용하면, 테스트 과정에서 몽키 패치를 사용할 수 있다
var saver = data.Save
```

위 예제 코드에서 context.TODO()를 사용하고 있다는 사실을 확인할 수 있으며, 메서드 주입 기법을 사용해 save() 메서드를 리팩터링하기 전까지 임시로 사용할 것이다. 리팩터링을 통해 테스트 코드를 업데이트한 후에는 다음 패키지를 진행할 수 있다.

exchange 패키지에 메서드 주입 적용하기

exchange 패키지는 업스트림 서비스로부터 현재 통화 환율을 로드(예를 들면, 말레이시아 링깃^{Malaysian Ringgit}을 호주 달러로 변환)하는 역할을 담당하고 있으며, data 패키지와 유사하게 이러한 환율 데이터에 대해 단순하고 추상적인 접근을 제공한다.

다음은 현재 버전의 코드 일부분을 보여준다.

```go
// Converter는 기준 가격을 전달된 환율로 변환한다
type Converter struct {}

// 로드를 수행할 것이다
func(c *Converter) Do(basePrice float64, currency string)(float64, error) {
    // 외부 API로부터 rate를 로드한다
    response, err := c.loadRateFromServer(currency)
    if err != nil {
        return defaultPrice, err
    }

    // 응답으로부터 rate를 추출한다
    rate, err := c.extractRate(response, currency)
    if err != nil {
        return defaultPrice, err
    }

    // rate를 적용하고, 소수점 이하 두 자리로 반올림한다
    return math.Floor((basePrice / rate) * 100) / 100, nil
}

// 외부 API로부터 rate를 로드한다
func(c *Converter) loadRateFromServer(currency string)(*http.Response,
error) {
```

240

```
    // 요청을 빌드한다
    url := fmt.Sprintf(urlFormat,
        config.App.ExchangeRateBaseURL,
        config.App.ExchangeRateAPIKey,
        currency)

    // 요청을 수행한다
    response,
    err := http.Get(url)
    if err != nil {
        logging.L.Warn("[exchange] failed to load. err: %s", err)
        return nil, err
    }

    if response.StatusCode != http.StatusOK {
        err = fmt.Errorf("request failed with code %d", response.StatusCode)
        logging.L.Warn("[exchange] %s", err)
        return nil, err
    }

    return response, nil
}
```

첫 번째 변경 사항은 이전 변경 사항과 동일하다. Do() 메서드와 loadRateFromServer() 메서드에 대한 간단한 메서드 주입을 통해 메서드 시그니처를 다음과 같이 변경한다.

```
// Converter는 기준 가격을 전달된 환율로 변환한다
type Converter struct {}

// 로드를 수행한다
func(c *Converter) Do(ctx context.Context, basePrice float64, currency string)(float64,
error) {

}

// 외부 API로부터 rate를 로드한다
func(c *Converter) loadRateFromServer(ctx context.Context, currency string)(*http.
Response, error) {
```

```
}
```

아쉽게도 http.GetWithContext() 메서드가 없으므로, 다음 코드와 같이 요청을 빌드하고 컨텍스트를 설정해야 한다.

```
// 외부 API로부터 rate를 로드한다
func(c *Converter) loadRateFromServer(ctx context.Context, currency string)(*http.
Response, error) {
    // 요청을 빌드한다
    url := fmt.Sprintf(urlFormat,
        config.App.ExchangeRateBaseURL,
        config.App.ExchangeRateAPIKey,
        currency)
    // 요청을 수행한다
    req, err := http.NewRequest("GET", url, nil)
    if err != nil {
        logging.L.Warn("[exchange] failed to create request. err: %s", err)
        return nil, err
    }

    // 기본 컨텍스트를 사용자 정의 컨텍스트로 변경한다
    req = req.WithContext(ctx)

    // HTTP 요청을 수행한다
    response, err := http.DefaultClient.Do(req)
    if err != nil {
        logging.L.Warn("[exchange] failed to load. err: %s", err)
        return nil, err
    }

    if response.StatusCode != http.StatusOK {
        err = fmt.Errorf("request failed with code %d", response.StatusCode)
        logging.L.Warn("[exchange] %s", err)
        return nil, err
    }

    return response, nil
}
```

이전과 마찬가지로, 메서드 주입을 사용해 변경하기 전까지는 모델 계층에서 exchange 패키지를 호출할 때 context.TODO()를 사용해야 한다. 두 개의 하위 소프트웨어 계층(data 및 exchange 패키지)에 대한 작업이 완료될 경우, 다음 소프트웨어 계층(비즈니스 계층 또는 모델 계층)에 대한 작업을 수행할 수 있다.

모델 계층(Get, List, Register 패키지)에 메서드 주입 적용하기

이전에는 data 또는 exchange 패키지를 호출할 때 코드의 컴파일과 테스트가 지속적으로 작동하는 것을 보장하기 위해 context.TODO()를 사용했다. 이제 모델 계층에 메서드 주입을 적용하고, context.TODO() 호출을 주입된 컨텍스트로 변경해보자. 우선 getPrice() 및 save() 메서드를 컨텍스트를 전달받을 수 있도록 변경해보자.

```go
// 요청된 통화로 가격을 얻는다
func(r *Registerer) getPrice(ctx context.Context, currency string)
(float64, error) {
    converter := &exchange.Converter {}
    price,
    err := converter.Do(ctx, config.App.BasePrice, currency)
    if err != nil {
        logging.L.Warn("failed to convert the price. err: %s", err)
        return defaultPersonID, err
    }
    return price, nil
}

// 등록을 저장한다
func(r *Registerer) save(ctx context.Context, in *data.Person, price float64)(int,
error) {
    person := &data.Person {
        FullName: in.FullName,
        Phone: in.Phone,
        Currency: in.Currency,
        Price: price,
    }
    return saver(ctx, person)
```

```
}
```

그런 다음, 패키지의 공용 API 함수 Do()를 다음과 같이 변경한다.

```
type Registerer struct {}

func(r *Registerer) Do(ctx context.Context, in *data.Person)(int, error) {
    // 요청에 대한 유효성 검사를 수행한다
    err := r.validateInput(in)
    if err != nil {
        logging.L.Warn("input validation failed with err: %s", err)
        return defaultPersonID, err
    }

    // 요청된 통화로 가격을 얻는다
    price, err := r.getPrice(ctx, in.Currency)
    if err != nil {
        return defaultPersonID, err
    }

    // 등록을 저장한다
    id, err := r.save(ctx, in, price)
    if err != nil {
        // 데이터 계층에서 수행할 예정이므로 로그를 기록할 필요가 없다
        return defaultPersonID, err
    }

    return id, nil
}
```

data 및 exchange 패키지로 전달되는 Context 객체를 하나의 주입된 의존성으로 변경했다. 해당 의존성은 rest 패키지의 http.Request로부터 추출할 수 있다.

rest 패키지의 컨텍스트에 메서드 주입 적용하기

마지막으로 핵심 변경 사항을 살펴보자. 우선 요청으로부터 컨텍스트를 추출한다.

```
// ServeHTTP는 http.Handler의 구현체다
func(h *RegisterHandler) ServeHTTP(response http.ResponseWriter, request *http.Request)
{
    // 요청으로부터 페이로드를 추출한다
    requestPayload, err := h.extractPayload(request)
    if err != nil {
        // 에러를 출력한다
        response.WriteHeader(http.StatusBadRequest)
        return
    }

    // 요청 데이터 및 컨텍스트를 사용해 비즈니스 로직을 호출한다
    id, err := h.register(request.Context(), requestPayload)
    if err != nil {
        // 다른 계층에서 수행할 예정이므로 로그를 기록할 필요가 없다
        response.WriteHeader(http.StatusBadRequest)
        return
    }

    // 행복 경로
    response.Header().Add("Location", fmt.Sprintf("/person/%d/", id))
    response.WriteHeader(http.StatusCreated)
}
```

그런 다음 이 컨텍스트를 모델로 전달한다.

```
// 로직 계층을 호출한다
func(h *RegisterHandler) register(ctx context.Context, requestPayload *registerRequest)
(int, error) {
    person := &data.Person {
        FullName: requestPayload.FullName,
        Phone: requestPayload.Phone,
        Currency: requestPayload.Currency,
    }

    return h.registerer.Do(ctx, person)
}
```

너무나도 간단한 변경 작업이라고 느껴질 수도 있지만, Register 엔드포인트 계층의 모든 부분에 메서드 주입을 적용한다.

변경한 내용을 살펴보자. 이제 처리 과정이 실행 컨텍스트에 연결돼 있다. 따라서 요청이 취소될 경우 요청에 대한 처리 과정이 즉시 중단된다.

그렇다면 이러한 과정이 왜 중요한가? 여기에는 두 가지 이유가 있다. 가장 중요한 첫 번째 이유는 사용자의 기대치다. 만약 사용자가 수동으로 조작하거나 타임아웃에 의해 요청을 취소한다면, 사용자에게는 에러가 표시된다. 이를 통해 사용자들은 요청이 실패했다는 결론을 내리게 된다. 만약 계속해서 요청을 처리하고 완료되는 것을 관리한다면, 이는 사용자의 기대에 어긋나게 된다.

두 번째 이유는 좀 더 실용적이다. 요청에 대한 처리를 중단할 경우, 서버와 업스트림 서비스에 대한 부하가 줄어들게 된다. 이렇게 해제된 용량을 사용해서 다른 요청을 처리할 수 있다.

사용자의 기대치를 충족시키는 경우에는 context 패키지에서 더 많은 작업을 수행할 수 있다. 이제 대기 시간 예산latency budget을 추가해보자.

대기 시간 예산

많은 IT 용어와 마찬가지로, 대기 시간 예산 또한 다양한 방식으로 사용할 수 있다. 이러한 경우, 호출 시 허용되는 최대 시간을 의미한다.

현재의 리팩터링 상황을 고려해본다면, 대기 시간 예산은 다음과 같은 두 가지 의미를 갖는다.

- 업스트림(데이터베이스 또는 환율 서비스) 호출이 완료되는 데 허용되는 최대 시간
- 레지스터register API 호출이 완료되는 데 허용되는 최대 시간

이 두 가지가 어떻게 관련돼 있는지 확인해볼 수 있다. API 응답 시간이 어떻게 구성돼 있는지 살펴보자.

API 응답 시간 = (환율 서비스 호출 + 데이터베이스 호출 + 코드 수행 시간)

코드의 처리 성능이 일관성을 유지한다고 가정할 경우, 서비스의 품질은 업스트림 서비스의 호출 속도에 직접적으로 좌우된다. 이는 매우 좋은 위치가 아니다. 그렇다면 서비스 품질을 높이기 위해 무엇을 할 수 있을까?

이전 절에서는 몇 가지 실패 사례와 해결책을 검토했으며, 현재는 실패한 요청에 대해 실패로 처리하기로 결정했다. 사용자에게 가장 적절하고 유익한 정보를 제공해줄 수 있는 실패 처리 방안은 무엇인가?

이를 위해 context.Context 인터페이스의 다른 기능을 사용해볼 것이다.

```
WithTimeout(parent Context, timeout time.Duration) (Context, CancelFunc)
```

짐작하는 바와 같이, 컨텍스트를 사용해 메서드에 타임아웃을 설정할 수 있다. 설정된 타임아웃은 대기 시간 예산(타임아웃)을 초과할 경우, 컨텍스트를 취소하는 타이머로서 동작하게 된다. 짧은 중단에 대한 패치를 수행했으므로, 타임아웃 발생 시 요청에 대한 처리는 중단되고 종료된다.

먼저 데이터베이스 호출에 이를 적용해보자. 다음 예제에서는 원래 컨텍스트에서 새로운 하위 컨텍스트를 생성하고 타임아웃을 설정할 것이다. 컨텍스트가 계층적 구조로 돼 있기 때문에 설정한 타임아웃은 하위 컨텍스트와 해당 컨텍스트로부터 생성된 모든 컨텍스트에만 적용된다.

이 경우에는 데이터베이스 호출에 대한 대기 시간 예산을 다음과 같이 1초로 설정했다.

```
// Save는 전달된 person 객체를 저장하고, 새롭게 생성된 person과 에러를 반환한다
// 반환된 에러는 기본 데이터베이스나 데이터베이스 연결에 의해 발생한다
func Save(ctx context.Context, in *Person)(int, error) {
    db, err := getDB()
    if err != nil {
        logging.L.Error("failed to get DB connection. err: %s", err)
        return defaultPersonID, err
    }

    // 데이터베이스 호출에 대한 대기 시간 예산을 설정한다
    subCtx, cancel := context.WithTimeout(ctx, 1 * time.Second)
    defer cancel()

    // DB 삽입을 수행한다
    result, err := db.ExecContext(subCtx, sqlInsert, in.FullName, in.Phone, in.
Currency, in.Price)
    if err != nil {
        logging.L.Error("failed to save person into DB. err: %s", err)
        return defaultPersonID, err
    }

    // 생성된 person 객체의 ID를 검색해 반환한다
    id, err := result.LastInsertId()
    if err != nil {
        logging.L.Error("failed to retrieve id of last saved person. err: %s", err)
      return defaultPersonID, err
    }

    return int(id), nil
}
```

이제 환전 서비스 호출에 대기 시간 예산을 적용해보자. 이를 위해 http.Request의 또 다른 특징인 Context() 메서드를 사용할 예정이며, 다음과 같이 문서화돼 있다.

외부로 나가는 클라이언트의 요청을 위해 컨텍스트는 요청에 대한 취소를 제어한다.

외부로 나가는 HTTP 요청에 대해 대기 시간 예산을 설정하기 위해, 데이터베이스에

적용했던 것과 마찬가지로 다른 하위 컨텍스트를 생성하고 나서 WithRequest() 메서드를 통해 해당 컨텍스트를 요청에 설정할 것이다. 변경 사항을 적용하고 나면 코드는 다음과 같다.

```go
// 외부 API로부터 rate를 로드한다
func(c *Converter) loadRateFromServer(ctx context.Context, currency string)(*http.Response, error) {
    // 요청을 빌드한다
    url := fmt.Sprintf(urlFormat,
        config.App.ExchangeRateBaseURL,
        config.App.ExchangeRateAPIKey,
        currency)

    // 요청을 수행한다
    req, err := http.NewRequest("GET", url, nil)
    if err != nil {
        logging.L.Warn("[exchange] failed to create request. err: %s", err)
        return nil, err
    }
    // 업스트림 호출에 대한 대기 시간 예산을 설정한다
    subCtx,
    cancel := context.WithTimeout(ctx, 1 * time.Second)
    defer cancel()

    // 기본 컨텍스트를 사용자 정의 컨텍스트로 변경한다
    req = req.WithContext(subCtx)

    // HTTP 요청을 수행한다
    response,
    err := http.DefaultClient.Do(req)
    if err != nil {
        logging.L.Warn("[exchange] failed to load. err: %s", err)
        return nil, err
    }

    if response.StatusCode != http.StatusOK {
        err = fmt.Errorf("request failed with code %d", response.StatusCode)
        logging.L.Warn("[exchange] %s", err)
```

```
        return nil, err
    }
    return response, nil
}
```

이러한 변경을 통해 API 응답 시간 공식을 다시 한 번 살펴보고 최악의 시나리오를 고려해보자. 두 호출 모두 1초 미만의 부분을 차지하며 성공적으로 완료돼 다음과 같이 표시된다.

API 응답 시간 = (1초 이내 + 1초 이내 + 코드 수행 시간)

최대 실행 시간은 약 2초다. 하지만 스스로 허용한 최대 응답 시간을 1.5초 이내로 결정할 경우 어떻게 될 것인가?

고맙게도 매우 쉽게 이 작업을 수행할 수 있다. 앞서 컨텍스트가 계층적이라고 언급했다. 모든 컨텍스트는 현재 요청의 컨텍스트로부터 파생됐다. 요청의 일부인 컨텍스트를 변경할 수는 없지만, API의 대기 시간 예산을 사용해 컨텍스트를 파생시킨 다음, 이를 data 및 exchange 패키지로 전달할 수 있다. 처리기의 업데이트된 부분은 다음과 같다.

```
// ServeHTTP는 http.Handler의 구현체다
func(h *RegisterHandler) ServeHTTP(response http.ResponseWriter, request *http.Request)
{
    // 해당 API에 대한 대기 시간 예산을 설정한다
    subCtx, cancel := context.WithTimeout(request.Context(), 1500 * time.Millisecond)
    defer cancel()

    // 요청으로부터 페이로드를 추출한다
    requestPayload, err := h.extractPayload(request)
    if err != nil {
        // 에러를 출력한다
        response.WriteHeader(http.StatusBadRequest)
        return
    }
```

```
// person 객체를 등록한다
id, err := h.register(subCtx, requestPayload)
if err != nil {
    // 다른 계층에서 수행할 예정이므로, 여기서 로그를 기록할 필요가 없다
    response.WriteHeader(http.StatusBadRequest)
    return
}

// 행복 경로
response.Header().Add("Location", fmt.Sprintf("/person/%d/", id))
response.WriteHeader(http.StatusCreated)
}
```

context 패키지와 메서드 주입 등 몇 가지 간단한 변경을 통해 API의 성능을 훨씬 더 잘 제어할 수 있게 됐다.

메서드 주입의 단점

메서드 주입은 단점이 별로 없으며, 굳이 꼽는다면 두 가지 정도 언급할 수 있다.

매개변수를 추가할 경우에 UX가 손상된다: 이는 다소 큰 단점이다. 메서드나 함수에 매개변수를 추가하면 함수의 UX가 손상된다. 3장, '사용자 경험을 위한 코딩'에서 살펴봤듯이 함수에 대한 나쁜 UX는 사용성에 부정적인 영향을 미칠 수 있다.

다음 구조체를 생각해보자.

```
// 데이터베이스로부터 person 객체를 로드한다
type PersonLoader struct {
}

func(d *PersonLoader) Load(db *sql.DB, ID int)(*Person, error) {
    return nil, errors.New("not implemented")
}
```

```
func(d *PersonLoader) LoadAll(db *sql.DB)([]*Person, error) {
    return nil, errors.New("not implemented")
}
```

이 코드는 잘 동작하며, 지정된 작업을 제대로 수행한다. 하지만 이를 위해 매번 데이터베이스를 매개변수로 전달하는 것은 매우 번거로운 일이다. 또한 Load() 함수를 호출하는 코드가 데이터베이스 풀을 유지하고 있다는 보장도 없다.

고려해야 할 또 다른 측면은 바로 캡슐화다. 이 함수의 사용자는 해당 함수가 데이터베이스에 의존하고 있다는 사실을 반드시 알고 있어야 할까? 잠시 동안만 Load() 함수의 사용자라고 생각해보자. 여러분은 무엇을 하길 원하고 무엇을 알고 있는가?

여러분은 아마 사람 객체(person)를 로드하길 원하고, 사람 객체의 ID를 알고 있을 것이다. 데이터가 어디서 왔는지는 알지 못하거나 크게 상관하지 않을 것이다. 만약 여러분 스스로를 위해 함수를 디자인했다면 어떻게 됐을까?

```
type MyPersonLoader interface {
    Load(ID int)(*Person, error)
}
```

위 예제 코드는 간결하고 사용하기 쉬우며, 구현의 세부 사항 중 어느 것도 누출되지 않을 것이다.

또 다른 예제를 살펴보자.

```
type Generator struct {}

func(g *Generator) Generate(storage Storage, template io.Reader,
    destination io.Writer, renderer Renderer, formatter Formatter, params
    ...interface {}) {
}
```

이러한 경우, 매개변수가 너무 많아서 요청 범위가 아닌 의존성으로부터 데이터를 분리하는 것은 매우 어렵다. 만약 이러한 의존성을 추출한다면 다음과 같은 결과를 얻을 것이다.

```go
func NewGeneratorV2(storage Storage, renderer Renderer, formatter Formatter)
*GeneratorV2 {
    return &GeneratorV2 {
        storage: storage,
        renderer: renderer,
        formatter: formatter,
    }
}

type GeneratorV2 struct {
    storage Storage
    renderer Renderer
    formatter Formatter
}

func(g *GeneratorV2) Generate(template io.Reader, destination io.Writer,
    params...interface {}) {

}
```

두 번째 예제의 UX가 좀 더 좋았지만, 사용하기에는 여전히 복잡하다. 이 코드는 구성과 같은 다른 접근 방식을 통해 이점을 얻을 수 있다.

제한된 적용 가능성: 7장에서 살펴봤듯이, 메서드 주입 기법은 함수 및 요청 범위 의존성에 대해서는 매우 훌륭하다. 반면에 흔한 사용 사례는 아니지만, 요청 범위가 아닌 의존성에 대해서는 메서드 주입이 잘 적용되지 않는다. 이러한 사용 사례에서는 의존성 주입(DI)을 사용하려고 하는 경우가 많다.

▌요약

7장에서는 메서드 주입을 통한 DI를 살펴봤다. 아마도 메서드 주입은 모든 형태의 DI 중에서 가장 흔한 기법일 것이다.

테스트를 목적으로 기존 코드에서 의존성을 추출할 때는 아마 가장 먼저 생각날 텐데, 테스트로 인한 손상이 발생하지 않도록 주의하자.

테스트를 목적으로 공개한 API 함수에 매개변수를 추가하는 것은 의심할 여지없이 코드의 UX를 손상시킨다. 고맙게도, API를 손상시키지 않기 위해 사용할 수 있는 몇 가지 트릭이 있다. 그중 한 가지 방법은 단지 테스트 코드에만 존재하는 멤버 함수를 정의하는 것이다. 또한 JIT 의존성 주입 기법을 사용할 수 있으며, 9장, 'JIT 의존성 주입'에서 자세히 다룰 것이다.

7장에서는 환상적이고 강력한 기능을 갖춘 context 패키지를 살펴봤다. 아마 이 패키지에서 더 많은 가치를 추출할 수 있다는 사실을 알면 더욱 놀랄 것이다. Go 블로그 (https://blog.golang.org/context)를 확인하고 이 패키지를 직접 조사해볼 것을 적극적으로 권한다.

8장에서는 컨피그에 의한 의존성 주입이라고 불리는 생성자 주입과 메서드 주입의 특정 형태를 적용해볼 것이다. 이로써 ACME 등록 서비스 내의 모든 패키지가 config 패키지에 의존하는 것을 사전에 차단하고, 패키지를 분리해 재사용 가능성을 높일 것이다.

▌질문

1. 메서드 주입의 이상적인 사용 사례는 무엇인가?
2. 메서드 주입으로 인해 주입된 의존성을 저장하지 않는 것이 중요한 이유는 무엇인가?
3. 메서드 주입을 너무 많이 사용하면, 무슨 일이 발생하는가?

4. 짧은 중단이 시스템 전체에 유용한 이유는 무엇인가?

5. 대기 시간 예산은 사용자를 위한 UX를 어떻게 개선시키는가?

08

컨피그에 의한 의존성 주입

8장에서는 컨피그에 의한 의존성 주입을 살펴본다. 컨피그 주입config injection은 전혀 다른 방법이 아니라 생성자 주입과 메서드 주입 모두를 확장한 개념이다.

컨피그 주입은 코드의 UX를 손상시키지 않으면서 주입된 의존성이 과도하거나 반복되는 것과 같은 잠재적인 이슈를 해결하는 것을 목표로 한다.

8장에서 다룰 주제는 다음과 같다.

- 컨피그 주입
- 컨피그 주입의 장점
- 컨피그 주입 적용하기
- 컨피그 주입의 단점

▎기술적 요구 사항

4장, 'ACME 등록 서비스 소개'에서 살펴본 서비스 코드에 익숙해지면 매우 유용할 수 있다. 8장에서는 6장, '생성자 주입을 통한 의존성 주입'과 7장, '메서드 주입을 통한 의존성 주입'의 내용을 이미 학습했다는 전제하에 설명한다.

8장에서 실습할 코드는 https://github.com/PacktPublishing/Hands-On-Dependency-Injection-in-Go/tree/master/ch08에서 다운로드할 수 있으며, 코드의 전체 버전을 한번 살펴보고 실행해보면 8장을 학습하는 데 큰 도움이 될 것이다.

코드를 다운로드해 샘플 서비스를 구성하는 방법은 https://github.com/PacktPublishing/Hands-On-Dependency-Injection-in-Go/의 README 파일에 설명돼 있다.

8장에서 학습하게 될 내용이 이미 적용된 샘플 서비스의 소스 코드는 ch08/acme에서 확인할 수 있다.

▎컨피그 주입

컨피그 주입은 메서드 및 매개변수 주입을 구체적으로 구현한 형태다. 컨피그 주입을 사용하면, 다수의 의존성 및 시스템 레벨의 컨피그를 config 인터페이스로 병합할 수 있다.

다음 생성자의 경우를 생각해보자.

```
// NewLongConstructor는 MyStruct 구조체의 생성자다
func NewLongConstructor(logger Logger, stats Instrumentation, limiter RateLimiter,
cache Cache, timeout time.Duration, workers int) *MyStruct {
    return &MyStruct {
        // 제거된 코드
    }
```

```
}
```

보다시피 로거^{logger}, 계측 도구^{instrumentation}, 레이트 제한기$^{rate\ limiter}$, 캐시^{cache}와 일부 컨
피규레이션 등 다수의 의존성을 주입하고 있다.

동일한 프로젝트 내에서 대부분의 객체에 적어도 로거와 계측 도구만큼은 주입할 가
능성이 있다고 가정하는 것이 안전하다. 그로 인해, 모든 생성자에는 최소 두 개 이상
의 매개변수가 정의될 것이다. 전체적인 시스템 측면에서는 작성해야 하는 코드의 양
이 많이 늘어난다. 또한 코드를 읽기 어렵게 만들어 생성자의 UX를 손상시키며, 중요
한 매개변수가 무수히 많은 일반 매개변수 사이에서 가려지게 된다.

잠시 생각해보자. 타임아웃 설정값과 작업자의 수는 어디에 정의돼 있는가? 그것들은
아마 컨피그 파일과 같은 중앙 소스 코드에 정의돼 있을 것이다.

컨피그 주입이 적용된 예제 코드는 다음과 같다.

```
// NewByConfigConstructor는 MyStruct 구조체의 생성자다
func NewByConfigConstructor(cfg MyConfig, limiter RateLimiter, cache Cache) *MyStruct {
    return &MyStruct {
        // 제거된 코드
    }
}
```

공통 관심사와 컨피규레이션은 하나의 컨피그 정의로 병합했지만, 일부 중요한 매개
변수는 그대로 뒀다. 이러한 방식을 사용하면, 함수 매개변수는 config 인터페이스에
대한 정의를 읽지 않고도 매우 유용한 정보를 제공할 수 있다. 어떤 면에서는 공통의
관심사를 숨기고 캡슐화했다.

고려해봐야 할 또 다른 측면은 바로 사용성^{usability}이다(컨피그는 이제 인터페이스로 정의됐
다). 어떤 종류의 객체가 이 인터페이스를 구현할 것인지 생각해봐야 한다. 그러한 객
체가 이미 존재하는가? 그렇다면 이 객체의 역할은 무엇인가?

종종 컨피그는 단일 소스에 의해 제공되며, 그 역할은 컨피그를 로드하고 이에 대한 접근을 제공하는 것이다. 비록 컨피그 인터페이스가 실제 컨피그 관리로부터 분리돼 있지만, 단일 소스라는 사실은 그 사용을 매우 편리하게 해준다.

다음 코드의 경우를 생각해보자.

```
myFetcher := NewFetcher(cfg, cfg.URL(), cfg.Timeout())
```

위 코드는 모든 매개변수를 동일한 컨피그에서 가져오는 것을 의미한다. 이는 하나로 병합할 수 있다는 긍정적인 메시지다.

객체지향을 충분히 경험했다면, 아마 서비스 로케이터^{service locator} 개념에 매우 익숙할 것이다. 컨피그 주입은 이와 매우 유사하다. 하지만 일반적인 서비스 로케이터를 사용하는 방법과 달리 컨피규레이션과 몇 가지 공유 의존성만을 추출한다.

서비스 로케이터의 신 객체 및 신 객체와 그 사용자 사이의 강한 결합을 회피하기 위한 접근 방법을 사용하고 있다.

❚ 컨피그 주입의 장점

컨피그 주입은 생성자 주입과 메서드 주입이 확장된 형태이며, 다른 기법의 장점들도 여기에 적용돼 있다. 이번 절에서는 컨피그 주입 기법과 관련해 추가적인 장점을 살펴본다.

config 패키지로부터 분리하는 데 탁월하다: 파일과 같이 동일한 위치에서 로드하는 config 패키지가 있을 경우, 시스템의 다른 많은 패키지가 해당 config 패키지에 의존하는 경향이 있다. 2장, 'Go 언어를 위한 SOLID 디자인 원칙'의 '단일 책임 원칙(SRP)' 절을 생각해보면, 사용자가 많은 객체나 패키지일수록 변경하기가 더 어렵다는 사실을 알 수 있다.

컨피그 주입을 통해 로컬 인터페이스의 요구 사항을 정의하고, Go 언어에서 제공하는 암시적 인터페이스와 의존성 역전 원칙(DIP)을 사용해 패키지를 분리할 수 있다.

컨피그 주입의 적용을 통해 구조체에 대한 테스트를 좀 더 쉽게 만들 수 있다. 다음 예제 코드를 생각해보자.

```go
func TestInjectedConfig(t *testing.T) {
    // 테스트 컨피그를 로드한다
    cfg, err := config.LoadFromFile(testConfigLocation)
    require.NoError(t, err)

    // 객체를 빌드하고 사용한다
    obj := NewMyObject(cfg)
    result, resultErr := obj.Do()

    // 유효성 검사를 수행한다
    assert.NotNil(t, result)
    assert.NoError(t, resultErr)
}
```

이제 컨피그 주입 기법이 적용된 동일한 코드를 살펴보자.

```go
func TestConfigInjection(t *testing.T) {
    // 테스트 컨피그를 빌드한다
    cfg := &TestConfig {}

    // 객체를 빌드하고 사용한다
    obj := NewMyObject(cfg)
    result, resultErr := obj.Do()

    // 유효성 검사를 수행한다
    assert.NotNil(t, result)
    assert.NoError(t, resultErr)
}

// Config 인터페이스에 대한 간단한 구현
```

```
type TestConfig struct {
    logger *logging.Logger
    stats *stats.Collector
}

func(t *TestConfig) Logger() *logging.Logger {
    return t.logger
}

func(t *TestConfig) Stats() *stats.Collector {
    return t.stats
}
```

그렇다. 코드의 양이 훨씬 더 많아졌다. 하지만 종종 문제가 되는 테스트 컨피규레이션 파일을 더 이상 관리하지 않아도 된다. 테스트의 경우 전역 컨피그 객체global config object를 사용하므로 완전히 독립돼 있어야 하며, 동시성 문제가 발생하지 않아야 한다.

공통의 관심사를 주입해야 하는 부담을 덜어준다: 이전 예제에서는 로깅과 계측을 위한 객체를 주입하기 위해 컨피그 주입을 사용했다. 이와 같은 공통의 관심사는 상당히 자주 필요해지므로 컨피그 주입은 상당히 훌륭한 대안이 될 수 있지만, 함수 자체의 목적에 대한 정보는 제공해주지 않는다. 이러한 것들은 환경적 의존성으로 간주할 수 있다. 환경적 의존성의 경우, 공유되는 특징 때문에 의존성 주입보다는 다른 접근 방식으로 전역 싱글톤으로 전환하는 것이 좋다. 개인적으로는 주입하는 방식을 선호하는데, 이는 사용 방법을 검증할 수 있는 기회를 제공한다. 그 자체로는 약간 이상하게 느껴질 수 있지만, 모니터링 시스템을 구축하고 계측 데이터의 유무에 따라 알람을 발생시킨다. 따라서 계측을 기능의 일부 또는 코드의 일부로 구현해서 테스트를 통해 회귀로부터 보호할 수 있다.

매개변수를 줄여줌으로써 사용성을 향상시킨다: 앞서 설명한 장점과 비슷하게, 컨피그 주입을 적용할 경우에는 메서드, 특히 생성자의 사용성이 향상되지만 매개변수의 수는 줄어든다. 다음 생성자의 경우를 생각해보자.

```
func NewLongConstructor(logger Logger, stats Instrumentation, limiter RateLimiter,
cache Cache, url string, credentials string) *MyStruct {
    return &MyStruct {
        // 제거된 코드
    }
}
```

이제 컨피그 주입이 적용된 동일한 생성자를 살펴보자.

```
func NewByConfigConstructor(cfg MyConfig, url string, credentials string) *MyStruct {
    return &MyStruct {
        // 제거된 코드
    }
}
```

생성자 정의 부분에서 환경적 의존성을 제거했으며, 몇 가지 중요한 매개변수만을 남겨뒀다. 남아있는 매개변수들은 구체적인 목적을 갖고 있으므로, 메서드의 형태는 더욱 간결해졌으며 해당 메서드를 이해하고 사용하기가 훨씬 더 쉬워졌다.

의존성 생성을 실제로 사용할 때까지 지연시킬 수 있다: 단지 의존성이 존재하지 않거나 아직 준비되지 않았다는 것을 확인할 목적으로 의존성 주입을 시도해본 적이 있는가? 시작하거나 실행하는 데 많은 비용이 들어가서 절대적으로 필요한 경우에만 의존성을 생성하려고 했던 적이 있는가?

컨피그 주입을 사용할 경우, 의존성의 생성 및 접근은 주입 시점이 아닌 실제 사용 시점에만 가능하다.

▌컨피그 주입 적용하기

앞서 ACME 등록 서비스로 해결하고자 하는 몇 가지 이슈를 언급했다. 이번 절에서는 컨피그 주입을 사용해 두 가지 문제를 해결해볼 것이다.

첫 번째 문제는 ACME 등록 서비스 내의 많은 패키지가 config 및 logging 패키지에 의존하고 있다는 사실이다. 이는 단일 책임 원칙 위반이라기보다 결합도와 관련된 문제이며, 순환 종속성 문제를 유발할 수 있다.

두 번째 문제는 업스트림 서비스를 실제로 호출하지 않고서는 환율에 대한 테스트를 수행할 수 없다는 점이다. 지금까지는 어떠한 테스트가 업스트림 서비스에 의해 영향을 받을 것으로 우려해서 해당 패키지에 테스트 코드를 추가하는 것을 가급적 피해왔다.

우선, 어느 정도인지 다음 다이어그램에서 제공하는 의존성 그래프를 통해 현재 상태를 파악해보자.

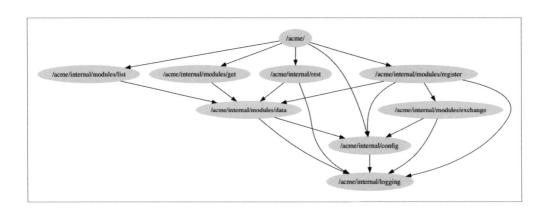

보다시피 네 개의 패키지(data, register, exchange, main)가 config 패키지에 의존하고 있으며, 다섯 개의 패키지(data, register, exchange, rest, config)가 logging 패키지에 의존하고 있다. 더욱 좋지 못한 것은 이러한 패키지들이 config 및 logging 패키지에 의존하고 있는 방법이다. 현재 상황에서는 여러 패키지가 공용 싱글톤public singletone에 직접 접근한다. 이는 로거의 사용법을 테스트하거나 테스트 과정에서 몇몇 컨피규레이션을 변경하고자 할 경우에 몽키 패치를 수행해야 한다는 것을 의미하며, 이 때문에 테스트 과정에서 데이터 경합이 발생할 수 있다는 것을 의미한다.

이를 해결하기 위해 각 객체별로 하나의 컨피규레이션을 정의할 것이다. 각 컨피그에는 로거와 필요한 기타 컨피규레이션이 포함될 것이다. 그다음에는 전역 변수에 대한 다이렉트 링크를 삽입된 컨피그를 참조하도록 변경한다.

그 결과로 변경의 분산 문제가 발생할 수 있지만, 훨씬 더 좋은 코드로 변경됐다. 이번 절에서는 한 가지 변경 사항만 살펴본다. 모든 변경 내용을 확인하려면 8장에서 제공하는 소스 코드를 살펴보길 바란다.

모델 계층에 컨피그 주입 적용하기

register 패키지를 다시 한 번 살펴보면, config 및 logging 패키지를 참조하고 있는 것을 확인할 수 있다.

```
// Registerer는 전달된 person 객체에 대한 유효성 검사를 수행하고,
// 요청된 currency로 price를 계산하고 결과를 저장한다
// 다음과 같은 경우에 에러를 반환한다
// - person 객체가 모든 필드를 포함하고 있지 않은 경우
// - currency가 유효하지 않은 경우
// - exchange rate가 로드되지 않은 경우
// - 데이터 계층에서 에러가 발생하는 경우
type Registerer struct {}
// 요청된 currency로부터 price를 얻는다
func(r *Registerer) getPrice(ctx context.Context, currency string)
(float64, error) {
    converter := &exchange.Converter {}
    price,
    err := converter.Do(ctx, config.App.BasePrice, currency)
    if err != nil {
        logging.L.Warn("failed to convert the price. err: %s", err)
        return defaultPersonID, err
    }
```

```
        return price,
        nil
}
```

컨피그 주입을 위한 첫 번째 단계는 필요한 의존성을 제공할 인터페이스를 정의하는
것이다.

```
// Config는 Registerer에 대한 컨피규레이션이다
type Config interface {
    Logger() *logging.LoggerStdOut
    BasePrice() float64
}
```

무엇이 잘못돼 있는지 알겠는가? 첫 번째로, 가장 명확하게 나타나 있는 부분은
Logger() 메서드가 logger 구현체의 포인터를 반환하고 있다는 것이다. 물론 동작은 하
겠지만, 테스트가 가능한지는 장담할 수 없다. 위 코드가 내재하고 있는 문제를 해결
하기 위해 로컬 logging 인터페이스를 정의하고 logging 패키지로부터 완전히 분리할
수 있다. 하지만 이는 대부분의 패키지에서 logging 인터페이스를 정의해야 하는 것을
의미한다. 이 방법은 이론적으로 최선의 옵션이지만, 실제로는 그다지 실용적이지 않
다. 대신, 하나의 logging 인터페이스를 정의하고 모든 패키지가 해당 인터페이스에 의
존하도록 디자인할 수 있다. 이는 logging 패키지와 여전히 결합돼 있다는 것을 의미하
지만, 변경 가능성이 훨씬 높은 구현보다는 거의 변경되지 않는 인터페이스에 의존하
게 된다.

두 번째로, 다른 메서드인 BestPractice()의 네이밍도 잠재적인 이슈다. 이러한 종류의
함수 이름은 다소 일반적이며 향후에 큰 혼란을 야기할 수 있기 때문이다. 이는 또한
Config 구조체의 필드 이름이기도 하지만, Go 언어에서는 멤버 변수와 메서드가 동일
한 이름을 갖도록 지정할 수 없으므로 변경이 필요하다.

변경 사항을 적용한 config 인터페이스는 다음과 같다.

266

```
// Config는 Registerer에 대한 컨피규레이션이다
type Config interface {
    Logger() logging.Logger
    RegistrationBasePrice() float64
}
```

이제 Registerer 메서드에 컨피그 주입을 적용해 다음과 같이 변경할 수 있다.

```
// NewRegisterer는 Register를 생성하고 초기화한다
func NewRegisterer(cfg Config) *Registerer {
    return &Registerer {
        cfg: cfg,
    }
}

// Config는 Registerer에 대한 컨피규레이션이다
type Config interface {
    Logger() logging.Logger
    RegistrationBasePrice() float64
}

// Registerer는 전달된 person 객체에 대한 유효성 검사를 수행하고,
// 요청된 currency로 price를 계산한 후 결과를 저장한다
// 다음과 같은 경우에 에러를 반환한다
// - person 객체가 모든 필드를 포함하고 있지 않은 경우
// - currency가 유효하지 않은 경우
// - exchange rate가 로드되지 않은 경우
// - 데이터 계층에서 에러가 발생하는 경우
type Registerer struct {
    cfg Config
}

// 요청된 currency로부터 price를 얻는다
func(r *Registerer) getPrice(ctx context.Context, currency string)
(float64, error) {
    converter := &exchange.Converter {}
    price,
    err := converter.Do(ctx, r.cfg.RegistrationBasePrice(), currency)
```

```
    if err != nil {
        r.logger().Warn("failed to convert the price. err: %s", err)
        return defaultPersonID, err
    }
    return price,
    nil
}

func(r *Registerer) logger() logging.Logger {
    return r.cfg.Logger()
}
```

또한 코드를 r.cfg.Logger()에서 r.logger로 줄이기 위해 편의 메서드^{convenience method}인
logger()를 추가했다. 현재 서비스 및 테스트 코드가 손상됐기 때문에 고쳐야 할 부분
이 더 많이 있다.

테스트를 다시 진행하려면, 테스트 컨피규레이션을 다시 정의하고 일부 업데이트를
수행해야 한다. 테스트 컨피규레이션을 위해 목커리[1]를 사용해 모의 구현체를 생성할
수 있다. 하지만 모의를 구성하기 위해 패키지 내에서 컨피그 사용에 대한 유효성 검
사를 진행하거나 코드를 추가하지는 않는다. 대신, 예측 가능한 값을 반환해주는 스텁
구현체를 사용할 것이다. 다음은 스텁에 대한 테스트 컨피그다.

```
// 컨피그의 스텁 구현체다
type testConfig struct {}

// Logger는 Config의 구현체다
func(t *testConfig) Logger() logging.Logger {
    return &logging.LoggerStdOut {}
}

// RegistrationBasePrice는 Config의 구현체다
func(t *testConfig) RegistrationBasePrice() float64 {
    return 12.34
```

---

1   자동으로 인터페이스에 대한 구현체를 생성해주는 도구 – 옮긴이

```
}
```

그리고 위 테스트 컨피그를 다음 코드와 같이 모든 Register 테스트에 추가한다.

```
registerer := &Registerer {
    cfg: &testConfig {},
}
```

테스트를 다시 실행할 수는 있지만, 이상하게도 ACME 등록 서비스에 대한 컴파일이
진행되는 동안 테스트를 실행하면 널 포인터 오류로 인해 충돌이 발생하게 된다. 따라
서 다음과 같은 Register 생성 코드를 업데이트해야 한다.

```
registerModel := &register.Registerer{}
```

위와 같은 코드를 다음과 같이 변경한다.

```
registerModel := register.NewRegisterer(config.App)
```

위와 같은 변경은 또 다른 문제를 야기한다. config.App 구조체는 필요한 메서드를 구
현하고 있지 않다. 따라서 Config 구조체에 다음과 같은 메서드를 추가한다.

```
// Logger는 싱글톤 로거의 레퍼런스를 반환한다
func(c *Config) Logger() logging.Logger {
    if c.logger == nil {
        c.logger = &logging.LoggerStdOut {}
    }

    return c.logger
}

// RegistrationBasePrice는 registration에 대한 기준 가격을 반환한다
func(c *Config) RegistrationBasePrice() float64 {
```

```
    return c.BasePrice
}
```

이러한 변경 사항을 통해 registration 패키지와 config 패키지 사이의 의존성 링크가
끊어지게 됐다. 앞서 설명한 Logger() 메서드에서는 여전히 Logger를 싱글톤으로 사용
하고 있다는 것을 확인할 수 있다. 하지만 데이터 경합에 취약한 전역 공용 변수 대신
컨피그 객체 내부에 위치하고 있다. 겉보기에는 달라진 부분이 전혀 없는 것처럼 보일
수 있다. 하지만 주로 염려했던 데이터 경합은 테스트 과정에서 발생한다. 이제 객체
는 주입된 logger 버전에 의존하며 전역 공용 변수를 사용할 필요가 없어졌다.

이번에는 업데이트된 의존성 그래프를 확인해보고, 다음으로 무엇을 해야 할지 파악
해보자.

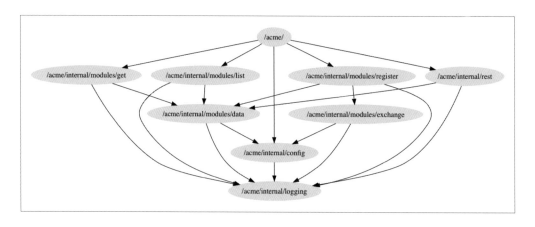

config 패키지에 대한 링크를 세 개로 줄였다. 이 링크는 main, data, exchange로부터
시작되는 링크다. main 패키지로부터 시작되는 링크는 제거할 수 없으므로 무시해도
된다. 이제 data 패키지를 살펴보자.

270

data 패키지에 컨피그 주입 적용하기

data 패키지는 현재 함수를 기반으로 작성됐기 때문에 변경 사항이 이전과는 조금 다를 것이다. 다음은 data 패키지의 일반적인 함수다.

```go
// Load는 person 객체를 로드하고 반환을 시도한다
// 요청된 사람 객체가 존재하지 않을 경우 ErrNotFound를 반환한다
// 기본 데이터베이스 또는 그 연결에 문제가 있을 경우 에러를 반환한다
func Load(ctx context.Context, ID int)(*Person, error) {
    db, err := getDB()
    if err != nil {
        logging.L.Error("failed to get DB connection. err: %s", err)
        return nil, err
    }

    // 데이터베이스 호출에 대한 대기 시간 예산을 설정한다
    subCtx, cancel := context.WithTimeout(ctx, 1 * time.Second)
    defer cancel()

    // DB 셀렉트를 수행한다
    row := db.QueryRowContext(subCtx, sqlLoadByID, ID)

    // 열을 검색해 person 객체를 채운다
    out, err := populatePerson(row.Scan)
    if err != nil {
        if err == sql.ErrNoRows {
            logging.L.Warn("failed to load requested person '%d'. err: %s",
                ID, err)
            return nil, ErrNotFound
        }
        logging.L.Error("failed to convert query result. err: %s", err)
        return nil, err
    }
    return out, nil
}
```

이 함수에는 제거해야 하는 logger에 대한 참조와 추출이 필요한 하나의 컨피규레이션

이 존재한다. 위 코드에서 컨피그는 함수의 첫 번째 줄에 필요하다. 다음은 getDB() 함수의 코드다.

```
var getDB = func()(*sql.DB, error) {
    if db == nil {
        if config.App == nil {
            return nil, errors.New("config is not initialized")
        }

        var err error
        db, err = sql.Open("mysql", config.App.DSN)
        if err != nil {
            // DB에 접근할 수 없는 경우, 종료한다
            panic(err.Error())
        }
    }

    return db, nil
}
```

위 코드를 보면, 데이터베이스 풀을 만들기 위해 DSN을 참조해야 한다는 것을 알 수 있다. 그럼 첫 번째로 해야 할 단계는 무엇이라고 생각하는가?

이전 변경 사항과 마찬가지로, 먼저 삽입해야 할 모든 의존성과 컨피규레이션을 포함하는 인터페이스를 정의해보자.

```
// Config는 data 패키지에 대한 컨피규레이션이다
type Config interface {
    // Logger는 logger에 대한 레퍼런스를 반환한다
    Logger() logging.Logger

    // DataDSN은 데이터 소스 이름을 반환한다
    DataDSN() string
}
```

이제 config 인터페이스를 삽입하기 위해 함수를 다음과 같이 업데이트해보자.

```go
// Load는 person 객체를 로드하고 반환을 시도한다
// 요청된 사람 객체가 존재하지 않을 경우 ErrNotFound를 반환한다
// 기본 데이터베이스 또는 그 연결에 문제가 있을 경우 에러를 반환한다
func Load(ctx context.Context, cfg Config, ID int)(*Person, error) {
    db, err := getDB(cfg)
    if err != nil {
        cfg.Logger().Error("failed to get DB connection. err: %s", err)
        return nil, err
    }

    // 데이터베이스 호출에 대한 대기 시간 예산을 설정한다
    subCtx, cancel := context.WithTimeout(ctx, 1 * time.Second)
    defer cancel()

    // DB 셀렉트를 수행한다
    row := db.QueryRowContext(subCtx, sqlLoadByID, ID)

    // 열을 검색해 person 객체를 채운다
    out, err := populatePerson(row.Scan)
    if err != nil {
        if err == sql.ErrNoRows {
            cfg.Logger().Warn("failed to load requested person '%d'. err: %s",
                ID, err)
            return nil, ErrNotFound
        }

        cfg.Logger().Error("failed to convert query result. err: %s", err)
        return nil, err
    }
    return out, nil
}

var getDB = func(cfg Config)(*sql.DB, error) {
    if db == nil {
        var err error
        db, err = sql.Open("mysql", cfg.DataDSN())
        if err != nil {
```

```
                // DB에 접근할 수 없는 경우, 종료한다
                panic(err.Error())
        }
    }
    return db, nil
}
```

getDB() 함수는 모델 계층 패키지에 의해 순차적으로 호출되는 data 패키지의 모든 공용 함수에 의해 호출되므로, 이러한 변경은 코드의 상당 부분을 망가뜨릴 것이다. 하지만 다행히도 변경 작업을 수행하는 동안 회귀를 방지할 수 있는 단위 테스트가 충분히 작성돼 있다.

여기서 잠시 멈추고, 이러한 부분을 고려해줄 것을 요청한다. 실습을 통해 아주 미미한 변경만 수행하도록 만들 생각이었지만, 상당히 많은 양의 작은 변경을 야기했다. 게다가 이 패키지의 모든 공용 함수에 하나의 매개변수를 추가해야 한다. 이와 같은 함수를 기반으로 해당 패키지를 빌드하려는 결정에 대해 어떻게 생각하는가? 함수에 대한 리팩터링은 분량이 상당한 작업이지만, 그만한 가치가 있다고 생각하는가?

모델 계층의 경우, 이에 앞서 이미 컨피그 주입으로 업데이트했기 때문에 변경 사항이 매우 적다.

다음과 같은 두 가지 작은 변경 사항만 존재한다.

- DataDSN() 메서드를 컨피그를 추가하도록 변경한다.
- loader() 호출을 통해 컨피그를 data 패키지에 전달하도록 변경한다.

변경 사항이 적용된 코드는 다음과 같다.

```
// Config는 Getter에 대한 컨피규레이션이다
type Config interface {
    Logger() logging.Logger
    DataDSN() string
}
```

```
// Getter는 person 객체에 대한 로드를 시도할 것이다
// 데이터베이스 또는 요청된 person 객체를 찾지 못하는 경우 에러를 반환한다
type Getter struct {
    cfg Config
}

// get에 대한 동작을 수행할 것이다
func(g *Getter) Do(ID int)(*data.Person, error) {
    // 데이터 계층으로부터 person 객체를 로드한다
    person, err := loader(context.TODO(), g.cfg, ID)
    if err != nil {
        if err == data.ErrNotFound {
            // 에러를 변환해 사용자에게서 구현에 대한 세부 내용을 캡슐화한다

            return nil, errPersonNotFound
        }
        return nil, err
    }

    return person, err
}

// 이 함수를 변수로 사용하면, 테스트 과정에서 몽키 패치를 사용할 수 있다
var loader = data.Load
```

안타깝게도 모델 계층 패키지의 모든 부분에 이와 같은 작은 변경이 필요하다. 변경 작업이 완료되면, 의존성 그래프가 다음 다이어그램과 같이 출력될 것이다.

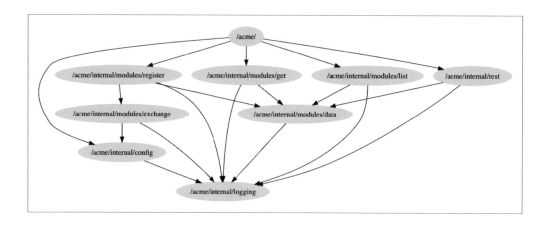

매우 훌륭하다. 왼쪽에 위치한 config 패키지에는 단지 하나의 불필요한 연결만 존재하며, 이는 exchange 패키지에서 가져온다.

exchange 패키지에 컨피그 주입 적용하기

exchange 패키지에도 컨피그 주입을 적용할 수 있으며, 다른 패키지와 마찬가지로 다음과 같은 단계를 거쳐 진행하자.

1. 주입이 필요한 의존성 및 컨피그를 포함하는 인터페이스를 정의한다.
2. config 인터페이스를 받아들이도록 생성자를 정의하고 업데이트한다.
3. 멤버 변수로 주입된 컨피그를 저장한다.
4. 참조(예를 들면, config와 logger)를 할 경우 멤버 변수를 가리키도록 변경한다.
5. 다른 계층의 config 인터페이스를 업데이트해 새롭게 추가된 부분을 포함시킨다.

exchange 패키지에 컨피그 주입을 적용한 결과, 비정상적인 상황이 발생하게 된다. 다음 다이어그램에서 볼 수 있듯이, exchange 패키지에서 config 패키지로 향하는 링크가 의존성 그래프에서 제거된다.

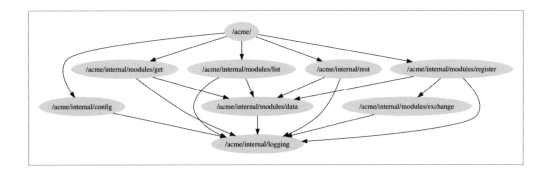

하지만 테스트가 제대로 동작하려면 다음 코드와 같이 컨피그를 참조해야 한다.

```
type testConfig struct {}

// ExchangeBaseURL은 Config의 구현체다
func(t *testConfig) ExchangeBaseURL() string {
    return config.App.ExchangeRateBaseURL
}

// ExchangeAPIKey는 Config의 구현체다
func(t *testConfig) ExchangeAPIKey() string {
    return config.App.ExchangeRateAPIKey
}
```

잠시 한 걸음 뒤로 물러나서 생각해보자. 앞서 언급한 테스트는 exchange 패키지에 대한 테스트가 아니라 사용자를 위한 테스트, 즉 register 패키지에 대한 테스트라는 것을 알았다. 이는 다소 주의해야 한다. 이 두 패키지 사이의 관계에 생성자 삽입을 적용해서 문제의 첫 번째 부분을 신속하게 수정할 수 있다. 그런 다음, exchange에 대한 호출을 모의 또는 스텁을 통해 진행할 수 있다.

또한 레지스터 Config 인터페이스에 대해 앞서 적용한 변경 사항 중 일부를 취소함으로써, exchange 패키지 관련 메서드를 제거하고 다음과 같이 복구할 수 있다.

```
// Config는 Register에 대한 컨피규레이션이다
type Config interface {
    Logger() logging.Logger
    RegistrationBasePrice() float64
    DataDSN() string
}
```

결국 register 테스트에서 config 패키지로 향하는 링크를 제거할 수 있었으며, 아마 더욱 중요한 사실은 테스트를 외부 환율 서비스로부터 분리할 수 있다는 것이다.

이번 절을 시작할 때, 두 가지 목표를 설정했다. 첫 번째 목표는 config 패키지와 logging 패키지를 분리하는 것이고, 두 번째 목표는 외부 서비스에 대한 호출 없이도 테스트를 수행할 수 있도록 변경하는 것이다. 지금까지의 실습을 통해 config 패키지로부터 완전히 분리됐다. config 패키지를 제외한 모든 패키지에서 전역 공용으로 정의된 logger의 사용을 제거했으며, 또한 외부 환율 서비스에 대한 의존도를 제거했다.

하지만 ACME 등록 서비스는 여전히 외부 서비스에 의존하고 있으며, 해당 서비스를 올바르게 호출했는지 또는 예상한 대로 응답했는지 확인하는 테스트를 전혀 진행하지 않고 있다. 이러한 테스트는 경계 테스트[boundary test]라고 한다.

경계 테스트

경계 테스트는 내부 대면[internal-facing]과 외부 대면[external-facing]이라는 두 가지 형태로 구성돼 있으며, 각각 서로 다른 목표를 갖고 있다.

내부 대면 경계 테스트[internal-facing boundary test]는 다음 두 가지 항목에 대한 유효성을 검증하기 위해 디자인됐다.

- 코드가 항상 예상하는 방식으로 외부 서비스를 호출한다.
- 코드가 행복 경로와 에러 등 외부 서비스의 모든 응답에 대해 예상하는 방식으로 반응한다.

따라서 내부 대면 경계 테스트는 실제 외부 서비스와 상호 작용하지 않고 외부 서비스의 모의 또는 스텁 구현체와 상호 작용한다.

외부 대면 경계 테스트external-facing boundary test는 이와 정반대다. 외부 대면 경계 테스트는 외부 서비스와 상호 작용하고 필요할 때 외부 서비스가 정상적으로 동작하는지 확인한다. 정의된 외부 서비스 API에 대한 유효성을 검증하지 않을 경우, 서비스가 예상한 대로 동작하지 않을 수 있다는 점에 유의해야 한다. 대신에 이러한 테스트는 사용자의 요구 사항에만 초점을 맞춘다. 외부 경계 테스트는 기본적으로 단위 테스트보다 속도가 느리고 신뢰성이 떨어진다. 따라서 외부 경계 테스트를 항상 실행하지 않도록 설정할 수 있다. 이를 위해 Go의 빌드 플래그를 사용할 수 있다.

ACME 등록 서비스에 외부 대면 경계 테스트를 추가해보자. 서비스 관련 문서에서 제안하는 포맷으로 외부 서비스에 대한 HTTP 호출을 포함하는 테스트를 작성하고 응답에 대한 유효성을 검증할 수 있다. 만약 해당 서비스에 익숙하지 않고, 아직 외부 서비스를 호출하는 코드를 작성하지 않았다면, 이는 외부 서비스 호출을 학습할 수 있는 매우 좋은 방법이기도 하다.

그러나 우리의 경우 이에 앞서 코드를 이미 작성했으므로, 가장 빠른 옵션은 라이브 컨피그live config를 사용해 코드를 호출하는 것이다. 그러면 다음과 같은 형태의 JSON 페이로드가 반환될 것이다.

```
{
    "success": true,
    "historical": true,
    "date": "2010-11-09",
    "timestamp": 1289347199,
    "source": "USD",
    "quotes": {
        "USDAUD": 0.989981
    }
}
```

응답의 포맷은 예측할 수 있지만, timestamp와 quotes 값은 때때로 변경될 것이다. 그렇다면 무엇을 테스트할 수 있는가? 아마도 더 중요한 것은 응답의 어떤 부분에 의존하고 있는지다. 코드를 면밀히 살펴본 결과, 모든 필드 중에서 사용하고 있는 유일한 필드는 바로 quotes 맵[2]이다. 또한 외부 서비스에 요청한 유일한 내용은 현재 환율이며, 이는 quotes 맵에 존재하고 값은 float64 형식으로 정의돼 있다.

따라서 이러한 특정 속성에 대해서만 테스트함으로써 테스트는 가능한 한 변화에 대한 복원력을 갖게 될 것이다.

테스트 코드는 다음과 같다.

```go
func TestExternalBoundaryTest(t *testing.T) {
    // config를 정의한다
    cfg := &testConfig {
        baseURL: config.App.ExchangeRateBaseURL,
        apiKey: config.App.ExchangeRateAPIKey,
    }

    // 테스트에 사용할 converter를 생성한다
    converter := NewConverter(cfg)

    // 서버를 통해 패치를 수행한다
    response,
    err := converter.loadRateFromServer(context.Background(),
        "AUD")

    require.NotNil(t, response)
    require.NoError(t, err)

    // 응답을 파싱한다
    resultRate,
    err := converter.extractRate(response, "AUD")
    require.NoError(t, err)
```

---

2   키(key)와 값(value)으로 구성돼 있는 형식 – 옮긴이

```
    // 결과값에 대한 유효성 검사를 수행한다
    assert.True(t, resultRate > 0)
}
```

해당 테스트가 필요한 경우에만 실행되도록 하기 위해 파일의 맨 위에 다음과 같은 빌드 태그를 추가한다.

```
// +build external
```

이제 내부 대면 경계 테스트를 살펴보자. 첫 번째 단계는 외부 서비스에 대한 모의를 구현하는 것이다. 또한 이전에 언급했듯이, 응답에 대한 페이로드를 정의해야 한다. 이를 위해 httptest 패키지를 사용해 다음과 같이 테스트 페이로드를 반환하는 HTTP 서버를 만들 것이다.

```
type happyExchangeRateService struct {}

// ServeHTTP는 http.Handler의 구현체다
func(*happyExchangeRateService) ServeHTTP(response http.ResponseWriter,
    request *http.Request) {
    payload := []byte(`
    {
        "success":true,
        "historical":true,
        "date":"2010-11-09",
        "timestamp":1289347199,
        "source":"USD",
        "quotes":{
            "USDAUD":0.989981
        }
    }`)
    response.Write(payload)
}
```

해당 테스트는 항상 고정된 응답을 반환하고 요청에 대한 유효성 검증을 진행하지 않

을 것이다. 이제 내부 대면 경계 테스트를 빌드할 수 있다. 외부 대면 경계 테스트와는 달리, 테스트 결과는 사용자에 의해 전적으로 통제되므로 예측할 수 있다. 따라서 다음 코드와 같이 정확한 결과를 기준으로 테스트할 수 있다.

```go
func TestInternalBoundaryTest(t *testing.T) {
    // 테스트 서버를 구동한다
    server := httptest.NewServer(&happyExchangeRateService{})
    defer server.Close()

    // config를 정의한다
    cfg := &testConfig{
        baseURL: server.URL,
        apiKey: "",
    }

    // 테스트에 사용할 converter를 생성한다
    converter := NewConverter(cfg)
    resultRate, resultErr := converter.Exchange(context.Background(),
100.00, "AUD")

    // 결과값에 대한 유효성 검사를 수행한다
    assert.Equal(t, 101.01, resultRate)
    assert.NoError(t, resultErr)
}
```

이제 아주 기본적인 내부 대면 경계 테스트를 완료했다. 외부 서비스에 의존하지 않고 기대하는 페이로드를 반환하는지 확인할 수 있으며, 그 결과를 정확하게 추출해 사용할 수 있다. 더욱이 다음을 포함해 더 많은 시나리오를 커버하도록 테스트를 확장할 수 있다.

- 외부 서비스가 다운되거나 속도가 느릴 때 ACME 등록 서비스의 코드가 합리적인 에러를 반환하는 것을 확인하는 테스트
- 외부 서비스가 빈 응답 또는 무효한 응답을 반환할 때 ACME 등록 서비스의 코드가 합리적인 오류를 반환하는 것을 확인하는 테스트

- ACME 등록 서비스의 코드에서 발생하는 HTTP 요청에 대한 유효성을 검증하는 테스트

위에서 실습한 내부 대면 경계 테스트를 통해 마침내 외부 서비스로부터 환율을 구해오는 코드에 대한 테스트를 마무리할 수 있었다. 신뢰할 수 있고 사용자에 의해 전적으로 통제되는 테스트를 통해 ACME 등록 서비스 코드가 의도한 대로 동작하는 것을 확인할 수 있었다. 또한 ACME 등록 서비스를 손상시킬 수 있는 외부 서비스의 변경 사항을 알려줄 수 있는 외부 경계 테스트에 대한 실습을 진행했다.

▍ 컨피그 주입의 단점

지금까지 살펴본 바와 같이, 컨피그 주입은 생성자와 함수 모두에서 사용할 수 있기 때문에 컨피그 주입만을 갖추고 있는 시스템을 빌드할 수 있다. 하지만 불행하게도, 컨피그 주입에는 몇 가지 단점이 존재한다.

추상적인 의존성 대신 컨피그를 전달할 경우 구현의 세부 사항이 유출된다: 다음과 같은 코드를 생각해보자.

```
type PeopleFilterConfig interface {
    DSN() string
}

func PeopleFilter(cfg PeopleFilterConfig, filter string)([]Person, error) {
    // people을 로드한다
    loader := &PersonLoader {}
    people,
    err := loader.LoadAll(cfg)
    if err != nil {
        return nil, err
    }

    // people에 필터를 적용한다
```

```go
    out := []Person {}
    for _, person := range people {
        if strings.Contains(person.Name, filter) {
            out = append(out, person)
        }
    }

    return out, nil
}

type PersonLoaderConfig interface {
    DSN() string
}

type PersonLoader struct {}

func(p *PersonLoader) LoadAll(cfg PersonLoaderConfig)([]Person, error) {
    return nil, errors.New("not implemented")
}
```

위 예제에서 PeopleFilter 함수는 PersonLoader가 데이터베이스라는 사실을 인지하고
있다. 이는 크게 문제가 되지 않을 것이며, 구현 전략을 변경하지 않는 한 절대 영향을
미치지 않는다. 만약 데이터베이스를 외부 서비스나 기타 다른 것으로 변경해야 한다
면, PersonLoader 데이터베이스를 변경해야 한다. 좀 더 미래를 생각한 구현 방법은 다
음과 같다.

```go
type Loader interface {
    LoadAll()([]Person, error)
}

func PeopleFilter(loader Loader, filter string)([]Person, error) {
    // people을 로드한다
    people, err := loader.LoadAll()
    if err != nil {
        return nil, err
    }
```

```
    // people에 필터를 적용한다
    out := []Person {}
    for _, person := range people {
        if strings.Contains(person.Name, filter) {
            out = append(out, person)
        }
    }

    return out, nil
}
```

위와 같은 구현 방법의 경우, 데이터를 로드하는 위치가 변경된다고 해도 코드에 대한 변경이 필요하지 않다.

의존성의 수명 주기를 예측하기 어렵다: 컨피그 주입의 장점을 설명할 때, 의존성이 실제로 사용될 때까지 해당 의존성은 생성되지 않는다고 설명했다. 아마 여러분 내면의 비평가는 이러한 주장에 반기를 들 것이며, 다음과 같은 타당한 이유를 제시할 것이다. 이는 분명 장점이지만, 동시에 의존성의 수명 주기를 예측하기 어렵게 만든다. 생성자 주입이나 메서드 주입을 사용할 경우, 의존성은 반드시 주입되기 전에 존재하고 있어야 한다. 이로 인해 초기에 의존성을 생성하거나 초기화하는 과정에서 문제가 발생한다. 또한 의존성이 나중에 명확하지 않은 시점에 초기화될 경우 몇 가지 문제가 발생할 수 있다.

첫째, 문제를 복구할 수 없거나 시스템이 패닉 상태에 빠지게 되는 경우, 시스템이 처음에는 정상적인 것처럼 보이지만 나중에는 시스템의 상태가 비정상으로 변경되고 예기치 못한 충돌이 발생했다는 것을 의미한다. 이러한 예측 불가능성으로 인해 디버깅하기 매우 어려운 문제가 발생할 수 있다.

둘째, 의존성의 초기화 과정이 지연될 가능성이 있을 경우에는 이를 인지하고 대응할 수 있어야 한다. 다음과 같은 코드를 생각해보자.

```go
func DoJob(pool WorkerPool, job Job) error {
    // 풀에 대기를 수행한다
    ready := pool.IsReady()

    select {
        case <-ready:
            // 행복 경로
        case <-time.After(1 * time.Second):
            return errors.New("timeout waiting for worker pool")
    }

    worker := pool.GetWorker()
    return worker.Do(job)
}
```

이제 의존성이 주입되기 전에 풀^{pool}이 존재하고 있다고 가정하는 코드와 비교해보자.

```go
func DoJobUpdated(pool WorkerPool, job Job) error {
    worker := pool.GetWorker()
    return worker.Do(job)
}
```

위 함수가 대기 시간 예산을 포함한 엔드포인트의 일부분일 경우 어떤 일이 발생할까? 구동할 때 지연 시간이 대기 시간 예산보다 크다면, 첫 번째 요청은 항상 실패할 것이다.

과도한 사용은 UX를 저하시킨다: 컨피규레이션과 계측 같은 환경적 의존성에 이러한 패턴을 사용하는 것을 권장하지만, 해당 패턴은 다른 많은 부분에 적용할 수 있다. 하지만 의존성을 컨피그 인터페이스로 밀어 넣으면 그 의미가 덜 분명해지고 구현해야 할 더 큰 인터페이스가 존재하게 된다. 이전 예제를 다시 한 번 살펴보자.

```go
// NewByConfigConstructor는 MyStruct 구조체에 대한 생성자다
func NewByConfigConstructor(cfg MyConfig, limiter RateLimiter, cache Cache) *MyStruct {
    return &MyStruct {
        // 제거된 코드
```

```
    }
}
```

RateLimiter 의존성을 생각해보자. 이 의존성을 config 인터페이스로 병합할 경우 무슨 일이 발생할까? 이 객체가 RateLimiter를 사용하고 의존한다는 점이 덜 분명해질 것이다. 만약 모든 유사한 함수에 레이트 제한$^{rate\ limit}$ 기능이 있다면, 사용량이 환경적으로 많아질수록 문제가 줄어들게 될 것이다.

눈에 좀 덜 띄는 것은 바로 컨피규레이션이다. 레이트 제한에 대한 컨피규레이션은 모든 사용 조건에서 일관되지 않을 수 있다. 이는 다른 모든 의존성과 컨피규레이션이 공유 오브젝트에서 나올 때의 문제점이다. 컨피그 객체를 구성하고 반환된 레이트 제한 값을 커스터마이징할 수 있지만, 과도한 엔지니어링이라고 느껴진다.

변경 사항이 소프트웨어 계층을 통해 파급될 수 있다: 해당 이슈는 컨피규레이션이 계층을 통해 전달되는 경우에만 적용된다. 다음 예제를 생각해보자.

```
func NewLayer1Object(config Layer1Config) *Layer1Object {
    return &Layer1Object {
        MyConfig: config,
        MyDependency: NewLayer2Object(config),
    }
}

// Layer 1 객체에 대한 컨피규레이션이다
type Layer1Config interface {
    Logger() Logger
}

// Layer 1 객체
type Layer1Object struct {
    MyConfig Layer1Config
    MyDependency *Layer2Object
}

// Layer 2 객체에 대한 컨피규레이션이다
```

```
type Layer2Config interface {
    Logger() Logger
}

// Layer 2 객체
type Layer2Object struct {
    MyConfig Layer2Config
}

func NewLayer2Object(config Layer2Config) *Layer2Object {
    return &Layer2Object {
        MyConfig: config,
    }
}
```

위와 같은 구조를 사용하면 Layer2Config 인터페이스에 새로운 컨피규레이션이나 의존성을 추가해야 할 때, 이를 또한 Layer1Config 인터페이스에 추가해야 한다. 그렇게 될 경우에는 2장, 'Go 언어를 위한 SOLID 디자인 원칙'에서 논의한 인터페이스 분리 원칙을 위반하게 되므로, 변경 사항에 문제가 있음을 의미한다. 또한 코드의 계층화 및 재사용의 수준에 따라 변경해야 할 항목의 수가 크게 달라질 수 있다. 이러한 경우에 더 나은 옵션은 생성자 주입을 적용해 Layer2Object를 Layer1Object에 주입하는 것이다. 이렇게 하면, 객체가 완전히 분리돼 계층화된 변경이 필요 없게 된다.

▌ 요약

8장에서는 코드의 UX를 개선하기 위해 생성자 주입과 메서드 주입의 확장 버전인 컨피그 주입을 사용해 환경적 의존성과 컨피그를 문맥상 중요한 의존성과 별개로 처리하는 방법을 학습했다.

샘플 서비스에 컨피그 주입을 적용함과 동시에, 추후 자유롭게 변경할 수 있도록 가능한 모든 패키지를 config 패키지로부터 분리했다. 또한 로거 인스턴스와 관련된 데이터 경합이 발생될 가능성을 제거하고, 지저분한 몽키 패치 없이도 로거 사용을 테스트할 수 있도록 전역 공용 변수로 사용되는 로거를 추상화된 의존성으로 변경해 주입했다.

9장에서는 JIT 의존성 주입이라고 불리는 독특한 의존성 주입 기법을 살펴본다. 이 기법을 사용하면, 모의와 스텁으로 테스트할 수 있는 능력을 희생시키지 않으면서 계층 간의 의존성 생성 및 주입에 대한 부담을 덜 수 있다.

▌ 질문

1. 컨피그 주입은 메서드 주입이나 생성자 주입과 어떻게 다른가?

2. 컨피그 주입으로 변경할 매개변수를 어떻게 결정하는가?

3. 모든 의존성을 컨피그 주입을 통해 주입하는 것은 어떤가?

4. 로거와 같은 환경적 의존성을 전역 공용 변수를 사용하는 대신에 컨피그를 통해 주입하려는 이유는 무엇인가?

5. 경계 테스트가 중요한 이유는 무엇인가?

6. 컨피그 주입의 이상적인 사용 사례는 무엇인가?

09

JIT 의존성 주입

전통적인 의존성 주입(DI) 방법에서는 부모parent 객체나 호출하는 객체가 하위 클래스child class에 의존성을 제공한다. 그러나 의존성이 단일 구현인 경우가 많이 있다. 이러한 경우, 실용적인 접근 방식은 왜 의존성 주입이 필요한지를 스스로에게 질문해보는 것이다. 9장에서는 생성자 또는 메서드에 매개변수를 추가하지 않고 분리와 테스트 용이성 같은 DI의 장점을 제공해줄 수 있는 JITJust-In-Time 의존성 주입을 살펴본다.

9장에서 다룰 주제는 다음과 같다.

- JIT 주입
- JIT 주입의 장점
- JIT 주입 적용하기
- JIT 주입의 단점

기술적 요구 사항

4장, 'ACME 등록 서비스 소개'에서 살펴본 서비스 코드에 익숙해지면 매우 유용할 수 있다. 9장에서는 6장, '생성자 주입을 통한 의존성 주입'과 5장, '몽키 패치를 통한 의존성 주입'의 내용을 이미 학습했다는 전제하에 설명한다.

9장에서 실습할 코드는 https://github.com/PacktPublishing/Hands-On-Dependency-Injection-in-Go/tree/master/ch09에서 다운로드할 수 있으며, 코드의 전체 버전을 한번 살펴보고 실행해보면 9장의 내용을 학습하는 데 크게 도움이 될 것이다.

코드를 다운로드해 샘플 서비스를 구성하는 방법은 https://github.com/PacktPublishing/Hands-On-Dependency-Injection-in-Go/의 README 파일에 설명돼 있다.

9장에서 학습하게 될 내용이 이미 적용된 샘플 서비스의 소스 코드는 ch09/acme에서 확인할 수 있다.

9장에서는 인터페이스에 대한 모의 구현체를 생성하기 위해 목커리(https://github.com/vektra/mockery)를 사용하며, 패키지 커버리지^{package coverage}(https://github.com/corsc/go-tools/tree/master/package-coverage)라고 불리는 새로운 툴을 소개할 것이다.

JIT 주입

객체에 대한 코드를 작성하고 단지 하나의 구현체만 갖게 될 것으로 알고 있는 의존성 주입을 해본 경험이 있는가? 아마도 다음 코드와 같이 데이터베이스의 처리 코드를 비즈니스 로직 계층에 주입한 경험이 있을 것이다.

```
func NewMyLoadPersonLogic(ds DataSource) *MyLoadPersonLogic {
```

```
        return &MyLoadPersonLogic {
            dataSource: ds,
        }
}

type MyLoadPersonLogic struct {
    dataSource DataSource
}

// 전달된 ID를 기준으로 person 객체를 로드한다
func(m *MyLoadPersonLogic) Load(ID int)(Person, error) {
    return m.dataSource.Load(ID)
}
```

테스트 과정에서 단지 모의를 목적으로 생성자에 의존성을 추가해본 경험이 있는가?
이러한 코드는 다음과 같다.

```
func NewLoadPersonHandler(logic LoadPersonLogic) *LoadPersonHandler {
    return &LoadPersonHandler {
        businessLogic: logic,
    }
}

type LoadPersonHandler struct {
    businessLogic LoadPersonLogic
}

func(h *LoadPersonHandler) ServeHTTP(response http.ResponseWriter, request *http.
Request) {
    requestedID, err := h.extractInputFromRequest(request)
    output, err := h.businessLogic.Load(requestedID)
    if err != nil {
        response.WriteHeader(http.StatusInternalServerError)
        return
    }

    h.writeOutput(response, output)
}
```

이러한 종류의 작업은 상당히 불필요한 작업처럼 느껴질 수 있으며, 코드의 UX를 명백히 저하시킨다. JIT 주입은 어느 정도 적당한 중간 합의점을 제공한다. JIT 주입은 아마도 몇 가지 예제를 통해 가장 잘 설명할 수 있다. JIT 주입이 적용된 첫 번째 예제를 살펴보자.

```go
type MyLoadPersonLogicJIT struct {
    dataSource DataSourceJIT
}

// 전달된 ID를 기준으로 person 객체를 로드한다
func(m *MyLoadPersonLogicJIT) Load(ID int)(Person, error) {
    return m.getDataSource().Load(ID)
}

func(m *MyLoadPersonLogicJIT) getDataSource() DataSourceJIT {
    if m.dataSource == nil {
        m.dataSource = NewMyDataSourceJIT()
    }

    return m.dataSource
}
```

보다시피 코드에서 직접 참조하는 부분인 m.dataSource를 getter 함수를 추가해 m.getDataSource()로 변경했다. getDataSource() 함수에서는 의존성이 이미 존재하는지를 간단하고 효율적인 방법을 통해 점검하고 있으며, 의존성이 존재하지 않을 경우 새롭게 생성하고 있다. 이것이 바로 JIT 주입이라는 의존성 주입 기법이다.

그럼 의존성을 주입하지 않았다면, 주입이 왜 필요할까? 간단히 대답해보면, 바로 테스트 때문이다.

앞서 살펴봤던 예제의 원본 코드는 다음과 같이 테스트 과정에서 의존성을 모의 구현으로 변경할 수 있었다.

```
func TestMyLoadPersonLogic(t *testing.T) {
    // 모의 DB에 대한 설정
    mockDB := &mockDB {
        out: Person {
            Name: "Fred"
        },
    }

    // 테스트하고 있는 객체를 호출한다
    testObj := NewMyLoadPersonLogic(mockDB)
    result,
    resultErr := testObj.Load(123)

    // 예상되는 결과에 대한 유효성 검사를 수행한다
    assert.Equal(t, Person {Name: "Fred"}, result)
    assert.Nil(t, resultErr)
}
```

JIT 주입을 통해 여전히 모의 구현을 제공할 수 있지만, 생성자를 통해 제공하는 대신
에 다음과 같이 프라이빗 멤버 변수에 직접 삽입할 수 있다.

```
func TestMyLoadPersonLogicJIT(t *testing.T) {
    // 모의 DB에 대한 설정
    mockDB := &mockDB {
        out: Person {Name: "Fred"},
    }

    // 테스트하고 있는 객체를 호출한다
    testObj := MyLoadPersonLogicJIT {
        dataSource: mockDB,
    }
    result, resultErr := testObj.Load(123)

    // 예상되는 결과에 대한 유효성 검사를 수행한다
    assert.Equal(t, Person {Name: "Fred"}, result)
    assert.Nil(t, resultErr)
}
```

또한 위 예제에서 더 이상 생성자를 사용하지 않는다는 것을 확인할 수 있다. 생성자가 필요하지 않으며, 항상 그렇지는 않을 것이다. JIT 주입을 적용하면 매개변수의 수를 줄임으로써 객체의 사용성이 향상된다. 위 예제에서는 생성자의 매개변수가 없었으므로, 생성자를 삭제하는 것이 적절하다고 판단했다.

JIT 주입은 객체가 필요할 때 자신의 의존성을 생성하는 기능을 제공함으로써, DI의 전통적인 규칙을 상황에 맞게 변경할 수 있도록 해준다. 이는 엄밀히 말하면 2장, 'Go 언어를 위한 SOLID 디자인 원칙'에서 논의했던 단일 책임 원칙을 위반하는 것이지만, 사용성의 개선은 중요한 부분이다.

▌ JIT 주입의 장점

이 방법은 전통적인 DI 기법의 문제점을 해결하고자 고안됐다. 여기에 나열된 장점은 이 방법에만 한정되며, 다른 형태의 의존성 주입과는 대조적이다. JIT 주입에 한정된 장점은 다음과 같다.

적은 입력값 때문에 좀 더 나은 UX를 제공한다: 많이 강조했던 부분이지만 한 번 더 설명하자면, 이해하기 쉬운 코드일수록 유지 관리와 확장이 쉽다. 함수의 매개변수가 적을수록 본질적으로 이해하기 쉽다. 생성자의 경우와 비교해보자.

```go
func NewGenerator(storage Storage, renderer Renderer, template io.Reader) *Generator {
    return &Generator {
        storage: storage,
        renderer: renderer,
        template: template,
    }
}
```

위 코드를 다음과 같이 변경해보자.

```
func NewGenerator(template io.Reader) *Generator {
    return &Generator {
        template: template,
    }
}
```

위 예제에서는 실제 구현이 하나뿐인 모든 의존성을 제거하고 이를 JIT 주입으로 대체했다. 이제 해당 함수의 사용자는 변경할 수 있는 하나의 의존성만 제공하면 된다.

선택적 의존성에 매우 완벽하다: 이전의 UX와 관련된 사항과 마찬가지로, 선택적 의존성은 함수의 매개변수 목록을 부풀릴 수 있다. 또한 의존성이 선택 사항인 것은 분명하지 않다. 의존성을 공용 멤버 변수로 이동할 경우, 사용자가 필요할 때만 해당 변수를 제공하도록 허용할 수 있다. JIT 주입을 적용하면 객체가 디폴트 종속성의 복사본을 인스턴스화할 수 있다. 이렇게 하면 객체 내부의 코드가 상당히 단순해진다.

JIT 주입을 사용하지 않는 다음과 같은 코드를 생각해보자.

```
func(l *LoaderWithoutJIT) Load(ID int)(*Animal, error) {
    var output *Animal
    var err error

    // 캐시로부터 로드를 시도한다
    if l.OptionalCache != nil {
        output = l.OptionalCache.Get(ID)
        if output != nil {
            // 캐시 값을 반환한다
            return output, nil
        }
    }

    // 데이터 저장소로부터 로드한다
    output, err = l.datastore.Load(ID)
    if err != nil {
        return nil, err
    }
```

```
    // 로드된 값을 캐싱한다
    if l.OptionalCache != nil {
        l.OptionalCache.Put(ID, output)
    }

    // 결과값을 출력한다
    return output, nil
}
```

JIT 주입을 적용할 경우, 코드는 다음과 같이 변경된다.

```
func(l *LoaderWithJIT) Load(ID int)(*Animal, error) {
    // 캐시로부터 로드를 시도한다
    output := l.cache().Get(ID)
    if output != nil {
        // 캐시 값을 반환한다
        return output, nil
    }

    // 데이터 저장소로부터 로드한다
    output, err := l.datastore.Load(ID)
    if err != nil {
        return nil, err
    }

    // 로드된 값을 캐싱한다
    l.cache().Put(ID, output)

    // 결과값을 출력한다
    return output, nil
}
```

이제 함수는 더욱 간결해지고 읽기 쉬워졌다. 다음 절에서는 JIT 주입을 선택적 의존성과 함께 사용하는 방법을 좀 더 자세히 살펴볼 것이다.

구현체의 세부 사항에 대해 좀 더 나은 캡슐화를 제공한다: 일반적인 DI(생성자 또는 매개변수 주입)에 대한 반론 중 하나는 한 객체의 다른 객체에 대한 의존 관계를 노출시킴으로써,

구현의 세부 사항을 노출시키고 있다는 것이다. 다음 생성자 코드를 생각해보자.

```
func NewLoader(ds Datastore, cache Cache) *MyLoader {
    return &MyLoader {
        ds: ds,
        cache: cache,
    }
}
```

이제 MyLoader의 세부 구현 내용을 모르는 상황에서 MyLoader의 사용자 입장으로 생각해보자. Myloader가 데이터베이스나 캐시를 사용하는 것이 중요한 문제인가? 사용자가 여러 가지 구현 내용이나 컨피규레이션을 사용할 필요가 없다고 하면, MyLoader의 작성자가 사용자를 위해 이를 처리하도록 하는 것이 좀 더 쉬운 방법인가?

테스트에 의한 손상 감소: DI와 관련해 자주 제기되는 또 다른 불만 사항은 단지 테스트를 위해 생성자에 의존성이 추가된다는 점이다. 이러한 주장을 뒷받침할 수 있는 근거는 충분하다. 이러한 상황은 주변에서 쉽게 접할 수 있으며, 테스트에 의한 손상은 아주 일반적인 형태 중 하나다. JIT 주입은 프라이빗 멤버 변수로 관계를 변경하고, 이를 공용 API로 제거함으로써 테스트에 의한 손상과 같은 현상을 많이 완화시켜준다. 이를 통해 테스트 과정에서 대외적인 손상 없이 의존성을 대체할 수 있다.

추가로 설명해보면, 공용이 아닌 프라이빗 멤버 변수를 선택한 것은 의도적이며 의도적으로 공개 범위를 제한한 것이다. 프라이빗 멤버 변수로 적용했을 경우, 동일한 패키지 내에서 테스트를 진행할 경우에만 의존성에 접근하고 그것을 변경할 수 있다. 패키지 외부에서 수행되는 테스트는 의도적으로 접근을 불가능하게 한다. 첫 번째 이유는 바로 캡슐화다. 캡슐화는 구현의 세부 내용을 다른 패키지에 숨김으로써, 패키지 간에 결합 관계가 형성되지 않도록 한다. 코드에서의 결합은 구현 내용을 변경할 수 없도록 만든다. 두 번째 이유는 API 오염API pollution이다. 멤버 변수를 공용으로 선언하면, 테스트 코드뿐 아니라 모든 사람이 접근할 수 있으므로 예기치 못한 문제가 발생할 가능성이 높고 유효하지 않거나 위험한 내부 변수를 사용할 가능성이 높다.

몽키 패치의 훌륭한 대안이다: 5장, '몽키 패치를 통한 의존성 주입'에서 다룬 내용을 떠올려보면, 몽키 패치의 가장 중요한 문제 중 하나는 테스트 과정에서 발생하는 동시성 concurrency 문제다. 단일 전역 변수를 현재 테스트에 맞게 패치할 경우, 해당 변수를 사용하는 다른 테스트에 영향을 미치고 테스트가 깨질 가능성이 높다. 이러한 문제를 피하기 위해 JIT 주입을 사용해볼 수 있다. 다음과 같은 코드를 생각해보자.

```go
// 데이터 저장소에 대한 전역 싱글톤 연결
var storage UserStorage

type Saver struct {
}

func(s *Saver) Do(in *User) error {
    err := s.validate(in)
    if err != nil {
        return err
    }

    return storage.Save(in)
}
```

현재 상태에서는 전역 변수인 storage가 테스트 과정에서 몽키 패치될 필요가 있다. 하지만 JIT 주입을 적용할 경우에는 어떠한 일이 벌어지는지 살펴보자.

```go
// 데이터 저장소에 대한 전역 싱글톤 연결
var storage UserStorage

type Saver struct {
    storage UserStorage
}

func(s *Saver) Do(in *User) error {
    err := s.validate(in)
    if err != nil {
        return err
```

```
    }
    return s.getStorage().Save(in)
}

// JIT 의존성 주입
func(s *Saver) getStorage() UserStorage {
    if s.storage == nil {
        s.storage = storage
    }

    return s.storage
}
```

이제 getStorage() 함수를 통해 전역 변수에 모든 접근이 가능해졌으므로, 다음 예제와 같이 전역 변수(그리고 공유shared 변수)에 대한 몽키 패치를 수행하는 대신에 JIT 주입을 사용해 storage 멤버 변수를 교체할 수 있다.

```
func TestSaver_Do(t *testing.T) {
    // 입력값
    carol := &User {
        Name: "Carol",
        Password: "IamKing",
    }

    // 모의/스텁
    stubStorage := &StubUserStorage {}

    // 호출을 수행한다
    saver := &Saver {
        storage: stubStorage,
    }
    resultErr := saver.Do(carol)

    // 유효성 검사를 수행한다
    assert.NotEqual(t, resultErr, "unexpected error")
}
```

앞서 진행했던 테스트에서는 전역 변수에 대한 데이터 경합이 더 이상 발생하지 않는다.

코드를 계층화하는 데 매우 탁월하다: 전체 프로젝트에 의존성 주입을 적용할 때, 애플리케이션의 실행 초기에 많은 수의 객체가 생성되는 것은 매우 보편적인 상황이다. 예를 들어, 이 책에서 사용하고 있는 최소 단위의 예제 서비스의 경우에는 이미 main()에 네 개의 객체가 빌드돼 있다. 네 개의 객체는 그리 많은 것 같지 않지만, 모든 패키지에 DI를 적용하지는 않았으며 현재까지는 세 개의 엔드포인트만 존재한다.

ACME 등록 서비스를 구현하는 코드는 REST, 비즈니스 로직, 데이터라는 총 세 개의 계층으로 구성돼 있다. 계층 간의 관계는 매우 단순하다. REST 계층의 한 객체가 비즈니스 로직 계층에 있는 파트너 오브젝트를 호출하고, 결국에는 데이터 계층에 있는 객체가 호출된다. 테스트 과정 외에는 항상 동일한 의존성을 주입한다. JIT 주입을 적용하면 생성자에서 이러한 의존성을 제거하고 코드를 좀 더 편안하게 사용할 수 있다.

구현 비용이 낮다: 몽키 패치 예제에서 살펴봤듯이, JIT 주입을 적용하는 것은 매우 쉽다. 또한 변경 사항은 상대적으로 적은 범위로 제한된다.

마찬가지로 기존에 DI가 적용되지 않은 코드에 JIT 주입을 적용하기 위한 기회비용은 비교적 저렴한 편이다. 다음과 같은 코드를 생각해보자.

```
type Car struct {
    engine Engine
}

func(c *Car) Drive() {
    c.engine.Start()
    defer c.engine.Stop()

    c.engine.Drive()
}
```

Car를 Engine으로부터 분리하고자 할 경우, 추상화된 상호 작용을 인터페이스로 정의한 다음 c.engine에 직접 접근하고 있는 모든 부분을 다음 코드와 같이 getter 함수를 통해 접근하도록 변경해야 한다.

```go
type Car struct {
    engine Engine
}

func(c *Car) Drive() {
    engine := c.getEngine()

    engine.Start()
    defer engine.Stop()

    engine.Drive()
}

func(c *Car) getEngine() Engine {
    if c.engine == nil {
        c.engine = newEngine()
    }

    return c.engine
}
```

생성자 주입을 적용하기 위한 프로세스가 어떻게 될지 생각해보자. 어떤 부분에 대한 변경이 필요한가?

▌ JIT 주입 적용하기

이전 절에서는 JIT 주입을 프라이빗 및 공용 의존성과 함께 사용할 수 있다는 사실을 두 가지 전혀 다른 사용 사례를 통해 다뤘다. 이번 절에서는 두 가지 옵션을 모두 적용해 전혀 다른 결과를 얻는 과정을 살펴본다.

프라이빗 의존성

JIT 주입을 사용해 ACME 등록 서비스를 개선할 수 있는 포인트가 매우 많이 있다. 그렇다면, 어떻게 결정할 수 있을까? 다음 의존성 그래프를 통해 살펴보자.

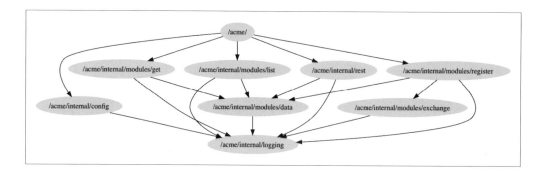

위 의존성 그래프를 확인해본 결과, logging 패키지로 향하는 매우 많은 연결이 존재한다. 그러나 이미 8장, '컨피그에 의한 의존성 주입'의 실습을 통해 어느 정도는 분리하는 데 성공했다.

logging 패키지 다음으로 가장 많이 사용하는 패키지는 바로 data 패키지다. 이것 또한 5장, '몽키 패치를 통한 의존성 주입'에서 이미 어느 정도 개선했지만, 이제 다시 돌아가서 더 개선할 사항이 있는지 살펴볼 시간이다.

결정하기에 앞서, 코드의 상태를 확인하고 최상의 상태를 유지하고자 최선의 노력을 기울이기 위한 또 다른 방법(단위 테스트)을 소개할 것이다. 단위 테스트는 의존성 그래프와 마찬가지로 결정적인 지표를 제공할 수는 없으며 힌트만 제공할 뿐이다.

단위 테스트 커버리지

Go 언어에서 테스트 커버리지는 일반적인 Go 테스트를 호출할 때 -cover 플래그를 함께 사용하면 계산할 수 있다. 이와 같은 방법의 경우, 한 번에 하나의 패키지에서만 동작하므로 사용이 비교적 불편할 수 있다. 따라서 디렉터리 트리 내의 모든 패키지에 대한 테스트 커버리지를 재귀적으로 계산할 수 있는 툴을 사용할 것이다. 이 툴은 패키지-커버리지package-coverage라고 하며, 깃허브(https://github.com/corsc/go-tools/tree/master/package-coverage)에서 다운로드할 수 있다.

패키지-커버리지 툴을 사용해 테스트 커버리지를 계산하려면, 다음과 같은 명령을 사용한다.

```
$ cd $GOPATH/src/github.com/PacktPublishing/Hands-On-Dependency-Injection-
in-Go/ch08/

$ export ACME_CONFIG=$GOPATH/src/github.com/PacktPublishing/Hands-On-Dependency-
Injection-in-Go/config.json

$ package-coverage -a -prefix $(go list)/ ./acme/
```

 위 예제에서는 의도적으로 8장, '컨피그에 의한 의존성 주입'의 코드를 사용했기 때문에 9장에서 나온 변경 사항을 적용하기 전의 커버리지 수가 계산된다.

위 명령을 실행한 결과는 다음과 같다.

```
---------------------------------------------------------------
|    Branch      |     Dir      |                              |
|  Cov% | Stmts  |  Cov% | Stmts | Package                      |
---------------------------------------------------------------
|  65.66 |  265  |  0.00 |     7 | acme/                        |
|  47.83 |   23  | 47.83 |    23 | acme/internal/config/        |
|   0.00 |    4  |  0.00 |     4 | acme/internal/logging/       |
|  73.77 |   61  | 73.77 |    61 | acme/internal/modules/data/  |
|  61.70 |   47  | 61.70 |    47 | acme/internal/modules/exchange/ |
|  85.71 |    7  | 85.71 |     7 | acme/internal/modules/get/   |
|  46.15 |   13  | 46.15 |    13 | acme/internal/modules/list/  |
|  62.07 |   29  | 62.07 |    29 | acme/internal/modules/register/ |
|  79.73 |   74  | 79.73 |    74 | acme/internal/rest/          |
---------------------------------------------------------------
```

위 커버리지 숫자들로부터 무엇을 유추할 수 있는가?

1. 코드 커버리지는 합리적이다. logging 패키지의 커버리지는 0보다 클 수 있으며, 거의 모든 패키지의 커버리지는 50% 이상이다.

2. 상태^{statement}(stmts) 카운트 정보는 매우 흥미롭다. stms 정보는 코드의 줄 수와 거의 동일하게 표시되므로, 숫자는 어떠한 패키지가 더 많거나 적은 코드로 구성돼 있는지를 의미한다.

3. 패키지를 구성하는 코드의 양이 늘어날수록 책임이 커지고 복잡성이 증가하는 것을 추론할 수 있다.

가장 규모가 크고 가장 많은 리스크가 존재하는 두 가지 패키지인 rest 패키지와 data 패키지가 가장 좋은 테스트 커버리지를 보이고 있음에도 불구하고, 좀 더 세심한 주의가 필요하다는 것을 나타내는 부분은 어디에도 없다. 하지만 테스트 커버리지와 의존성 그래프를 함께 생각해본다면 무슨 일이 벌어질까?

커버리지 및 의존성 그래프

의존성 그래프를 보면 data 패키지의 사용자가 많다는 사실을 확인할 수 있다. 또한 테스트 커버리지를 보면 data 패키지가 현재 보유하고 있는 큰 규모의 패키지 중 하나임을 확인할 수 있다. 따라서 개선을 고려하고 있다면, 커버리지 및 의존성 그래프를 살펴보는 것이 적절한 시작점이라는 사실을 추론할 수 있다.

8장에서 살펴봤듯이, data 패키지는 함수 및 전역 싱글톤 풀을 사용하고 있기 때문에 개선을 고려하고 있는 개발자들을 불편하게 만든다. 그렇다면 JIT 주입을 사용해 이처럼 불편하게 만드는 부분을 제거할 수 있는지 생각해보자.

몽키 패치 제거하기

다음 코드는 현재 get 패키지가 어떻게 data 패키지를 사용하고 있는지를 보여준다.

```go
// Do는 get에 대한 동작을 수행할 것이다
func(g *Getter) Do(ID int)(*data.Person, error) {
    // 데이터 계층으로부터 person 객체를 로드한다
    person, err := loader(context.TODO(), g.cfg, ID)
    if err != nil {
        if err == data.ErrNotFound {
            // 에러를 변환함으로써 사용자에게 세부 구현 내용을 숨긴다
            return nil, errPersonNotFound
        }
        return nil, err
    }

    return person, err
}

// 해당 함수를 변수로 사용하면 테스트 과정에서 몽키 패치를 사용할 수 있다
var loader = data.Load
```

첫 번째로 변경할 부분은 loader 함수를 대체하기 위한 인터페이스를 정의하는 것이다.

```go
// go:generate mockery -name=myLoader -case underscore -testonly -inpkg
type myLoader interface {
    Load(ctx context.Context, ID int)(*data.Person, error)
}
```

인터페이스를 정의할 때 컨피그 매개변수를 제거했다는 것을 확인할 수 있다. 따라서 해당 함수에 호출이 끝날 때까지 더 이상 컨피그 매개변수를 전달할 필요가 없다. 또한 추후에 모의를 사용하도록 하기 위한 go generate 명령을 추가했다.

다음으로, 의존성을 프라이빗 멤버 변수로 추가하고 JIT 주입을 사용하도록 Do() 메서드를 업데이트했다.

```go
// Do는 get에 대한 동작을 수행할 것이다
func(g *Getter) Do(ID int)(*data.Person, error) {
```

```
    // 데이터 계층으로부터 person 객체를 로드한다
    person, err := g.getLoader().Load(context.TODO(), ID)
    if err != nil {
        if err == data.ErrNotFound {
            // 에러를 변환함으로써 사용자에게 세부 구현 내용을 숨긴다
            return nil, errPersonNotFound
        }
        return nil, err
    }

    return person, err
}
```

그렇다면 JIT 주입의 getter 메서드에 대한 코드는 어떻게 생겼을까? 다음 코드와 같은 기본 구조가 표준이 될 것이다.

```
func(g *Getter) getLoader() myLoader {
    if g.data == nil {
        // 결정될 예정이다
    }

    return g.data
}
```

data 패키지가 함수 형태로 구현돼 있으므로, 현재 loader 인터페이스를 구현하고 있는 것은 아무것도 없다. 현재 코드와 단위 테스트가 망가져 있는 상태이므로, 다시 동작하도록 하려면 좀 더 보완이 필요하다.

이 코드가 다시 작동하도록 하는 가장 손쉬운 방법은 데이터 접근 객체^{Data Access Object}(DAO)를 정의하는 것이다. 이렇게 변경할 경우, data 패키지 내의 함수가 구조체로 대체되고 myLoader 인터페이스에 대한 구현체를 제공할 수 있다. 변경 횟수를 최소화하려면, 다음 코드와 같이 DAO 메서드가 기존 함수를 호출하도록 해야 한다.

```go
// NewDAO는 데이터베이스 연결 풀을 초기화하고 (아직 수행하지 않은 경우)
// 데이터베이스와 상호 작용하는 데 사용할 수 있는 데이터 접근 객체를 반환한다
func NewDAO(cfg Config) *DAO {
    // DB 연결 풀을 초기화한다
    _, _ = getDB(cfg)

    return &DAO {
        cfg: cfg,
    }
}

type DAO struct {
    cfg Config
}

// Load는 person 객체를 로드하고 결과를 반환한다
func(d *DAO) Load(ctx context.Context, ID int)(*Person, error) {
    return Load(ctx, d.cfg, ID)
}
```

DAO를 getLoader() 함수에 추가한 후에도 테스트의 동작 상태는 여전히 복구되지 않았을 것이다. 테스트 코드는 여전히 몽키 패치를 사용하고 있으므로 다음과 같이 해당 코드를 제거하고 모의를 사용하도록 변경해야 한다.

```go
func TestGetter_Do_happyPath(t *testing.T) {
    // 입력값
    ID := 1234

    // 모의 로더를 구성한다
    mockResult := &data.Person {
        ID: 1234,
        FullName: "Doug",
    }
    mockLoader := &mockMyLoader {}
    mockLoader.On("Load", mock.Anything, ID).Return(mockResult, nil).Once()

    // 메서드를 호출한다
```

```
    getter := &Getter {
        data: mockLoader,
    }

    person, err := getter.Do(ID)

    // 예상되는 결과에 대한 유효성 검사를 수행한다
    require.NoError(t, err)
    assert.Equal(t, ID, person.ID)
    assert.Equal(t, "Doug", person.FullName)
    assert.True(t, mockLoader.AssertExpectations(t))
}
```

마지막으로 테스트 코드가 다시 정상적으로 작동하는 것을 확인할 수 있다. 위와 같은 리팩터링을 통해 몇 가지 개선 사항이 추가됐다.

- get 패키지의 테스트 코드가 더 이상 몽키 패치를 사용하지 않도록 변경됐다. 이는 몽키 패치와 관련된 동시성 이슈가 없음을 확신하는 것을 의미한다.
- data 구조체(data.Person)가 아닌, get 패키지의 테스트 코드는 더 이상 data 패키지를 사용하지 않도록 변경됐다.
- 가장 중요한 개선 사항은 get 패키지의 테스트 코드가 더 이상 데이터베이스 컨피그를 필요로 하지 않도록 변경됐다는 점이다.

get 패키지에 대한 계획된 변경 작업을 완료했다면, data 패키지에 대한 변경 작업을 진행해보자.

앞서 Load() 메서드가 기존 Load() 함수를 호출하도록 하는 DAO를 정의했다. Load() 함수의 사용자가 더 이상 없기 때문에 코드를 복사하고 해당 코드에 대한 테스트 코드를 업데이트하면 된다.

data 패키지의 나머지 부분과 사용자에 대한 간단한 절차를 반복하면, 함수 기반 패키지에서 객체 기반 패키지로의 마이그레이션 작업을 성공적으로 수행할 수 있다.

선택적인 공용 의존성

지금까지는 매개변수를 줄이고 data 패키지를 사용하기 쉽도록 변경하기 위해 프라이빗 의존성에 JIT 의존성 주입을 적용했다.

해당 절에서는 JIT 주입의 또 다른 방법인 선택적인 공용 의존성^{optional public dependency}을 설명한다. 이러한 의존성은 사용자가 변경할 수 있도록 공용으로 선언하지만, 선택 사항이기 때문에 생성자의 일부분으로 만들지 않는다. 이렇게 하면, 특히 선택적 의존성을 거의 사용하지 않을 경우 UX가 손상될 수 있다.

ACME 등록 서비스에서 모든 엔드포인트에 대한 로드와 관련해 성능 문제가 있다고 가정할 경우, 이러한 문제는 데이터베이스의 응답성과 관련돼 있다고 의심할 수 있다.

이러한 문제에 직면했을 경우, 일부 계측 관련 기능을 추가해 쿼리의 응답 시간이 얼마나 소요되는지를 추적해야 한다. 또한 이러한 추적 관련 기능을 쉽게 켜고 끌 수 있도록 선택적 의존성 형태로 만들 수 있어야 한다.

첫 번째 단계는 track 인터페이스를 정의하는 것이다.

```
// QueryTracker는 쿼리 타이밍을 추적하는 인터페이스다
type QueryTracker interface {
    // 추적은 time.Now().Sub(start)를 계산해 쿼리에 걸린 시간을 기록/출력한다
    Track(key string, start time.Time)
}
```

그런 다음, 결정을 내려야 한다. QueryTracker의 사용은 선택 사항이며, 이때 사용자는 의존성을 주입하지 않을 수도 있다는 것을 의미한다.

이번 절에서는 QueryTracker가 사용되는 어느 곳에서나 보호 절을 사용하는 것을 피하기 위해, 사용자가 제공하지 않았을 경우를 대비해 사용할 수 있는 NO-OP 구현체를 소개할 것이다. NO-OP 구현체는 때로는 널 객체^{null object}라고도 하며, 인터페이스를 구현하기는 하지만 모든 메서드가 의도적으로 아무런 동작도 수행하지 않는다.

다음 코드는 QueryTracker에 대한 NO-OP 구현체다.

```
// NO-OP는 QueryTracker의 구현체다
type noopTracker struct {}
```

```
// Track은 QueryTracker의 구현체다
func(_ *noopTracker) Track(_ string, _ time.Time) {
    // 의도적으로 아무런 동작도 수행하지 않는다
}
```

이제 공용 멤버 변수로서 DAO를 소개할 수 있다.

```
// DAO는 데이터베이스 상호 작용에 대한 추상화를 제공하는 데이터 접근 객체다
type DAO struct {
    cfg Config
    // Tracker는 선택적 쿼리 타이머다
    Tracker QueryTracker
}
```

그리고 NO-OP 구현체를 기본값으로 하는 JIT 주입을 사용해 트래커tracker에 접근할
수 있다.

```
func(d *DAO) getTracker() QueryTracker {
    if d.Tracker == nil {
        d.Tracker = &noopTracker {}
    }
    return d.Tracker
}
```

이제 모든 변경 작업이 완료됐으므로, 추적하고자 하는 메서드의 시작 부분에 다음과
같은 코드를 추가할 수 있다.

```
// 처리 시간 추적
defer d.getTracker().Track("LoadAll", time.Now())
```

여기서 흥미로운 점은 defer를 사용하고 있다는 것이다. 여기서 사용하고 있는 defer는 기본적으로 두 가지 중요한 특징이 있다. 첫 번째로, 함수가 종료될 때마다 호출돼서 함수가 반환하기 직전에 트래커 로직을 호출하도록 할 수 있다. 두 번째로, defer의 매개변수는 함수가 실행된 시간이 아니라 해당 줄에 직면했을 때 시간을 정의하게 된다. 이는 time.Now()가 Track() 함수가 반환할 때가 아니라 추적하는 함수의 시작 부분에서 호출된다는 것을 의미한다.

트래커를 사용하려면 NO-OP가 아닌 실제 구현체를 제공해야 한다. 추적을 통해 얻은 값들을 StatsD 또는 Graphite와 같은 외부 시스템으로 푸시할 수 있지만, 이번 예제에서는 결과를 간단히 로그로 출력한다. 이 예제 코드는 다음과 같다.

```
// NewLogTracker는 추적 데이터를 로그에 출력하는 Tracker를 반환한다
func NewLogTracker(logger logging.Logger) *LogTracker {
    return &LogTracker {
        logger: logger,
    }
}

// LogTracker는 QueryTracker의 구현체이며 전달된 logger에 출력한다
type LogTracker struct {
    logger logging.Logger
}

// Track은 QueryTracker의 구현체다
func(l *LogTracker) Track(key string, start time.Time) {
    l.logger.Info("[%s] Timing: %s\n", key, time.Now().Sub(start).String())
}
```

이제 임시적으로 DAO의 사용을 다음과 같이 업데이트할 수 있다.

```
func(l *Lister) getLoader() myLoader {
    if l.data == nil {
        l.data = data.NewDAO(l.cfg)
    }

    return l.data
}
```

그리고 다음과 같이 업데이트한다.

```
func(l *Lister) getLoader() myLoader {
    if l.data == nil {
        l.data = data.NewDAO(l.cfg)

        // 임시적으로 로그 트래커를 추가했다
        l.data.(*data.DAO).Tracker = data.NewLogTracker(l.cfg.Logger())
    }

    return l.data
}
```

그렇다. 위 코드에서 트래커를 사용하는 줄은 보기 싫지만 다행스럽게도 임시적으로 구현한 내용이다. 만약 QueryTracker를 영구적으로 사용하거나 많은 시간 동안 사용하기로 결정했다면, 생성자 주입을 사용해 보기 좋은 코드로 변경할 수 있다.

┃ JIT 주입의 단점

JIT 주입은 상당히 편리하지만 모든 시나리오에서 사용할 수는 없으므로, 다음과 같은 몇 가지 사항을 주의해야 한다.

정적 의존성에만 적용할 수 있다: 첫 번째로 가장 큰 단점은 이 메서드가 오로지 테스트 과정에서 변경할 수 있는 의존성에만 적용할 수 있다는 것이다. 매개변수 주입이나 컨피그 주입을 대체할 목적으로는 사용할 수 없다. 이는 의존성 인스턴스화가 프라이빗 메서드의 내부에서만 일어나고 해당 변수에 대한 접근을 한 번만 시도하기 때문이다.

의존성 및 사용자의 수명 주기가 분리되지 않는다: 생성자 주입이나 매개변수 주입을 사용할 때, 주입되는 의존성이 완전히 초기화돼 있고 사용할 준비가 돼 있다고 가정하는 것이 안전할 때가 많다. 리소스 풀을 생성하거나 데이터를 사전에 로드하는 데 필요한 비용 및 지연은 이미 지불됐다고 생각할 것이다. JIT 주입을 사용하면, 의존성은 처음으로 사용되기 직전에 생성된다. 따라서 초기화 비용은 첫 번째 요청 시 지불돼야 한다. 다음 다이어그램은 세 개의 객체(호출자[caller], 피호출자[callee], 데이터 저장소[data store]) 간에 이뤄지는 일반적인 상호 작용을 보여준다.

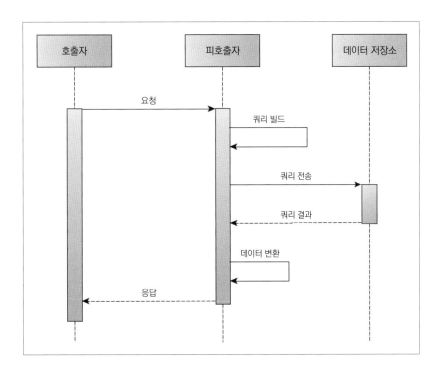

이제 호출 과정에서 데이터 저장소 객체가 만들어질 때의 상호 작용과 비교해보자.

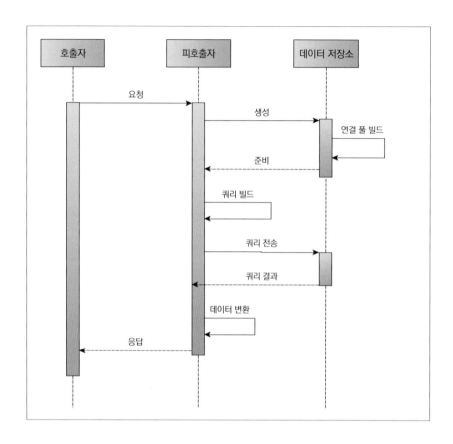

두 번째 다이어그램에서는 추가적으로 발생하는 시간(비용)을 확인할 수 있다. 사실 Go 언어에서는 객체를 만드는 속도가 매우 빠르므로 이러한 비용은 거의 들지 않는다. 하지만 이러한 과정이 존재할 경우, 이로 인해 애플리케이션이 구동할 때 의도하지 않거나 예기치 못한 동작이 발생할 수 있다.

앞서 언급한 바와 같이 의존성의 상태가 불확실한 경우, 또 다른 단점은 결과적으로 코드에서 발생한다. 다음과 같은 코드를 생각해보자.

```go
func(l *Sender) Send(ctx context.Context, payload []byte) error {
    pool := l.getConnectionPool()

    // 풀이 준비돼 있는지 확인한다
```

```
    select {
        case <-pool.IsReady():
            // 행복 경로
        case <-ctx.Done():
            // 컨텍스트 타임아웃 또는 취소된 경우
            return errors.New("failed to get connection")
    }

    // 풀에서 연결을 얻고 추후에 반환한다
    conn := pool.Get()
    defer l.connectionPool.Release(conn)

    // 전송 및 반환
    _, err := conn.Write(payload)

    return err
}
```

앞의 코드를 의존성이 준비^{ready} 상태에 있다는 것을 보장하는 동일한 코드와 비교해 보자.

```
func(l *Sender) Send(payload []byte) error {
    pool := l.getConnectionPool()

    // 풀에서 연결을 얻고 추후에 반환한다
    conn := pool.Get()
    defer l.connectionPool.Release(conn)

    // 전송 및 반환
    _, err := conn.Write(payload)

    return err
}
```

이는 단지 몇 줄의 코드일 뿐이지만, 좀 더 단순하고 가독성이 좋으므로 유지 관리가 훨씬 더 쉬워졌다. 또한 구현하고 테스트하기도 훨씬 더 쉬워졌다.

잠재적인 데이터 및 초기화 경합: 앞서 살펴본 내용과 유사하게, 위 코드 또한 의존성의 초기화를 중심으로 돌아간다. 그러나 이러한 경우에는 발생하는 문제가 주로 의존성 자체에 접근하는 것과 관련돼 있다. 이전에 실습했던 연결 풀 관련 예제로 돌아가서 인스턴스 생성 방법을 변경해보자.

```
func newConnectionPool() ConnectionPool {
    pool := &myConnectionPool {}

    // 풀을 초기화한다
    pool.init()

    // '풀이 사용할 준비가 됐음'을 반환한다
    return pool
}
```

위 코드에서 보듯이, 연결 풀의 생성자는 연결 풀이 완전히 초기화될 때까지 해당 함수를 반환하지 않는다. 그렇다면, 초기화가 진행되는 동안 getConnectionPool()에 대한 다른 호출이 발생하면 어떤 일이 발생할까?

결국, 두 개의 연결 풀을 생성할 수 있다. 다음 다이어그램은 객체 간의 상호 작용을 보여준다.

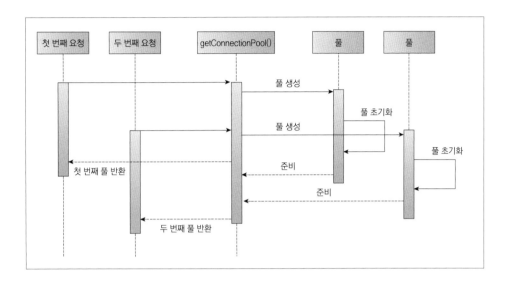

그렇다면 다른 연결 풀은 어떻게 될까? 이들은 홀로 남겨지게 될 것이다. 모든 CPU 리소스가 연결 풀을 생성하는 데 소비되며, 심지어 가비지 컬렉터^{garbage collector}에 의해 정상적으로 정리되지 않을 수도 있다. 따라서 메모리, 파일 처리기, 네트워크 포트와 같은 모든 리소스가 손실될 수 있다.

아주 적은 비용으로 이러한 문제를 회피할 수 있는 간단한 방법이 있다. 바로 표준 라이브러리에 있는 sync 패키지를 사용하는 것이다. 이 패키지에는 몇 가지 좋은 옵션이 있지만, 위와 같은 상황에서는 Once()를 사용하는 것을 권장한다. getConnectionPool() 메서드에 Once()를 추가해 다음과 같이 변경할 수 있다.

```go
func(l *Sender) getConnection() ConnectionPool {
    l.initPoolOnce.Do(func() {
        l.connectionPool = newConnectionPool()
    })

    return l.connectionPool
}
```

위와 같은 접근 방법을 구현하려면 두 가지 사소한 비용을 지불해야 한다. 첫 번째는 코드에 복잡성을 더하는 것이다. 아주 작은 변경이 존재한다.

두 번째는 getConnectionPool()의 모든 호출이 Once()를 확인해 첫 번째 호출인지 알아보는 것이다. 이는 매우 적은 비용이 들지만, 성능 요구 사항에 따라 사용이 불편해질 수 있다.

객체가 완전히 분리되지 않는다: 이 책 전반에 걸쳐, 의존성 그래프를 사용해 잠재적인 이슈, 특히 패키지 간 관계 및 상황에 따라 특정 패키지에 대한 과도한 의존성을 확인했다. 2장, 'Go 언어를 위한 SOLID 디자인 원칙'의 '의존성 역전 원칙(DIP)' 절에서 소개한 기법과 로컬 인터페이스를 통해 의존성을 정의하는 방법을 사용할 수 있지만, 의존성의 생성 부분이 코드에 포함돼 있으므로 의존성 그래프는 여전히 패키지와 종속성 간의 관계를 보여준다. 어떤 면에서 객체는 여전히 의존성과 어느 정도 결합돼 있다.

▌요약

9장에서는 이전 장들에서 학습했던 몽키 패치 중 일부를 제거하기 위해 다소 일반적이지 않은 DI 기법인 JIT 주입을 사용했다.

또한 코드의 UX를 손상시키지 않고 JIT 주입의 다른 형태를 사용해 선택적 의존성을 추가했다.

이에 더해, JIT 주입을 사용할 때 테스트 과정에서 모의와 스텁을 사용할 수 있는 능력을 희생시키지 않으면서 테스트로 인한 손상을 줄이는 데 사용할 수 있는 방법도 살펴봤다.

10장에서는 이 책에서 소개하는 마지막 DI 기법인 오프 더 셸프 주입을 살펴본다. 해당 DI 프레임워크를 적용할 때의 장단점을 논의하고, 예제를 통해 구글의 와이어 프레임워크를 사용하는 방법을 학습할 것이다.

▌질문

1. JIT 주입은 생성자 주입과 무엇이 다른가?

2. 선택적 의존성에 대한 작업을 진행할 때, NO-OP 구현체가 중요한 이유는 무엇인가?

3. JIT 주입의 이상적인 사용 사례는 무엇인가?

10

오프 더 셸프 주입

이번 장에서는 프레임워크를 사용해 의존성 주입(DI)을 살펴볼 것이다. 선호하는 스타일에 맞는 프레임워크를 선택한다면 작업이 훨씬 더 수월해질 수 있다. 프레임워크를 사용하지 않는 것을 선호하는 경우에도 프레임워크의 구현 방식과 접근 방법을 검토해보면 유용한 정보를 얻을 수 있으며, 선호하는 구현 방식에 대한 개선 사항을 찾는 데 도움이 될 것이다.

페이스북의 인젝트Inject(https://github.com/facebookgo/inject)와 우버의 디그Dig(https://github.com/facebookgo/inject)를 비롯한 다양한 종류의 프레임워크가 존재한다. 이 책에서는 ACME 등록 서비스를 개선하고자 구글의 Go 클라우드 와이어Go Cloud Wire(https://github.com/google/go-cloud/tree/master/wire)를 적용해볼 것이다.

10장에서 다룰 주제는 다음과 같다.

- 와이어를 통한 오프 더 셀프 주입off-the-shelf injection
- 오프 더 셀프 주입의 장점
- 오프 더 셀프 주입 적용하기
- 오프 더 셀프 주입의 단점

▌기술적 요구 사항

4장, 'ACME 등록 서비스 소개'에서 살펴본 서비스 코드에 익숙해지면 매우 유용할 수 있다. 10장에서는 6장, '생성자 주입을 통한 의존성 주입'을 이미 학습했다는 전제하에 설명한다.

10장에서 실습할 코드는 https://github.com/PacktPublishing/Hands-On-Dependency-Injection-in-Go/tree/master/ch10에서 다운로드할 수 있으며, 코드의 전체 버전을 한번 살펴보고 실행해보면 10장을 학습하는 데 큰 도움이 된다.

코드를 다운로드해 샘플 서비스를 구성하는 방법은 https://github.com/PacktPublishing/Hands-On-Dependency-Injection-in-Go/의 README 파일에 설명돼 있다.

10장에서 다룰 내용이 이미 적용된 샘플 서비스의 소스 코드는 ch10/acme에서 확인할 수 있다.

▌와이어를 통한 오프 더 셀프 주입

Go 클라우드 프로젝트는 어떠한 클라우드 환경에서도 클라우드 애플리케이션을 좀 더 쉽게 배포할 수 있도록 계획됐다. 이 프로젝트의 핵심 부분은 와이어라고 하는 코드 생성code generation 기반 의존성 주입 툴이다.

와이어는 명시적 인스턴스화 사용을 권장하고 전역 변수의 사용을 억제하기 때문에 9장의 리팩터링 과정에서 적용했던 바와 같이 이 책에서 소개하는 샘플 서비스(ACME 등록 서비스)에 매우 적합하다. 또한 와이어는 런타임 반영에 의한 성능 저하나 코드의 복잡성 증가를 방지하기 위해 코드 생성 기법을 사용한다.

아마도 와이어에서 가장 유용한 측면으로는 바로 단순함을 꼽을 수 있다. 몇 가지 간단한 개념을 이해하고 나면, 작성해야 하는 코드와 생성된 코드를 비교하는 것은 비교적 단순한 작업이 된다.

프로바이더 소개

관련 문서에서는 프로바이더provider를 다음과 같이 정의하고 있다.

'값을 생성할 수 있는 함수'

목적을 달성하기 위해 프로바이더를 다른 방식으로도 표현할 수 있다(프로바이더는 의존성의 인스턴스를 반환한다).

프로바이더가 취할 수 있는 가장 간단한 형식은 다음 코드와 같이 매개변수가 없는 함수다.

```
// 프로바이더
func ProvideFetcher() *Fetcher {
    return &Fetcher {}
}

// 제공된 객체
type Fetcher struct {
}

func(f *Fetcher) GoFetch()(string, error) {
    return "", errors.New("not implemented yet")
}
```

프로바이더는 또한 다음과 같은 매개변수를 사용해 의존성을 주입해야 한다는 것을
나타낼 수 있다.

```
func ProvideFetcher(cache *Cache) *Fetcher {
    return &Fetcher {
        cache: cache,
    }
}
```

프로바이더의 의존성(매개변수)은 다른 프로바이더가 제공해야 한다.

프로바이더는 다음 코드와 같이 오류를 반환해 초기화에 실패했다는 것을 나타낼 수
도 있다.

```
func ProvideCache()( *Cache, error) {
    cache := &Cache {}

    err := cache.Start()
    if err != nil {
        return nil, err
    }
    return cache, nil
}
```

프로바이더가 에러를 반환할 경우, 제공된 의존성을 사용하는 모든 인젝터injector가 반
드시 에러를 반환해야 한다는 점에 유의해야 한다.

인젝터에 대한 이해

와이어에서 중요한 두 번째 개념은 바로 인젝터다. 인젝터는 마법 같은 일이 일어나는
곳이다. 인젝터는 와이어가 코드 생성의 기반으로 사용할 수 있도록 개발자가 정의한
함수다.

326

예를 들어 서비스에서 REST 서버의 인스턴스를 생성할 수 있는 함수가 필요할 경우, 다음 함수와 같이 필요한 모든 의존성을 초기화하고 주입하는 것을 포함해 원하는 목적을 달성할 수 있다.

```go
func initializeServer()(*rest.Server, error) {
    wire.Build(wireSet)
    return nil, nil
}
```

특히 위 함수는 아무런 일도 하지 않는(return nil, nil) 것처럼 보이므로, 간단한 함수에 대한 '과장된 마케팅'처럼 느껴질 수 있다. 하지만 이것이 개발자가 작성해야 하는 코드의 전부다. 코드 생성기^{code generator}는 위와 같이 간단한 코드를 다음과 같은 코드로 변환할 것이다.

```go
func initializeServer()(*rest.Server, error) {
    configConfig, err := config.Load()
    if err != nil {
        return nil, err
    }
    getter := get.NewGetter(configConfig)
    lister := list.NewLister(configConfig)
    converter := exchange.NewConverter(configConfig)
    registerer := register.NewRegisterer(configConfig, converter)
    server := rest.New(configConfig, getter, lister, registerer)
    return server, nil
}
```

이어지는 '프로바이더 세트 적용' 절에서 좀 더 자세히 설명하겠지만, 앞서 언급한 함수의 세 가지 특징은 반드시 기억해야 한다. 첫째, 함수가 wire.Build(wireSet) 호출을 포함해야 한다는 점을 제외하고는 코드 생성기가 함수의 구현을 전혀 신경 쓰지 말아야 한다. 둘째, 함수는 사용하려고 하는 구체적인 유형^{type}을 반환해야 한다. 그리고 마지막으로 에러를 반환하는 프로바이더를 사용할 경우에는 인젝터가 에러를 반환해야 한다.

프로바이더 세트 적용

와이어를 사용할 때 마지막으로 알아야 할 개념은 프로바이더 세트[provider set]다. 프로바이더 세트는 프로바이더를 그룹화하는 방법을 제공하며, 이로써 인젝터 작성에 도움이 될 수 있다. 프로바이더 세트의 사용은 선택 사항이다. 예를 들면, 앞에서는 다음 코드와 같이 wireSet이라고 하는 프로바이더 세트를 사용했다.

```
func initializeServer()(*rest.Server, error) {
    wire.Build(wireSet)
    return nil, nil
}
```

하지만 다음 코드와 같이 모든 프로바이더를 개별적으로도 전달할 수 있다.

```
func initializeServer()(*rest.Server, error) {
    wire.Build(
        // *config.Config
        config.Load,

        // *exchange.Converter
        wire.Bind(new(exchange.Config), &config.Config {}),
        exchange.NewConverter,

        // *get.Getter
        wire.Bind(new(get.Config), &config.Config {}),
        get.NewGetter,

        // *list.Lister
        wire.Bind(new(list.Config), &config.Config {}),
        list.NewLister,

        // *register.Registerer
```

```
        wire.Bind(new(register.Config), &config.Config {}),
        wire.Bind(new(register.Exchanger), &exchange.Converter {}),
        register.NewRegisterer,

        // *rest.Server
        wire.Bind(new(rest.Config), &config.Config {}),
        wire.Bind(new(rest.GetModel), &get.Getter {}),
        wire.Bind(new(rest.ListModel), &list.Lister {}),
        wire.Bind(new(rest.RegisterModel), &register.Registerer {}),
        rest.New,
    )

    return nil, nil
}
```

안타깝게도 위 예제는 인위적으로 만들어낸 내용이 아니며, 작은 규모의 예제 서비스에서 발췌한 내용이다.

예상했듯이 와이어에는 더 많은 기능이 있지만, 현 시점에서는 시작하기에 충분할 만큼 살펴봤다.

▎ 오프 더 셀프 주입의 장점

지금까지 와이어를 구체적으로 살펴봤지만, 이번 절에서는 좀 더 상식적인 관점에서 오프 더 셀프 주입의 장점을 잠시 다룬다. 툴이나 프레임워크를 평가할 때는 장단점과 코드에 미치는 영향을 주의 깊게 살펴봐야 한다.

오프 더 셀프 주입의 일부 장점을 소개하면 다음과 같다.

상용구 코드의 감소: 생성자 주입을 프로그램에 적용하고 나면 main() 함수가 객체의 인스턴스화와 함께 부풀려지는 것이 일반적이다. 프로젝트가 성장함에 따라 main() 함수의 크기도 증가한다. 이것이 프로그램의 성능에 영향을 미치지는 않지만 유지 관리가 매우 불편해진다.

대부분의 의존성 주입 프레임워크는 여분의 코드를 제거하거나 다른 곳으로 이동시키는 것을 목표로 한다. 앞으로 살펴보겠지만, 다음 코드는 구글 와이어를 적용하기 전 샘플 서비스의 main() 함수를 보여준다.

```
func main() {
    // 정지된 채널을 컨텍스트에 바인딩한다
    ctx := context.Background()

    // exchanger를 빌드한다
    exchanger := exchange.NewConverter(config.App)

    // 모델 계층을 빌드한다
    getModel := get.NewGetter(config.App)
    listModel := list.NewLister(config.App)
    registerModel := register.NewRegisterer(config.App, exchanger)

    // REST 서버를 구동한다
    server := rest.New(config.App, getModel, listModel, registerModel)
    server.Listen(ctx.Done())
}
```

다음은 구글 와이어를 적용한 후 main() 함수의 코드를 보여준다.

```
func main() {
    // 정지된 채널을 컨텍스트에 바인딩한다
    ctx := context.Background()

    // REST 서버를 구동한다
    server, err := initializeServer()
    if err != nil {
        os.Exit(-1)
    }

    server.Listen(ctx.Done())
}
```

객체 생성과 관련된 부분은 다음 코드와 같이 축소됐다.

```go
func initializeServer()(*rest.Server, error) {
    wire.Build(wireSet)
    return nil, nil
}
```

와이어는 코드 생성기이므로 실제로는 더 많은 코드를 얻게 되지만, 개발자는 그중 일부만을 작성하고 유지 보수하게 된다. 이와 비슷하게, 디그라는 또 다른 유명 프레임워크를 사용할 경우에는 main() 함수가 다음과 같이 변경될 것이다.

```go
func main() {
    // 정지된 채널을 컨텍스트에 바인딩한다
    ctx := context.Background()

    // 디그 컨테이너를 빌드한다
    container := BuildContainer()

    // REST 서버를 구동한다
    err := container.Invoke(func(server *rest.Server) {
        server.Listen(ctx.Done())
    })

    if err != nil {
        os.Exit(-1)
    }
}
```

보다시피 코드는 와이어를 적용했을 경우와 마찬가지로 비슷한 수준으로 감소했다.

자동 인스턴스화 순서: 이전 포인트와 비슷하게, 프로젝트의 규모가 커짐에 따라 의존성을 만들어야 하는 순서가 복잡해진다. 따라서 오프 더 셸프 주입 프레임워크가 제공하는 다양한 마법 같은 기능은 이러한 복잡성을 제거하는 데 초점을 맞추고 있다. 와이어와 디그라는 두 경우 모두, 프로바이더는 직접적인 의존성을 명시적으로 정의하고 의존성의 요구 사항은 무시한다.

다음 예제와 같은 경우를 생각해보자. 다음과 같은 HTTP 처리기가 있다고 가정해본다.

```go
func NewGetPersonHandler(model *GetPersonModel) *GetPersonHandler {
    return &GetPersonHandler {
        model: model,
    }
}

type GetPersonHandler struct {
    model *GetPersonModel
}

func(g *GetPersonHandler) ServeHTTP(response http.ResponseWriter, request *http.
Request) {
    response.WriteHeader(http.StatusInternalServerError)
    response.Write([]byte(`not implemented yet`))
}
```

처리기는 다음 코드에 표시된 것처럼 모델에 의존하고 있다.

```go
func NewGetPersonModel(db *sql.DB) *GetPersonModel {
    return &GetPersonModel {
        db: db,
    }
}

type GetPersonModel struct {
    db *sql.DB
}

func(g *GetPersonModel) LoadByID(ID int)(*Person, error) {
    return nil, errors.New("not implemented yet")
}

type Person struct {
    Name string
```

```
}
```

이 모델은 *sql.DB에 의존하고 있다. 그러나 처리기에 대한 프로바이더를 정의할 때는 다음과 같이 *GetPersonModel이 필요하고 *sql.DB에 대한 지식이 필요 없다는 것을 정의해야 한다.

```
func ProvideHandler(model *GetPersonModel) *GetPersonHandler {
    return &GetPersonHandler {
        model: model,
    }
}
```

데이터베이스를 생성하고 모델에 주입한 후, 모델을 처리기에 주입하는 대안과 비교하면, 코드 작성과 유지 보수가 훨씬 더 간편하다.

누군가 여러분을 위해 이미 생각해왔다: 아마도 DI 프레임워크가 제공할 수 있는 부분 중 가장 눈에 띄지는 않지만 가장 중요한 점은 DI 프레임워크 제작자의 지식을 제공할 수 있다는 것이다. 프레임워크를 만들고 유지하는 것은 분명 어려운 연습이며, 이는 제작자들에게 프로그래머가 알아야 하는 것보다 훨씬 더 많은 것을 가르쳐준다. 이러한 지식은 종종 프레임워크에 미묘하지만 유용한 기능으로 나타나는 경우가 많다. 예를 들면, 디그 프레임워크에서 기본적으로 모든 의존성은 싱글톤이다. 이러한 디자인에 대한 선택은 성능과 리소스 사용에 대한 개선뿐만 아니라 예측 가능한 의존성 수명 주기라는 결과를 가져온다.

▎오프 더 셀프 의존성 주입 적용하기

이전 절에서 언급했듯이, 와이어를 도입하면 main() 함수의 코드와 복잡성이 크게 감소할 것이며, 또한 프레임워크를 통해 개발자가 인스턴스의 초기화 순서를 기억해야 하는 번거로움도 피할 수 있다.

구글 와이어 도입하기

첫 번째로 해야 할 일은 우리의 집을 정리하는 것이다. 모든 객체까지는 아니더라도 대부분의 객체가 와이어를 통해 *config.Config 객체의 사용을 처리할 수 있도록 변경할 예정이며, 현재는 다음 코드와 같이 전역 싱글톤 형태로 존재한다.

```
// App은 애플리케이션 컨피그다
var App *Config

// Load는 환경 변수에서 로드된 컨피그를 반환한다
func init() {
    filename, found := os.LookupEnv(DefaultEnvVar)
    if !found {
        logging.L.Error("failed to locate file specified by %s",
            DefaultEnvVar)
        return
    }

    _ = load(filename)
}

func load(filename string) error {
    App = &Config {}
    bytes, err := ioutil.ReadFile(filename)
    if err != nil {
        logging.L.Error("failed to read config file. err: %s", err)
        return err
    }

    err = json.Unmarshal(bytes, App)
    if err != nil {
        logging.L.Error("failed to parse config file. err : %s", err)
        return err
    }
```

```
    return nil
}
```

위 코드를 와이어가 사용할 수 있는 형식으로 변경하려면, 전역 인스턴스를 삭제하고 컨피그 로딩을 init()에 의한 트리거 대신 함수 형태로 변경해야 한다.

전역 싱글톤의 사용법을 간단히 살펴보면, config 패키지의 main()과 몇 개의 테스트만이 싱글톤을 참조한다는 것을 확인할 수 있다. 이전의 모든 작업 덕분에 변경 작업은 다소 간단할 것이다. 다음은 리팩터링을 수행한 컨피그 로더^{config loader}다.

```
// Load는 환경 변수에서 로드된 컨피그를 반환한다
func Load()(*Config, error) {
    filename, found := os.LookupEnv(DefaultEnvVar)
    if !found {
        err := fmt.Errorf("failed to locate file specified by %s",
            DefaultEnvVar)
        logging.L.Error(err.Error())
        return nil,
            err
    }

    cfg, err := load(filename)
    if err != nil {
        logging.L.Error("failed to load config with err %s", err)
        return nil, err
    }

    return cfg, nil
}
```

다음은 업데이트된 main() 함수다.

```
func main() {
    // 정지된 채널을 컨텍스트에 바인딩한다
    ctx := context.Background()
```

```
    // config를 로드한다
    cfg, err := config.Load(config.DefaultEnvVar)
    if err != nil {
        os.Exit(-1)
    }

    // exchanger를 빌드한다
    exchanger := exchange.NewConverter(cfg)

    // 모델 계층을 빌드한다
    getModel := get.NewGetter(cfg)
    listModel := list.NewLister(cfg)
    registerModel := register.NewRegisterer(cfg, exchanger)

    // REST 서버를 구동한다
    server := rest.New(cfg, getModel, listModel, registerModel)
    server.Listen(ctx.Done())
}
```

이제 전역 컨피그를 제거했으므로, 구글 와이어 도입을 시작할 준비가 됐다.

새로운 파일을 추가함으로써 시작할 것이다. 새롭게 추가하는 파일은 wire.go라고 명명할 것이다. 파일명은 무엇이든 가능하지만, Go 빌드 태그를 사용해 해당 파일에 작성한 코드와 와이어에서 생성한 코드를 분리해야 하므로 별도의 파일이 필요하다.

빌드 태그에 익숙하지 않은 독자를 위해 간단히 설명하면, Go 언어에서 빌드 태그는 패키지 문 앞에 다음과 같은 형식으로 파일 상단에 주석으로 표시한다.

```
//+build myTag

package main
```

이 태그는 컴파일하는 동안 해당 파일을 포함하거나 포함하지 않을 시기를 컴파일러에게 알려준다. 예를 들어, 앞서 설명한 태그는 다음과 같이 빌드가 트리거될 때만 이 파일을 포함하도록 컴파일러에 지시한다.

```
$ go build -tags myTag
```

또한 빌드 태그를 사용해 역으로 태그를 지정하지 않은 경우에만 포함되는 파일을 만들 수 있다. 예를 들면 다음과 같다.

```
//+build !myTag

package main
```

다시 wire.go 파일로 돌아가서, 해당 파일 내에는 컨피그를 위한 인젝터를 정의할 것이다. 컨피그는 다음 코드와 같이 프로바이더로서 컨피그 로더를 사용한다.

```
//+build wireinject

package main

import (
    "github.com/PacktPublishing/Hands-On-Dependency-Injection-in-
    Go / ch10 / acme / internal / config "
    "github.com/google/go-cloud/wire"
)

// 빌드 태그는 스텁이 최종 빌드 과정에서 빌드되지 않도록 한다

func initializeConfig()(*config.Config, error) {
    wire.Build(config.Load)
    return nil, nil
}
```

인젝터를 좀 더 세분화해보자. 함수 시그니처는 *config.Config의 인스턴스 또는 이전의 config.Load()처럼 동일한 오류를 반환하는 함수를 정의한다.

함수의 첫 번째 줄에서는 wire.Build()를 호출해 프로바이더에게 공급하고, 두 번째 줄

에서는 nil, nil을 반환한다. 사실, 유효한 Go 코드에서 반환값은 그리 중요한 문제가 아니다. 와이어의 코드 생성기는 함수 시그니처를 읽고 wire.Build()에 대한 호출만을 진행할 것이다.

다음으로, 터미널을 열고 wire.go 파일이 들어있는 디렉터리에서 와이어를 실행한다. 와이어는 wire_gen.go라는 새로운 파일을 생성하고, 해당 파일에 작성된 코드의 내용은 다음과 같다.

```go
// Code generated by Wire. DO NOT EDIT.

//go:generate wire
//+build !wireinject

package main

import (
    "github.com/PacktPublishing/Hands-On-Dependency-Injection-in-
    Go / ch10 / acme / internal / config "
)

// wire.go로부터 생성된 인젝터

func initializeConfig()(*config.Config, error) {
    configConfig, err := config.Load()
    if err != nil {
        return nil, err
    }
    return configConfig, nil
}
```

해당 파일에도 빌드 태그가 있지만, 앞에서 작성한 것과 반대다. 와이어가 initializeConifg() 메서드를 복사하고, 개발자를 위해 모든 세부 내용을 채워 넣을 것이다.

지금까지는 코드가 매우 간단하고 여러분이 작성한 코드와 매우 유사할 것이다. 와이어 툴을 통해 실제로 많은 것을 얻지 못한 것처럼 느껴질 수도 있다. 물론 나도 이에 동의한다. 나머지 객체를 변환할 때쯤이면, 와이어에서 처리할 코드의 양과 복잡성이 훨씬 더 증가할 것이다.

이러한 변경 사항을 완료하려면, 다음과 같이 initializeConfig() 함수를 사용하도록 main()을 업데이트해야 한다.

```go
func main() {
    // 정지된 채널을 컨텍스트에 바인딩한다
    ctx := context.Background()

    // config를 로드한다
    cfg, err := initializeConfig()
    if err != nil {
        os.Exit(-1)
    }

    // exchanger를 빌드한다
    exchanger := exchange.NewConverter(cfg)

    // model layer를 빌드한다
    getModel := get.NewGetter(cfg)
    listModel := list.NewLister(cfg)
    registerModel := register.NewRegisterer(cfg, exchanger)

    // REST 서버를 구동한다
    server := rest.New(cfg, getModel, listModel, registerModel)
    server.Listen(ctx.Done())
}
```

컨피그를 처리하면 다음 객체인 *exchange.Converter로 이동할 수 있다. 이전 예제에서는 프로바이더 세트를 사용하지 않고, 그 대신에 프로바이더를 wire.Build() 호출에 직접 전달했다. 이제 다른 프로바이더를 추가해야 하므로 좀 더 조직적이고 체계적인 구조가 필요한 시점이다. 따라서 다음 코드와 같이 main.go에 프라이빗 전역 변수를 추가하고 Config 및 Converter 프로바이더를 추가해야 한다.

```
// 와이어 가능한 객체 목록
var wireSet = wire.NewSet(
    // *config.Config
    config.Load,

    // *exchange.Converter
    wire.Bind(new(exchange.Config), &config.Config {}),
    exchange.NewConverter,
)
```

또한 보다시피 함수에 wire.Bind() 호출을 추가했다. 와이어는 주입하는 과정에서 요구 사항을 만족시키기 위해 개발자에게 인터페이스를 만족시키는 구체적인 유형을 정의하거나 매핑할 것을 요구한다. *exchange.Converter를 위한 생성자는 다음과 같다.

```
// NewConverter는 converter를 생성하고 초기화를 수행한다
func NewConverter(cfg Config) *Converter {
    return &Converter {
        cfg: cfg,
    }
}
```

기억하는 바와 같이, 이 생성자는 컨피그 주입을 사용하고 로컬에서 컨피그 인터페이스를 정의했다. 하지만 실제로 주입하는 컨피그 객체는 *config.Config다. wire.Bind() 호출은 와이어에게 exchange.Config 인터페이스가 필요한 곳에서 *config.Config를 사용한다는 것을 알려준다.

이제 프로바이더 세트를 사용해, 다음 코드와 같이 컨피그 인젝터를 업데이트하고 Converter를 위한 인젝터를 추가할 수 있다.

```
func initializeConfig()(*config.Config, error) {
    wire.Build(wireSet)
    return nil, nil
}
```

```
func initializeExchanger()(*exchange.Converter, error) {
    wire.Build(wireSet)
    return nil, nil
}
```

exchange.NewConverter()가 에러를 반환하지는 않지만, 우리가 정의한 인젝터는 반드시 에러를 반환해야 하는 점에 유의해야 한다. 이는 에러를 반환하는 컨피그 프로바이더에 대한 의존성 때문이다. 이를 기억해야 하는 것은 매우 고통스러운 일처럼 느껴질수도 있지만, 와이어는 개발자가 올바르게 코드를 작성할 수 있도록 도와주는 역할을한다.

객체 목록을 아래로 이동해보면, 모델 계층에서도 동일한 작업을 수행해야 하는 것을알 수 있다. 인젝터는 전적으로 예측 가능하고 *exchange.Converter와 프로바이더 세트에 대한 변경 사항도 거의 동일하다.

변경된 main()과 프로바이더 세트는 다음 코드와 같다.

```
func main() {
    // 정지된 채널을 컨텍스트에 바인딩한다
    ctx := context.Background()

    // config를 로드한다
    cfg, err := initializeConfig()
    if err != nil {
        os.Exit(-1)
    }

    // 모델 계층을 빌드한다
    getModel, _ := initializeGetter()
    listModel, _ := initializeLister()
    registerModel, _ := initializeRegisterer()

    // REST 서버를 구동한다
    server := rest.New(cfg, getModel, listModel, registerModel)
    server.Listen(ctx.Done())
```

```
}

// 와이어 가능한 객체 목록
var wireSet = wire.NewSet(
    // *config.Config
    config.Load,

    // *exchange.Converter
    wire.Bind(new(exchange.Config), &config.Config {}),
    exchange.NewConverter,

    // *get.Getter
    wire.Bind(new(get.Config), &config.Config {}),
    get.NewGetter,

    // *list.Lister
    wire.Bind(new(list.Config), &config.Config {}),
    list.NewLister,

    // *register.Registerer
    wire.Bind(new(register.Config), &config.Config {}),
    wire.Bind(new(register.Exchanger), &exchange.Converter {}),
    register.NewRegisterer,
)
```

여기에 몇 가지 중요한 사항이 있다. 첫째, 프로바이더 세트는 오히려 길어지고 있다. 유일한 변경 사항은 프로바이더를 추가하고 이에 해당하는 상태 문statement을 바인딩하는 것이므로 아마 괜찮을 것이다.

둘째, 더 이상 initializeExchanger()를 호출하지 않으며 실제로 해당 인젝터를 삭제했다. 이 부분이 더 이상 필요하지 않은 주된 이유는 와이어가 모델 계층으로의 주입을 처리하고 있기 때문이다.

마지막으로, 간결하게 구성하기 위해 모델 계층 인젝터에서 반환될 수 있는 에러를 무시했다. 이것은 나쁜 습관이지만 걱정하지 않아도 된다. 다음 번 변경 사항이 발생하면 해당 줄을 곧바로 삭제할 것이기 때문이다.

와이어를 빠르게 실행해보고 모든 것이 여전히 예상대로 동작하는지에 대한 테스트를 완료했다면, 마지막 객체인 REST 서버로 이동할 준비가 된 것이다.

먼저, 다음과 같이 예측 가능한 추가 사항을 프로바이더 세트에 추가한다.

```
// 와이어 가능한 객체 목록
var wireSet = wire.NewSet(
    // 줄 생략

    // *rest.Server
    wire.Bind(new(rest.Config), &config.Config {}),
    wire.Bind(new(rest.GetModel), &get.Getter {}),
    wire.Bind(new(rest.ListModel), &list.Lister {}),
    wire.Bind(new(rest.RegisterModel), &register.Registerer {}),
    rest.New,
)
```

그리고 나서 wire.go 파일에 다음과 같이 REST 서버를 위한 인터페이스를 정의한다.

```
func initializeServer()(*rest.Server, error) {
    wire.Build(wireSet)
    return nil, nil
}
```

이제 main() 함수를 다음과 같이 REST 서버 인젝터만을 호출하도록 업데이트한다.

```
func main() {
    // 정지된 채널을 컨텍스트에 바인딩한다
    ctx := context.Background()

    // REST 서버를 구동한다
    server, err := initializeServer()
    if err != nil {
        os.Exit(-1)
    }
```

```
    server.Listen(ctx.Done())
}
```

이로써 initializeServer()를 제외한 모든 인젝터를 삭제한 후 와이어를 실행하면 모든 작업을 완료할 수 있다!

이제 와이어가 생성한 코드를 검사하기에 적절한 시간이다.

```
func initializeServer()(*rest.Server, error) {
    configConfig, err := config.Load()
    if err != nil {
        return nil, err
    }
    getter := get.NewGetter(configConfig)
    lister := list.NewLister(configConfig)
    converter := exchange.NewConverter(configConfig)
    registerer := register.NewRegisterer(configConfig, converter)
    server := rest.New(configConfig, getter, lister, registerer)
    return server, nil
}
```

위 코드는 친숙한 편인가? 위 코드는 와이어를 도입하기 전 코드와 매우 유사하다.

코드가 이미 생성자 주입을 사용하고 있으며 서비스의 규모가 다소 작다는 것을 고려하면, 최소한의 이득을 위해 많은 일을 한 것처럼 느껴질 수 있다. 처음부터 와이어를 채택했다면, 확실히 이런 느낌은 아니었을 것이다. 특별한 경우에 혜택은 좀 더 장기적인 것이다. 이제 와이어가 생성자 주입과 인스턴스화 및 인스턴스화 순서에 관련된 모든 복잡성을 처리하므로, 서비스에 대한 모든 확장이 훨씬 간단해지고 휴먼 에러가 발생할 확률이 줄어들 것이다.

API 회귀 테스트

와이어로의 전환이 완료됐을 경우, 서비스가 여전히 예상대로 작동하는지 어떻게 확인할 수 있을까?

바로 사용할 수 있는 유일한 옵션은 애플리케이션을 실행하고 여러 가지 방법을 시도해보는 것이다. 이러한 옵션은 지금 당장은 괜찮겠지만, 장기적인 관점에서는 좋지 않으므로 자동화된 테스트를 추가할 수 있는지 알아보자.

스스로에게 던져봐야 할 질문은 '바로 무엇을 테스트해야 하는가?'다. 와이어 툴 자체에 대한 테스트는 해당 툴 제작자가 관련 테스트를 진행하고 있다고 신뢰할 수 있으므로 진행하지 않아도 된다. 그럼 다른 어떤 방법으로 일이 잘못될 수 있을까?

일반적인 대답은 와이어의 사용이다. 만약 와이어를 잘못 구성했다면, 코드 생성에 실패했을 것이다. 이는 애플리케이션 자체에 대한 실패로 남게 된다.

애플리케이션을 테스트하려면, 해당 애플리케이션을 실행한 다음 HTTP 호출을 만들어서 예상했던 응답과 같은지 검증해야 한다.

가장 먼저 고려해야 할 사항은 앱을 구동하는 방법이며, 더 중요한 것은 동시에 여러 개의 테스트를 진행하는 것이다.

현재 컨피그(데이터베이스 연결 및 HTTP 포트 등)는 디스크상의 파일에 하드 코딩돼 있다. 고정된 HTTP 서버 포트를 포함하고 있지만, 이러한 방식의 컨피그를 사용할 수는 있다. 반면에 하드 코딩된 데이터베이스 자격 증명의 경우에는 테스트 과정에서 좋지 못한 결과를 초래할 수 있다.

컨피그 사용에서 어느 정도 중간 지점을 찾아보자. 먼저 표준 컨피그 파일을 로드해보자.

```
// (ENV로부터) 표준 컨피그를 로드한다
cfg, err := config.Load()
require.NoError(t, err)
```

이제 서버에 바인딩할 수 있도록 사용 가능한 TCP 포트를 찾아보자. 다음 코드와 같이 포트를 0번으로 설정할 경우, 시스템이 포트를 자동으로 할당하도록 허용할 수 있다.

```go
func getFreePort()(string, error) {
    for attempt := 0;
    attempt <= 10;
    attempt++{
        addr := net.JoinHostPort("", "0")
        listener,
        err := net.Listen("tcp", addr)
        if err != nil {
            continue
        }

        port, err := getPort(listener.Addr())
        if err != nil {
            continue
        }

        // 포트 클로즈/프리
        tcpListener := listener.(*net.TCPListener)
        cErr := tcpListener.Close()
        if cErr == nil {
            file, fErr := tcpListener.File()
            if fErr == nil {
                // 파일 정리 관련 에러를 무시한다
                _ = file.Close()
            }
            return port, nil
        }
    }

    return "", errors.New("no free ports")
}
```

이제 사용 가능한 포트를 할당할 수 있고, 컨피그 파일의 주소를 다음과 같이 사용 가능한 포트를 사용하는 주소로 바꿀 수 있다.

```
// free 상태의 포트를 얻는다(테스트를 동시에 진행할 수 있다)
port, err := getFreePort()
require.NoError(t, err)

// free 상태의 포트로 컨피그 포트를 오버라이드한다
cfg.Address = net.JoinHostPort("0.0.0.0", port)
```

그렇다면, 이제 변경이 불가능한 상태다. 현 상황에서 서버 인스턴스를 생성하기 위한 코드는 다음과 같다.

```
// REST 서버를 구동한다
server, err := initializeServer()
if err != nil {
    os.Exit(-1)
}

server.Listen(ctx.Done())
```

컨피그가 자동으로 주입됐으며, 사용자 정의 컨피그custom config를 사용할 기회가 없었다. 고맙게도, 와이어는 이와 같은 문제를 해결할 수 있다.

테스트 과정에서 수동으로 컨피그를 삽입할 수 있지만, main()을 수정하지 않으려면 프로바이더 세트를 두 부분으로 나눠야 한다. 첫 번째 부분은 컨피그를 제외한 모든 의존성 항목이다.

```
var wireSetWithoutConfig = wire.NewSet(
    // *exchange.Converter
    exchange.NewConverter,

    // *get.Getter
    get.NewGetter,

    // *list.Lister
    list.NewLister,
```

```
    // *register.Registerer
    wire.Bind(new(register.Exchanger), &exchange.Converter {}),
    register.NewRegisterer,

    // *rest.Server
    wire.Bind(new(rest.GetModel), &get.Getter {}),
    wire.Bind(new(rest.ListModel), &list.Lister {}),
    wire.Bind(new(rest.RegisterModel), &register.Registerer {}),
    rest.New,
)
```

그리고 두 번째 부분은 첫 번째 부분에 컨피그와 바인딩에 관련된 모든 항목을 추가한 것이다.

```
var wireSet = wire.NewSet(
    wireSetWithoutConfig,

    // *config.Config
    config.Load,

    // *exchange.Converter
    wire.Bind(new(exchange.Config), &config.Config {}),

    // *get.Getter
    wire.Bind(new(get.Config), &config.Config {}),

    // *list.Lister
    wire.Bind(new(list.Config), &config.Config {}),

    // *register.Registerer
    wire.Bind(new(register.Config), &config.Config {}),

    // *rest.Server
    wire.Bind(new(rest.Config), &config.Config {}),
)
```

다음 단계는 컨피그를 매개변수로 사용하는 인젝터를 생성하는 것이다. 이번 실습과 같은 상황의 경우, 컨피그 주입으로 인해 발생하지만 다음 코드와 같이 보이므로 다소 이상할 수 있다.

```go
func initializeServerCustomConfig(_ exchange.Config, _ get.Config, _ list.Config, _ register.Config, _ rest.Config) *rest.Server {
    wire.Build(wireSetWithoutConfig)
    return nil
}
```

와이어를 실행한 후, 다음 코드와 같이 테스트 서버를 시작할 수 있다.

```go
// 랜덤 포트로 테스트 서버를 구동한다
go func() {
    // REST 서버를 구동한다
    server := initializeServerCustomConfig(cfg, cfg, cfg, cfg, cfg)
    server.Listen(ctx.Done())
}()
```

이 모든 것을 종합해보면, 이제 랜덤 포트로 서버를 생성하고 생성된 서버의 주소를 반환해주는 함수가 있으므로 테스트 과정에서 호출하는 곳에 대한 정보를 알 수 있다. 완성된 함수의 코드는 다음과 같다.

```go
func startTestServer(t *testing.T, ctx context.Context) string {
    // (ENV로부터) 표준 컨피그를 로드한다
    cfg, err := config.Load()
    require.NoError(t, err)

    // free 상태의 포트를 얻는다(테스트를 동시에 진행할 수 있다)
    port, err := getFreePort()
    require.NoError(t, err)

    // free 상태의 포트로 컨피그 포트를 오버라이드한다
    cfg.Address = net.JoinHostPort("0.0.0.0", port)
```

```
    // 랜덤 포트로 테스트 서버를 구동한다
    go func() {
        // REST 서버를 구동한다
        server := initializeServerCustomConfig(cfg, cfg, cfg, cfg, cfg)
        server.Listen(ctx.Done())
    }()

    // 서버가 구동할 기회를 부여한다
    < -time.After(100 * time.Millisecond)

    // 테스트 서버의 주소를 반환한다
    return "http://" + cfg.Address
}
```

이제 테스트 코드를 살펴보자. 이를 위해 Register 엔드포인트를 통해 다시 한 번 예를 들어보자. 우선, 테스트를 위해서는 테스트 서버를 구동해야 한다. 다음 예제에서는 타임아웃이 있는 컨텍스트를 정의하고 있다는 것을 알 수 있다. 타임아웃이나 취소에 의해 컨텍스트가 완료될 경우, 테스트 서버가 셧다운될 것이다. 따라서 타임아웃은 테스트의 최대 실행 시간이 된다. 서버를 구동하기 위한 코드는 다음과 같다.

```
// 최대 실행 시간으로 컨텍스트를 시작한다
ctx, cancel := context.WithTimeout(context.Background(), 5 * time.Second)
defer cancel()

// 테스트 서버를 구동한다
serverAddress := startTestServer(t, ctx)
```

다음으로, 요청을 빌드하고 전송할 필요가 있다. 이러한 경우, 하드 코딩된 페이로드와 URL을 사용한다. 이것은 이상하게 보일 수 있지만, 실제로는 상당 부분 도움이 된다. 만약 서비스의 API를 구성하는 페이로드나 URI가 뜻하지 않게 변경될 경우에는 테스트가 깨지게 된다. 반면에 URL의 경우 서버 구성에도 사용된 상수의 사용을 고려해야 한다. 해당 상수가 변경될 경우 API가 변경돼 사용자에게 해를 끼칠 수 있다. 페이로드의 경우도 마찬가지이며, 내부적으로 사용되는 것과 동일한 Go 객체를 사용할 수 있지만 변경으로 인해 테스트가 중단되지는 않는다.

그렇다. 중복은 더 많은 작업이며 테스트가 더 취약해진다. 둘 다 좋지는 않지만, 테스트를 중단하는 것이 사용자에게 해를 끼치는 것보다 낫다.

요청을 빌드하고 전송하는 코드는 다음과 같다.

```
    // 요청을 빌드하고 전송한다
    payload := bytes.NewBufferString(`
{
    "fullName": "Bob",
    "phone": "0123456789",
    "currency": "AUD"
}
`)

    req, err := http.NewRequest("POST", serverAddress + "/person/register",
payload)
    require.NoError(t, err)

    resp, err := http.DefaultClient.Do(req)
    require.NoError(t, err)
```

이제 결과를 확인하는 일만 남았다. 모두 정리한 결과는 다음과 같다.

```
func TestRegister(t *testing.T) {
    // 최대 실행 시간으로 컨텍스트를 시작한다
    ctx, cancel := context.WithTimeout(context.Background(), 5 * time.Second)
    defer cancel()

    // 테스트 서버를 구동한다
    serverAddress := startTestServer(t, ctx)

    // 요청을 빌드하고 전송한다
    payload := bytes.NewBufferString(`
{
    "fullName": "Bob",
```

```
        "phone": "0123456789",
        "currency": "AUD"
    }
`)

    req, err := http.NewRequest("POST", serverAddress + "/person/register",
payload)
    require.NoError(t, err)

    resp, err := http.DefaultClient.Do(req)
    require.NoError(t, err)

    // 예상되는 결과값에 대한 유효성 검사를 수행한다
    assert.Equal(t, http.StatusCreated, resp.StatusCode)
    assert.NotEmpty(t, resp.Header.Get("Location"))
}
```

바로 이것이다. 이제 애플리케이션이 구동하는 것을 보장하고, 호출될 수 있으며, 예상대로 응답하는 자동화된 테스트를 갖게 됐다. 이와 관련해 좀 더 관심이 있다면, 10장의 예제 코드에서 다른 두 개의 엔드포인트에 대한 테스트 코드를 확인해보자.

▌ 오프 더 셀프 주입의 단점

프레임워크의 제작자들은 자신의 프레임워크가 전 세계의 모든 DI 문제를 해결하는 '은제 탄환silver bullet[1]'으로 사용되길 바라지만, 안타깝게도 현실은 그렇지 못하다. 프레임워크 채택과 관련된 비용이 존재하며, 이는 프레임워크를 사용하지 않기로 결정하는 한 가지 이유가 될 수 있다. 그 이유에는 다음 사항들이 포함된다.

생성자 주입만을 지원한다: 10장의 모든 예제에서 생성자 주입을 사용하고 있는 것을 알수 있다. 이는 우연이 아니다. 와이어는 많은 프레임워크와 마찬가지로 생성자 주입만

---

1   모든 문제를 해결할 수 있는 비책이나 묘책을 일컫는 말이다. – 옮긴이

을 지원한다. 다른 DI 메서드를 사용하지 않을 이유는 없지만, 프레임워크가 다른 DI 메서드를 지원하지 않는다.

채택하는 비용이 클 수 있다: 이전 절에서 확인했듯이 프레임워크 채택의 최종 결과는 좋을 수 있지만, 예제로 사용한 서비스의 규모가 비교적 작고 이미 DI 기법이 적용돼 있었다. 만약 이 두 가지 중 하나라도 사실이 아니라면, 아마 훨씬 더 많은 리팩터링 작업을 수행했을 것이다. 앞서 논의한 바와 같이 변경 사항이 많을수록 리스크가 커진다.

프레임워크에는 이러한 경험이 담겨 있으므로, 이러한 비용과 리스크는 프로젝트 초기부터 프레임워크를 채택해 충분히 줄일 수 있다.

이념적인 이슈가 존재한다: 이는 본질적으로 단점은 아니지만, 프레임워크를 채택하지 말아야 할 이유가 된다. 아마 Go 커뮤니티를 통해 프레임워크가 관용적이지 않다거나 Go의 철학과 일맥상통하지 않는다는 정서를 느끼게 될 것이다. 이를 뒷받침할 수 있는 공식적인 진술이나 관련 문서는 존재하지 않지만, 나는 Go 언어의 창시자들이 '복잡한 일들을 작은 단위로 나눠 수행하거나 여러 요소를 결합해 처리하는' 유닉스 철학의 팬이자 제작자였다는 사실을 믿고 있다.

프레임워크는 이러한 이념ideology을 침해하는 것으로 볼 수 있으며, 특히 시스템 전체에 널리 퍼지게 된 경우에는 더욱 그렇다. 10장에서 언급한 프레임워크는 상대적으로 작은 범위를 갖고 있다. 다른 모든 것과 마찬가지로, 프레임워크의 적용은 여러분 스스로의 판단에 맡기겠다.

▎요약

10장에서는 의존성을 관리하고 주입하는 부담을 줄여주기 위한 DI 프레임워크의 사용 방법을 살펴봤다. DI 프레임워크에서 흔히 볼 수 있는 장점과 단점을 논의했고, 샘플 서비스에 구글의 와이어 프레임워크를 적용해봤다.

이것이 이 책에서 논의해야 할 마지막 DI 기법이었고, 11장에서는 완전히 다른 접근 방식을 취해 DI를 사용하지 말아야 할 이유을 살펴본다. 또한 DI를 적용하면 실제로 코드가 더욱 나빠지는 상황을 살펴본다.

▌ 질문

1. DI 프레임워크를 적용할 때, 무엇을 얻고자 하는가?

2. DI 프레임워크를 평가할 때 어떤 유형의 이슈를 조사해야 하는가?

3. 오프 더 셸프 주입을 적용하기 위한 이상적인 사용 사례는 무엇인가?

4. 실수로 API를 변경하지 않도록 서비스를 보호하는 것이 중요한 이유는 무엇인가?

11

열정을 억제하라

11장에서는 의존성 주입(DI)이 잘못될 수 있는 몇 가지 경우를 살펴본다.

프로그래머로서 새로운 툴이나 기술에 대한 열정을 가진다면, 스스로를 바꾸고 발전시킬 수 있다. 다행스럽게도 11장은 우리를 곤경에 빠지지 않도록 도와준다.

DI는 툴이기 때문에 편의성과 적합성을 고려해서 작업에 선택적으로 적용해야 한다는 것을 명심해야 한다.

11장에서 다룰 주제는 다음과 같다.

- DI에 의한 손상
- 조기 미래 대비premature future-proofing
- HTTP 요청에 대한 모의

- 불필요한 주입

▎기술적 요구 사항

11장에서 실습할 코드는 https://github.com/PacktPublishing/Hands-On-Dependency-Injection-in-Go/tree/master/ch11에서 다운로드할 수 있으며, 코드의 전체 버전을 한번 살펴보고 실행해보면 11장을 학습하는 데 큰 도움이 될 것이다.

▎DI에 의한 손상

DI에 의한 손상은 DI를 적용해 코드 이해, 유지 관리, 사용성 등이 더욱 악화된 상황을 의미한다.

긴 생성자 파라미터 리스트

긴 생성자 파라미터 리스트는 아마 가장 일반적이고 DI로 인한 코드 손상의 피해를 가장 많이 호소하는 사항이다. DI가 코드 손상의 근본 원인은 아니지만, 확실히 도움이 되지는 않는다.

생성자 주입을 사용하는 다음 예제의 경우를 생각해보자.

```go
func NewMyHandler(logger Logger, stats Instrumentation,
    parser Parser, formatter Formatter,
    limiter RateLimiter,
    cache Cache, db Datastore) *MyHandler {
    return &MyHandler {
        // 제거된 코드
    }
}
```

```
// MyHandler는 특정 동작을 수행한다
type MyHandler struct {
    // 제거된 코드
}

func(m *MyHandler) ServeHTTP(response http.ResponseWriter, request *http.Request) {
    // 제거된 코드
}
```

생성자에는 단순히 너무 많은 매개변수가 존재하며, 이로 인해 해당 코드의 사용, 유지 관리, 테스트가 쉽지 않다. 그렇다면 여기서 문제의 근본적인 원인은 무엇인가? 실제로는 세 가지 서로 다른 이슈가 존재한다.

DI를 처음으로 도입할 때, 아마도 가장 흔히 나타날 수 있는 문제는 바로 잘못된 추상화다. 생성자의 마지막 두 매개변수인 캐시(Cache)와 데이터스토어(Datastore)를 생각해보자. 캐시가 데이터스토어 앞 단에서 사용되고 MyHandler의 출력을 캐싱하지 않는다고 가정할 경우, 이러한 구조는 서로 다른 추상화에 결합됐다고 할 수 있다. MyHandler 코드는 데이터가 저장되는 위치나 방법을 전혀 인식할 필요가 없다. 단지 MyHandler가 필요한 것만 인지하고 있으면 된다. 이 두 가지 입력값을 다음 코드와 같이 좀 더 일반적인 추상화로 변경해야 한다.

```
// Loader는 데이터를 로딩하는 역할을 담당한다
type Loader interface {
    Load(ID int)([]byte, error)
}
```

덧붙여 말하자면, 이것은 또 다른 패키지/계층에 대한 좋은 대안이 될 수 있다.

두 번째 이슈는 첫 번째와 유사하며, 단일 책임 원칙의 위반이다. MyHandler의 경우 너무 많은 책임을 갖고 있다. 현재 요청을 디코딩하고 데이터스토어 또는 캐시로부터 데이터를 로딩하고, 이어서 응답을 렌더링하는 역할을 수행하고 있다. 이러한 문제를 해결할 수 있는 가장 좋은 방법은 소프트웨어 계층을 생각해보는 것이다. 이는 HTTP 처리기인 최상위 계층이다. HTTP 처리기는 HTTP를 이해하고 이에 응답할 수 있는 책임을 져야 한다. 따라서 이러한 책임을 HTTP 처리기의 주된(아마도 유일한) 책임으로 정할 수 있는 방법을 찾아야 한다.

세 번째 문제는 교차 관심사$^{cross-cutting\ concern}$다. 매개변수에는 로깅 및 계측 관련 의존성이 포함돼 있으며, 이러한 의존성은 대부분의 코드에서 사용되고 몇 가지 테스트를 제외하고는 거의 변경되지 않는다. 이 문제를 해결할 수 있는 몇 가지 옵션이 존재한다. 컨피그 주입을 적용해 하나의 의존성으로 통합하고, 이 의존성을 갖고 있는 컨피그에 병합할 수 있다. 또한 JIT 주입을 사용해 전역 싱글톤으로 접근하도록 변경할 수 있다.

이러한 경우에는 컨피그 주입을 적용하도록 결정해야 한다. 컨피그 주입이 적용된 코드는 다음과 같다.

```
func NewMyHandler(config Config,
    parser Parser, formatter Formatter,
    limiter RateLimiter,
    loader Loader) *MyHandler {

    return &MyHandler {
        // 제거된 코드
    }
}
```

위와 같은 변경 후에도 여전히 다섯 개의 매개변수가 남아있으며, 처음 시작할 때보다 많이 좋아지기는 했지만 여전히 많이 남아있다.

컴포지션을 사용해 매개변수를 더욱 줄일 수 있다. 먼저, 이전 예제에서 사용했던 생성자를 살펴보자. 생성자의 코드는 다음과 같다.

```
func NewMyHandler(config Config,
    parser Parser, formatter Formatter,
```

```
        limiter RateLimiter,
        loader Loader) *MyHandler {
    return &MyHandler {
        config: config,
        parser: parser,
        formatter: formatter,
        limiter: limiter,
        loader: loader,
    }
}
```

MyHandler를 기본 처리기로 해서 시작한 다음, 다음 코드와 같이 기본 처리기를 래핑
wrapping하는 새 처리기를 정의할 수 있다.

```
type FancyFormatHandler struct {
    *MyHandler
}
```

이제 다음과 같은 방법으로 FancyFormatHandler를 위한 새로운 처리기를 정의할 수
있다.

```
func NewFancyFormatHandler(config Config,
        parser Parser,
        limiter RateLimiter,
        loader Loader) *FancyFormatHandler {
    return &FancyFormatHandler {
        &MyHandler {
            config: config,
            formatter: &FancyFormatter {},
            parser: parser,
            limiter: limiter,
            loader: loader,
        },
    }
}
```

그러면 하나의 매개변수를 줄일 수 있다. 이처럼 놀라운 마법의 근원은 바로 컴포지션이다. 위와 같은 변경으로 인해, 이제 모든 FancyFormatHandler.ServeHTTP()에 대한 호출은 실제로 MyHandler.ServeHTTP()를 호출한다. 이러한 경우에는 사용자를 위한 처리기의 UX를 향상시키기 위해 약간의 코드를 추가해야 한다.

컨피그를 수행할 때 객체의 주입

가끔씩 나타나는 첫 번째 본능은 고립된 환경에서 테스트를 수행할 수 있도록 의존성을 주입하는 것이다. 하지만 이처럼 진행했을 경우에는 코드의 양과 복잡성이 기하급수적으로 증가하기 때문에 많은 추상화와 간접화를 반드시 수행하도록 만들어야 한다.

네트워크 리소스, 파일 또는 데이터베이스와 같은 외부 리소스에 접근한 공용 라이브러리의 사용은 이미 보편화됐다. 예를 들어, 샘플 서비스의 data 패키지를 사용하는 경우를 생각해보자. sql 패키지의 사용을 추상화하려면 다음 코드와 같이 인터페이스를 정의해야 한다.

```
type Connection interface {
    QueryRowContext(ctx context.Context, query string, args...interface {}) *sql.Row
    QueryContext(ctx context.Context, query string, args...interface {})
        (*sql.Rows, error)
    ExecContext(ctx context.Context, query string, args...interface {})
        (sql.Result, error)
}
```

그런 다음 QueryRowContext()와 QueryContext()가 각각 *sql.Row와 *sql.Rows를 반환하는 것을 인지하고 있어야 한다. 이 구조체를 한번 파헤쳐보면, sql 패키지의 외부에서 내부의 상태를 확인할 수 있는 방법이 없다는 것을 알 수 있다. 이 문제를 해결하려면, 다음 코드와 같이 Row와 Rows에 대한 인터페이스를 정의해야 한다.

```
type Row interface {
    Scan(dest...interface {}) error
}

type Rows interface {
    Scan(dest...interface {}) error
    Close() error
    Next() bool
}

type Result interface {
    LastInsertId()(int64, error)
    RowsAffected()(int64, error)
}
```

이제 sql 패키지로부터 완전히 분리해 테스트 과정에서 모의를 수행할 수 있다. 하지만 잠시 진행하던 것을 멈추고 현재 처해 있는 상황을 생각해보자.

- 약 60줄의 코드를 추가했으며, 아직까지 어떠한 테스트 코드도 작성하지 않았다.
- 실제 데이터베이스를 사용하지 않고는 새로운 코드를 테스트할 수 없으며, 이는 데이터베이스와 완전히 분리되지 않았다는 것을 의미한다.
- 또 다른 추상화 계층을 추가했으며, 이에 따라 코드의 복잡성이 약간 증가했다.

이제 데이터베이스를 로컬에 설치하고 정상 상태임을 확인해보자. 물론 여기에도 복잡성이 존재하지만, 작업 중인 프로젝트의 전반적인 내용과 비교해봤을 때 그리 크지 않은 일회성 비용에 해당된다. 또한 데이터베이스에 테이블을 생성하고 유지 관리해야 한다. 이를 위한 가장 쉬운 옵션은 바로 SQL 스크립트다(또한 해당 스크립트는 실제 시스템을 지원하는 데 사용할 수 있어야 한다).

샘플 서비스를 위해 SQL 스크립트 파일과 로컬에 설치된 데이터베이스를 사용하기로 결정했다. 이와 같은 결정에 따라 더 이상 데이터베이스를 호출하는 모의가 필요하지 않으며, 그 대신에 데이터베이스 컨피규레이션을 로컬 데이터베이스에 전달하면 된다.

이러한 상황은 특히 표준 라이브러리와 같이 신뢰할 수 있는 소스의 저수준 패키지 형태로 많이 나타난다. 이를 해결하기 위한 열쇠는 실용적이게 되는 것이다. 모의가 정말로 필요한가? 스스로에게 질문을 던져보자. 작업량을 줄이기 위해 전달할 수 있는 컨피규레이션이 존재하는가?

하루를 마무리하며, 투자한 노력을 정당화하기 위해 추가 작업, 코드, 복잡성으로부터 충분한 결과를 얻었는지 확인해야 한다.

불필요한 간접화

DI가 잘못 적용될 수 있는 또 다른 경우는 목적이 제한된(없는) 추상화를 도입하는 것이다. 객체 대신 컨피그를 주입하는 것에 대해 앞서 논의했던 바와 같이, 이러한 추가 수준의 간접화^{indirection}는 추가적인 작업, 코드, 복잡성으로 이어진다.

테스트를 돕기 위해 추상화를 도입할 수 있는 사례를 살펴보자. 하지만 실제로는 전혀 필요하지 않다.

표준 HTTP 라이브러리에는 http.ServeMux라는 구조체가 있다. ServeMux는 HTTP 라우터를 빌드하는 데 사용되며, URL과 HTTP 처리기를 매핑한다. ServeMux가 구성되면, 다음 코드와 같이 HTTP 서버로 전달된다.

```
func TestExample(t *testing.T) {
    router := http.NewServeMux()
    router.HandleFunc("/health", func(resp http.ResponseWriter, req *http.Request) {
        _, _ = resp.Write([]byte(`OK`))
    })

    // 서버를 구동한다
    address := ":8080"
    go func() {
```

```
        _ = http.ListenAndServe(address, router)
    }()

    // 서버를 호출한다
    resp,
    err := http.Get("http://:8080/health")
    require.NoError(t, err)

    // 응답에 대한 유효성 검사를 수행한다
    responseBody,
    err := ioutil.ReadAll(resp.Body)
    assert.Equal(t, []byte(`OK`), responseBody)
}
```

서비스가 확장될 경우에는 더 많은 엔드포인트를 추가해야 한다. API 회귀를 막기 위해, 라우터가 올바르게 구성돼 있는지 확인하고자 몇 가지 테스트를 추가하도록 결정했다. 이미 DI에 충분히 익숙하므로, 바로 들어가서 ServerMux에 대한 추상화를 도입할 수 있으며 모의 구현체를 추가할 수 있다. 이는 다음 예제와 같다.

```
type MyMux interface {
    Handle(pattern string, handler http.Handler)
    Handler(req *http.Request)(handler http.Handler, pattern string)
    ServeHTTP(resp http.ResponseWriter, req *http.Request)
}

// HTTP 처리기 라우팅을 빌드한다
func buildRouter(mux MyMux) {
    mux.Handle("/get", &getEndpoint {})
    mux.Handle("/list", &listEndpoint {})
    mux.Handle("/save", &saveEndpoint {})
}
```

추상화를 통해 모의 구현체인 MyMux를 정의하고, 다음 예제와 같은 테스트 코드를 작성할 수 있다.

```
func TestBuildRouter(t *testing.T) {
    // 모의를 빌드한다
    mockRouter := &MockMyMux {}
    mockRouter.On("Handle", "/get", &getEndpoint {}).Once()
    mockRouter.On("Handle", "/list", &listEndpoint {}).Once()
    mockRouter.On("Handle", "/save", &saveEndpoint {}).Once()

    // 함수를 호출한다
    buildRouter(mockRouter)

    // 기댓값에 대한 검사를 수행한다
    assert.True(t, mockRouter.AssertExpectations(t))
}
```

이 모든 것이 꽤 괜찮아 보인다. 목표는 URL과 엔드포인트 사이의 매핑을 테스트해 API 회귀로부터 보호하는 것이다.

ServeMux에 대한 모의 없이도 목표를 달성할 수 있었다. 먼저 다음 예제와 같이 MyMux 인터페이스를 도입하기 전의 원래 함수로 돌아가보자.

```
// HTTP 처리기 라우팅을 빌드한다
func buildRouter(mux *http.ServeMux) {
    mux.Handle("/get", &getEndpoint {})
    mux.Handle("/list", &listEndpoint {})
    mux.Handle("/save", &saveEndpoint {})
}
```

ServeMux를 좀 더 자세히 살펴보면, Handler (req *http.Request) 메서드를 호출할 경우 해당 URL에 구성된 http.Handler가 반환된다는 것을 확인할 수 있다.

모든 엔드포인트에 대해 이 작업을 적어도 한 번은 수행한다는 것을 알고 있으므로, 다음 예제와 같은 동작을 수행하는 함수를 정의해야 한다.

```
func extractHandler(router *http.ServeMux, path string) http.Handler {
```

```
    req, _ := http.NewRequest("GET", path, nil)
    handler, _ := router.Handler(req)
    return handler
}
```

이제 위와 같은 함수를 사용해, 각 URL에 대해 예상된 처리기를 알맞게 반환하는지 검증하는 테스트를 빌드할 수 있다.

```
func TestBuildRouter(t *testing.T) {
    router := http.NewServeMux()

    // 함수를 호출한다
    buildRouter(router)

    // 검사를 수행한다
    assert.IsType(t, &getEndpoint {}, extractHandler(router, "/get"))
    assert.IsType(t, &listEndpoint {}, extractHandler(router, "/list"))
    assert.IsType(t, &saveEndpoint {}, extractHandler(router, "/save"))
}
```

앞의 예제에서 buildRouter() 함수와 테스트 함수가 매우 유사하다는 점을 눈치챘을 것이다. 이로 인해 테스트의 효과가 궁금해졌을 것이다.

이러한 경우에는 10장, '오프 더 셸프 주입'의 마지막 부분에서 진행했던 바와 같이, 라우터의 컨피규레이션뿐만 아니라 입력과 출력에 대한 형식까지도 검증할 수 있는 API 회귀 테스트를 보장하는 것이 훨씬 효율적이다.

서비스 로케이터

서비스 로케이터service locator는 모든 의존성의 중앙 저장소 역할을 하며 이름별로 반환할 수 있도록 객체를 중심으로 돌아가는 소프트웨어 디자인 패턴이다. 이 패턴은 여러 개발 언어와 일부 DI 프레임워크 및 컨테이너의 핵심으로 사용된다.

DI에 의한 손상 원인을 본격적으로 파헤쳐보기 전에 지나치게 단순화된 서비스 로케이터의 예를 살펴보자.

```go
func NewServiceLocator() *ServiceLocator {
    return &ServiceLocator {
        deps: map[string] interface {} {},
    }
}

type ServiceLocator struct {
    deps map[string] interface {}
}

// 의존성을 키에 저장하거나 매핑한다
func(s *ServiceLocator) Store(key string, dep interface {}) {
    s.deps[key] = dep
}

// 키에 의해 의존성을 검색한다
func(s *ServiceLocator) Get(key string) interface {} {
    return s.deps[key]
}
```

서비스 로케이터를 사용하려면, 먼저 다음 예제와 같이 서비스 로케이터를 생성하고 이름과 의존성을 매핑하는 작업을 수행해야 한다.

```go
// 서비스 로케이터를 빌드한다
locator := NewServiceLocator()

// 의존성 매핑을 로드한다
locator.Store("logger", &myLogger {})
locator.Store("converter", &myConverter {})
```

서비스 로케이터의 빌드와 의존성 설정을 위해서는 다음 코드와 같이 필요에 따라 의존성을 전달하고 추출할 수 있다.

366

```
func useServiceLocator(locator *ServiceLocator) {
    // logger를 얻기 위해 locator를 사용한다
    logger := locator.Get("logger").(Logger)

    // logger를 사용한다
    logger.Info("Hello World!")
}
```

이제 테스트 과정에서 모의를 위한 로거를 교체하고 싶을 경우, 모의 로거를 갖고 있는 새로운 서비스 로케이터를 구성해 이를 함수에 전달하기만 하면 된다.

그렇다면 무엇이 잘못됐는가? 첫째, 위 예제에서 서비스 로케이터는 여기저기로 전달될 것 같은 (1장. '개선을 멈추지 말라'에서 언급한 바 있는) 신 객체다. 하나의 객체를 모든 함수에 전달하면 좋을 것 같지만 두 번째 문제로 이어진다.

객체와 그것이 사용하는 의존성 사이의 관계는 이제 외부로부터 완전히 숨겨지게 된다. 이제는 함수 또는 구조체에 대한 정의를 보고 어떠한 의존성이 필요한지 더 이상 알 수 없게 됐다.

마지막으로 Go의 타입 시스템과 컴파일러에 대한 보호 장치를 마련하지 않고 운영하고 있다. 이전 예제에서는 코드의 다음 줄에 주의해야 한다.

```
logger := locator.Get("logger").(Logger)
```

서비스 로케이터가 이를 받아들이고 interface{}를 반환하므로, 의존성에 접근이 필요할 때마다 적절한 타입으로 변환해야 한다. 이 캐스팅은 코드를 복잡하게 만들 뿐 아니라 값이 누락되거나 잘못된 유형을 반환할 경우 런타임 오류를 발생시킬 수 있다. 다음 예제와 같이 더 많은 코드를 사용해 이러한 문제를 설명할 수 있다.

```
// logger를 얻기 위해 locator를 사용한다
loggerRetrieved := locator.Get("logger")
```

```
if loggerRetrieved == nil {
    return
}
logger, ok := loggerRetrieved.(Logger)
if !ok {
    return
}

// logger를 사용한다
logger.Info("Hello World!")
```

이전 방법을 사용해 해당 프로그램이 더 이상 충돌을 일으키지는 않지만, 다소 복잡해
질 수 있다.

조기 미래 방지

DI의 적용이 잘못되지는 않았지만, 불필요할 때가 종종 있다. 이러한 상황에 대해 공
통적으로 나타나는 징후는 조기 미래 방지premature future-proofing다. 조기 미래 방지는 언
젠가 필요할지도 모른다는 가정하에 실제로 필요하지 않은 기능을 소프트웨어에 추가
할 때 발생하며, 예상하다시피 불필요한 작업을 유발하고 복잡성을 초래한다.

예제 서비스를 통해 조기 미래 방지를 살펴보자. 현재 다음 예제와 같이 Get에 대한 엔
드포인트가 존재한다.

```
// GetHandler는 'Get Person' 엔드포인트에 대한 HTTP 처리기다
type GetHandler struct {
    cfg GetConfig
    getter GetModel
}

// ServeHTTP는 http.Handler의 구현체다
func(h *GetHandler) ServeHTTP(response http.ResponseWriter, request *http.Request) {
    // 요청으로부터 person id를 추출한다
    id, err := h.extractID(request)
```

```
        if err != nil {
            // 에러를 출력한다
            response.WriteHeader(http.StatusBadRequest)
            return
        }

        // get을 시도한다
        person, err := h.getter.Do(id)
        if err != nil {
            // 다른 계층에서 작업을 수행할 예정이므로, 로그를 수행할 필요가 없다
            response.WriteHeader(http.StatusNotFound)
            return
        }

        // 행복 경로
        err = h.writeJSON(response, person)
        if err != nil {
            response.WriteHeader(http.StatusInternalServerError)
        }
    }

// 전달된 person 객체를 JSON 형식으로 출력한다
func(h *GetHandler) writeJSON(writer io.Writer, person *get.Person) error {
    output := &getResponseFormat {
        ID: person.ID,
        FullName: person.FullName,
        Phone: person.Phone,
        Currency: person.Currency,
        Price: person.Price,
    }
    return json.NewEncoder(writer).Encode(output)
}
```

위 코드는 JSON 포맷을 반환하는 간단한 REST 엔드포인트 예제다. 위 REST 엔드포인트가 다른 포맷의 값으로 반환하길 원한다면, 인코딩 부분을 다음 예제와 같이 의존성 형태로 변경할 수 있다.

```
// GetHandler는 'Get Person' 엔드포인트에 대한 HTTP 처리기다
type GetHandler struct {
    cfg       GetConfig
    getter    GetModel
    formatter Formatter
}

// ServeHTTP는 http.Handler의 구현체다
func (h *GetHandler) ServeHTTP(response http.ResponseWriter, request
*http.Request) {
    // 해당 메서드에는 변경 사항이 없다
}

// 전달된 person 객체를 출력한다
func (h *GetHandler) buildOutput(writer io.Writer, person *Person) error {
    output := &getResponseFormat{
        ID:       person.ID,
        FullName: person.FullName,
        Phone:    person.Phone,
        Currency: person.Currency,
        Price:    person.Price,
    }

    // 출력 결과 페이로드를 빌드한다
    payload, err := h.formatter.Marshal(output)
    if err != nil {
        return err
    }

    // 응답을 위한 페이로드를 작성하고 반환한다
    _, err = writer.Write(payload)
    return err
}
```

위 코드는 합리적인 것처럼 보인다. 그렇다면 무엇이 문제인가? 간단히 말해서, 할 필요가 없는 작업이라는 것이다.

확장으로 인해 작성하거나 유지 보수할 필요가 없는 코드다. 이 간단한 예제에서 변경

사항은 약간의 복잡성만 추가시키며, 이는 비교적 흔한 일이다. 이처럼 작은 양의 복잡성이 시스템 전반에 걸쳐 존재하게 되면 작업의 속도를 저하시킬 것이다.

이것이 실제 요구 사항이 될 경우, 새로운 기능을 제공하기에는 절대적으로 옳은 방법이지만 추가되는 기능에 따라 짊어져야 하는 부담이 급증한다.

HTTP 요청에 대한 모의

11장의 앞부분에서는 주입이 모든 문제에 대한 해결책이 아니며 때로는 컨피규레이션을 전달하는 것이 훨씬 더 효율적이고 코드의 양을 훨씬 감소시킨다고 말한 바 있다. 이러한 상황이 자주 발생하는 예제는 외부 서비스이며, 특히 샘플 서비스에서 업스트림 환율 변환 서비스와 같은 HTTP 서비스를 처리할 때다.

외부 서비스에 대한 HTTP 요청을 모의로 구현하고 모의를 통해 외부 서비스에 대한 테스트를 철저히 수행할 수는 있지만, 반드시 필요한 것만은 아니다. 샘플 서비스 코드에서 모의와 주입에 관련된 코드를 비교 분석해보자.

다음 코드는 외부 환율 변환 서비스를 호출하는 샘플 서비스의 코드다.

```
// Converter는 기준 가격을 전달된 currency로 변환한다
type Converter struct {
    cfg Config
}

// Exchange는 변환을 수행한다
func(c *Converter) Exchange(ctx context.Context, basePrice float64,
    currency string)(float64, error) {
    // 외부 API로부터 rate를 로드한다
    response, err := c.loadRateFromServer(ctx, currency)
    if err != nil {
        return defaultPrice, err
    }

    // 응답으로부터 rate를 추출한다
```

```go
    rate, err := c.extractRate(response, currency)
    if err != nil {
        return defaultPrice, err
    }

    // 비율을 적용하고 소수점 이하 두 자리로 반올림을 수행한다
    return math.Floor((basePrice / rate) * 100) / 100, nil
}

// 외부 API로부터 rate를 로드한다
func(c *Converter) loadRateFromServer(ctx context.Context, currency string)(*http.
Response, error) {
    // 요청을 빌드한다
    url := fmt.Sprintf(urlFormat,
        c.cfg.ExchangeBaseURL(),
        c.cfg.ExchangeAPIKey(),
        currency)
    // 요청을 수행한다
    req, err := http.NewRequest("GET", url, nil)
    if err != nil {
        c.logger().Warn("[exchange] failed to create request. err: %s", err)
        return nil, err
    }

    // 상위 호출을 위한 대기 시간 예산을 설정한다
    subCtx, cancel := context.WithTimeout(ctx, 1 * time.Second)
    defer cancel()

    // 기본 컨텍스트를 사용자 정의 컨텍스트로 변경한다
    req = req.WithContext(subCtx)

    // HTTP 요청을 수행한다
    response, err := http.DefaultClient.Do(req)
    if err != nil {
        c.logger().Warn("[exchange] failed to load. err: %s", err)
        return nil, err
    }

    if response.StatusCode != http.StatusOK {
        err = fmt.Errorf("request failed with code %d", response.StatusCode)
```

```
            c.logger().Warn("[exchange] %s", err)
            return nil, err
        }

    return response, nil
}

func(c *Converter) extractRate(response *http.Response, currency string)
    (float64, error) {
        defer func() {
            _ = response.Body.Close()
        }()

        // 응답으로부터 데이터를 추출한다
        data, err := c.extractResponse(response)
        if err != nil {
            return defaultPrice, err
        }

        // 응답 데이터로부터 rate를 가져온다
        rate, found := data.Quotes["USD" + currency]
        if !found {
            err = fmt.Errorf("response did not include expected currency '%s'",
                currency)
            c.logger().Error("[exchange] %s", err)
            return defaultPrice, err
        }

        // 행복 경로
        return rate, nil
    }
```

테스트 작성을 시작하기 전에 먼저 '무엇을 테스트하고 싶은가?'라는 질문을 스스로에게 던져봐야 한다. 일반적인 테스트 시나리오는 다음과 같다.

- **행복 경로**: 외부 서버가 데이터를 반환하고, 데이터를 성공적으로 추출한다.
- **실패한/느린 요청**: 외부 서버가 에러를 반환하거나 응답하지 않는다.

- **에러 응답**: 외부 서버가 '문제 있음'을 의미하는 유효하지 않은 HTTP 응답 코드를 반환한다.
- **유효하지 않은 응답**: 외부 서버가 기대했던 바와 다른 형식의 페이로드를 반환한다.

HTTP 요청에 대한 모의를 통해 비교를 시작할 것이다.

DI를 통한 HTTP 요청에 대한 모의

DI와 모의를 사용하려는 경우, 가장 깔끔한 옵션은 HTTP 요청에 대한 모의를 통해 필요한 응답을 반환하도록 하는 것이다.

이를 위해 가장 먼저 해야 할 일은 다음 코드와 같이 HTTP 요청에 대한 빌드 및 전송 부분을 추상화하는 것이다.

```go
// Requester는 HTTP 요청에 대한 빌드 및 전송을 담당한다
//go:generate mockery -name=Requester -case underscore -testonly -inpkg -
note @generated
type Requester interface {
    doRequest(ctx context.Context, url string) (*http.Response, error)
}
```

위 코드는 모의에 대한 구현을 담당하는 go generate 주석을 포함하고 있음을 알 수 있다.

다음 예제와 같이 Requester를 추상화하도록 Converter를 업데이트할 수 있다.

```go
// NewConverter는 converter를 생성하고 초기화하는 것을 담당한다
func NewConverter(cfg Config, requester Requester) *Converter {
    return &Converter {
        cfg: cfg,
        requester: requester,
    }
```

```
}

// Converter는 기준 가격을 전달된 currency로 변경한다
type Converter struct {
    cfg Config
    requester Requester
}

// 외부 API로부터 rate를 로드한다
func(c *Converter) loadRateFromServer(ctx context.Context, currency string)(*http.
Response, error) {
    // 요청을 빌드한다
    url := fmt.Sprintf(urlFormat, c.cfg.ExchangeBaseURL(), c.cfg.ExchangeAPIKey(),
currency)
    // 요청을 수행한다
    response,
    err := c.requester.doRequest(ctx, url)
    if err != nil {
        c.logger().Warn("[exchange] failed to load. err: %s", err)
        return nil, err
    }

    if response.StatusCode != http.StatusOK {
        err = fmt.Errorf("request failed with code %d", response.StatusCode)
        c.logger().Warn("[exchange] %s", err)
        return nil, err
    }
    return response,
    nil
}
```

requester에 대한 추상화가 완료되면, 다음 코드와 같이 모의 구현을 사용해 테스트할
수 있다.

```
func TestExchange_invalidResponse(t *testing.T) {
    // 응답을 빌드한다
    response := httptest.NewRecorder()
    _, err := response.WriteString(`invalid payload`)
```

```
    require.NoError(t, err)

    // 모의를 설정한다
    mockRequester := &mockRequester {}
    mockRequester.On("doRequest", mock.Anything, mock.Anything).Return(response.
Result(), nil).Once()

    // 입력값
    ctx,
    cancel := context.WithTimeout(context.Background(), 1 * time.Second)
    defer cancel()
    basePrice := 12.34
    currency := "AUD"

    // 호출을 수행한다
    converter := &Converter {
        requester: mockRequester,
        cfg: &testConfig {},
    }
    result, resultErr := converter.Exchange(ctx, basePrice, currency)

    // 응답에 대한 유효성 검사를 수행한다
    assert.Equal(t, float64(0), result)
    assert.Error(t, resultErr)
    assert.True(t, mockRequester.AssertExpectations(t))
}
```

이전 예제에서 requester에 대한 모의는 외부 서비스를 호출하는 대신 유효하지 않은 응답을 반환한다. 이를 통해, 위와 같은 상황에서 작성한 코드가 올바르게 동작하는 것을 확인할 수 있다.

다른 일반적인 테스트 시나리오를 커버하기 위해서는 테스트를 복사하고 모의와 기댓 값에서 응답만 변경하면 된다.

이제 모의 기반 테스트와 컨피그 기반 테스트를 비교해보자.

컨피그를 통한 HTTP 요청에 대한 모의

코드를 전혀 변경하지 않고 Converter에 대한 테스트를 진행할 수 있다. 첫 번째 단계는 필요한 응답을 반환하는 HTTP 서버를 정의하는 것이다. 다음 예제에서 서버는 이전 절에서 살펴본 모의와 동일한 응답을 반환한다.

```
server := httptest.NewServer(http.HandlerFunc(func(response http.ResponseWriter,
request *http.Request) {
    payload := []byte(`invalid payload`)
    response.Write(payload)
}))
```

그리고 나서, 다음 예제와 같이 테스트 서버에서 URL을 가져온 후 config(이하 컨피그)를 Converter에 전달한다.

```
cfg := &testConfig {
    baseURL: server.URL,
    apiKey: "",
}
converter := NewConverter(cfg)
```

다음 예제는 모의 버전에서와 같이 HTTP 호출을 수행하고 응답을 검증하는 방법을 보여준다.

```
result, resultErr := converter.Exchange(ctx, basePrice, currency)

// 응답에 대한 유효성 검사를 수행한다
assert.Equal(t, float64(0), result)
assert.Error(t, resultErr)
```

이러한 접근 방식을 사용하면, 모의 기반 버전과 동일한 수준의 테스트 시나리오 커버리지를 달성할 수 있지만, 코드의 양과 복잡성은 훨씬 줄어든다. 더 중요한 사실은 추가적인 생성자 매개변수로 인해 테스트로 인한 손상이 발생하지 않는다는 것이다.

▌불필요한 주입

지금쯤이면 DI를 사용하는 것이 최선의 옵션이 아닐 때가 있다고 생각할지도 모른다. 그렇다면 그때가 언제인지 어떻게 알 수 있는가? 이를 위해 또 다른 셀프 설문 조사를 제안하고자 한다.

진행 방법을 모르거나 큰 규모의 리팩터링을 시작하고자 한다면, 우선 다음과 같은 DI 관련 설문 조사를 진행하길 바란다.

- **의존성이 환경과 관련된**(로깅과 같이) **사항인가?**

  환경적 의존성은 필요하지만 일반적으로 함수의 UX(특히 생성자)를 오염시키는 경향이 있다. 이를 주입하는 것은 적절한 방법이지만, JIT 주입과 컨피그 주입 같은 상대적으로 눈에 덜 띄는 방법을 사용하는 것이 좋다.

- **리팩터링 과정에서 기존에 개발된 내용을 보호하기 위한 테스트가 존재하는가?**

  DI를 테스트 커버리지가 낮은 기존 코드에 적용할 경우, 몽키 패치를 추가하는 것이 변경과 리스크를 최소화하는 방법이다. 일단 테스트가 작성되면, 추후 변경 사항에 대비해 보호돼야 한다. 심지어 변경 사항이 몽키 패치를 제거하는 것일지라도 이와 같이 수행해야 한다.

- **의존성이 있을 경우 유용한 것인가?**

  의존성의 존재는 구조체에 대해 사용자에게 어떤 정보를 전달하는가? 만약 이에 대한 대답이 많거나 아예 없는 경우라면, 의존성을 컨피그 주입으로 병합할 수 있다. 이와 비슷하게, 의존성이 해당 구조체의 범위 밖에 존재하지 않을 경우에는 JIT 주입으로 의존성을 관리할 수 있다.

- **얼마나 많은 수의 의존성을 구현할 예정인가?**

  이에 대한 대답이 하나 이상이라면, 의존성을 주입하는 것은 올바른 선택이다. 대답이 하나일 경우에는 좀 더 깊게 파헤쳐봐야 한다. 의존성이 변경되는 가? 만약 변경되지 않는다면, 의존성 주입은 헛된 노력이며 불필요한 복잡성을 추가하는 것이 된다.

- **테스트 외부에서 의존성이 변경됐는가?**

  만약 테스트 과정에서만 변경됐다면, 이것은 JIT 주입을 위한 훌륭한 후보군이다. 결국 테스트에 의한 손상을 피하는 것이 목적이다.

- **각 실행 단계마다 의존성을 변경해야 하는가?**

  이에 대한 대답이 '예'일 경우에는 메서드 주입을 사용해야 한다. 가능하면, 구조체에 사용하고자 하는 의존성을 결정하는 로직(예를 들면 switch 문)을 추가하는 것을 피해야 한다. 대신 의존성을 주입하고 이를 사용하거나, 의존성을 결정하는 팩토리factory 또는 로케이터 오브젝트locator object를 주입해야 한다. 이렇게 하면 구조체의 단일 책임 원칙과 관련된 문제를 분명히 할 수 있다. 또한 새로운 의존성에 대한 구현체를 추가할 때 변경의 분산과 같은 유형의 변경을 피하는 데 도움이 된다.

- **의존성이 안정적인가?**

  안정적인 의존성은 변경(또는 이전 버전과 호환되는 방식으로 변경)되거나 대체될 가능성이 적다. 이에 대한 좋은 예는 표준 라이브러리와 잘 관리되고 자주 변경되지 않는 공용 패키지가 있다. 만약 의존성이 안정적이라면, 코드가 변경되지 않고 충분히 신뢰할 수 있기 때문에 분리 목적으로 주입하면 가치가 떨어진다.

  앞서 SQL 패키지 및 HTTP 클라이언트 예제에서 봤던 것처럼, 안정적인 의존성을 주입해 이를 어떻게 사용하는지 테스트할 것이다. 하지만 테스트로 인한 손상과 불필요한 복잡성을 피하려면, UX에 대한 오염이나 완전한 주입을 피할 수 있는 JIT 주입을 도입해야 한다.

- **이 구조체가 하나 또는 여러 부분에서 사용될 것인가?**

  구조체가 한 번만 사용될 경우, 유연성과 확장 가능성에 대한 요구는 상대적으로 낮다. 따라서 주입을 줄이고 구현을 좀 더 구체화할 수 있다. 최소한 상황이 변경될 때까지는 그렇다. 반면에 코드가 상당히 많은 곳에서 사용되고 있다면, 변경될 가능성이 높으며 좀 더 유용하게 사용할 수 있도록 코드가 더 큰 유연성을 갖길 원할 것이다. 이러한 경우에는 사용자에게 더 많은 유연성을 제공하기 위해 더 많은 주입을 원할 것이다. 단지 함수의 UX가 끔찍해질 정도의 의존성 주입은 주의하는 것이 좋다.

공유 코드를 사용할 경우, 다수의 외부(불안정한) 의존성으로부터 코드를 분리하기 위해 가능한 한 많은 노력을 기울여야 한다. 사용자가 코드를 채택할 경우, 모든 의존성을 채택하지 않을 수 있다.

- **이 구조체가 의존성을 래핑하고 있는가?**

  패키지 내부에서 변경 사항을 좀 더 쉽게 차단할 수 있도록 패키지를 래핑해 패키지의 UX를 구성할 수 있다면, 패키지를 주입하는 것은 불필요한 작업이다. 작성한 코드는 이를 래핑하고 있는 코드와 강하게 결합돼 있으므로, 추상화를 도입하는 경우에도 중요한 목적을 달성하지 못한다.

- **DI를 적용할 경우에 코드가 개선되는가?**

  이는 물론 매우 주관적인 판단에 좌우되지만, 아마도 가장 중요한 질문이기도 하다. 추상화는 유용하기는 하지만 간접화와 복잡성을 추가한다. 분리 또한 중요하지만, 항상 필요하지는 않다. 패키지와 계층 간의 분리는 패키지 내부에서 객체 간의 분리보다 중요하다.

경험과 반복을 통해 DI를 적용할 시기와 사용할 방법을 직관적으로 파악할 때 이러한 많은 질문이 제2의 본질이 될 것이라는 사실을 알 수 있다.

그러는 동안에 다음과 같은 표가 많은 도움이 될 것이다.

메서드	이상적인 대상
몽키 패치	• 싱글톤에 의존하고 있는 코드 • 현재 상황에서 테스트 또는 기존 의존성 주입이 없는 코드 • 의존하고 있는 패키지에 대한 변경 없이 패키지를 분리하는 경우
생성자 주입	• 필요한 의존성 • 메서드가 호출되기 전에 준비돼야 하는 의존성 • 객체의 대부분 또는 모든 메서드에서 사용되는 의존성 • 요청 간에 변경되지 않는 의존성 • 여러 구현체가 있는 의존성
메서드 주입	• 함수, 프레임워크, 공유 라이브러리와 함께 사용되는 경우 • 요청 범위 내의 의존성 • 무상태 객체 • 요청에 컨텍스트 또는 데이터를 제공하는 의존성으로, 호출 간에 달라질 것으로 예상되는 의존성
컨피그 주입	• 코드의 UX 향상을 위해 생성자 또는 메서드 삽입을 대체하는 경우
JIT 주입	• 생성자에 주입할 수 있으며 단지 하나의 운영 레벨의 구현체를 갖는 의존성을 대체하는 경우 • 객체와 전역 싱글톤 또는 환경적 의존성 간에 간접 계층이나 추상화 계층을 제공하는 경우. 특히 테스트 과정에서 전역 싱글톤을 대체하고 싶을 때 이에 해당한다. • 사용자에 의해 의존성을 선택적으로 제공하려는 경우
오프 더 셀프 주입	• 생성자 주입을 도입하는 비용을 절감하려는 경우 • 의존성이 생성되는 순서를 유지 관리하는 복잡성을 감소시키려는 경우

❙ 요약

11장에서는 DI를 불필요하거나 잘못된 방법으로 적용했을 때의 효과를 살펴봤다. 또한 DI를 적용하는 것이 해당 작업에 가장 적합한 수단이 아닌 상황도 논의했다.

그런 다음, DI가 현재 사용 사례에 적합한지 여부를 결정하기 위해 스스로에게 물어볼 수 있는 열 가지 질문 목록을 제시하며 11장을 마무리했다.

12장에서는 이 책에서 다룬 전반적인 내용을 복습하면서 DI에 대한 학습을 마무리한다. 특히 학습을 통해 개선된 샘플 서비스(ACME 등록 서비스)를 원래의 상태와 비교해본다. 또한 DI로 새로운 서비스를 시작하는 방법을 간략히 살펴본다.

▌ 질문

1. 어떤 형태의 DI에 의한 손상이 가장 잘 나타나는가?

2. DI를 항상 맹목적으로 적용하지 않는 것이 중요한 이유는 무엇인가?

3. 구글 와이어와 같은 프레임워크를 채택하면 모든 형태의 DI에 의한 손상이 제거되는가?

12

진행 사항 복습

이 책의 마지막인 12장에서는 샘플 서비스(ACME 등록 서비스)의 처음 상태와 DI를 적용하고 난 샘플 서비스의 상태와 품질을 다시 살펴보고 비교해본다.

또한 실습을 통해 진행했던 그동안의 개선 사항을 확인하고, 의존성 그래프를 마지막으로 살펴보며, 테스트 커버리지와 서비스의 테스트 용이성에 대한 개선 사항을 논의할 것이다.

마지막으로 학습 내용을 기존 코드에 적용하는 대신 DI를 통해 새로운 서비스를 시작할 수 있는 방법을 간략히 설명한다.

12장에서 다룰 주제는 다음과 같다.

* 개선 사항에 대한 개요

- 의존성 그래프 복습
- 테스트 커버리지와 테스트 용이성에 대한 복습
- DI를 통해 새로운 서비스 시작하기

▍기술적 요구 사항

4장, 'ACME 등록 서비스 소개'에서 살펴본 서비스 코드에 익숙해지면 매우 유용할 수 있다. 12장에서는 5장, '몽키 패치를 통한 의존성 주입'과 10장, '오프 더 셸프 주입'에서 다양한 종류의 DI 기법과 그 외의 여러 가지 개선 방안을 이미 학습했다는 전제하에 설명한다.

12장에서 실습할 코드는 https://github.com/PacktPublishing/Hands-On-Dependency-Injection-in-Go/tree/master/ch12에서 다운로드할 수 있으며, 코드의 전체 버전을 한번 살펴보고 실행해보면 12장을 학습하는 데 큰 도움이 될 것이다.

코드를 다운로드해 샘플 서비스를 구성하는 방법은 https://github.com/PacktPublishing/Hands-On-Dependency-Injection-in-Go/의 README 파일에 설명돼 있다.

12장에서 학습할 내용이 이미 적용된 샘플 서비스의 소스 코드는 https://github.com/PacktPublishing/Hands-On-Dependency-Injection-in-Go/tree/master/ch12/acme에서 확인할 수 있다.

▍개선 사항의 개요

드디어 해냈다. 이에 대해 어떻게 생각하는가? 개선된 내용을 보면 노력할 만한 가치가 있다고 생각하는가? 한번 살펴보자.

얼마나 멀리 왔는지 살펴보고자 처음 시작했던 곳으로 돌아가 정리해보자.

4장, 'ACME 등록 서비스 소개'에서는 간단한 동작을 하는 작은 규모의 서비스를 살펴봤다. 사용자를 위한 작업은 완료했지만, 앞으로 해당 서비스를 유지 관리하고 확장해야 하므로 개발자들에게 많은 불편을 초래했다.

전역 싱글톤

가장 큰 불편 사항 중 하나는 의심할 여지없이 전역 공용 싱글톤의 사용이다. 언뜻 보기에는 코드를 간결하게 만들었지만, 실제로는 테스트하기 더욱 어려워졌다.

변수를 생성하기 위한 Init() 함수의 사용은 실제 버전(데이터베이스가 실행 중인)을 사용하거나 잠재적인 데이터 경합을 초래하는 전역 변수를 몽키 패치해야 한다는 것을 의미했다.

실습 과정에서 두 개의 전역 공용 변수(config, logger)와 하나의 프라이빗 전역 변수(데이터베이스 연결 풀)로 시작했다. 5장, '몽키 패치를 통한 의존성 주입'에서는 몽키 패치를 사용해 데이터베이스 연결 풀 싱글톤에 의존하는 코드를 테스트할 수 있는 능력을 제공했다.

10장, '오프 더 셸프 주입'에서는 8장, '컨피그에 의한 의존성 주입'에서 진행했던 변경 과정에서 직접 접근하는 부분을 먼저 제거한 후에 전역 컨피그를 제거할 수 있었다.

직접 접근하는 부분을 제거하고 로컬 인터페이스를 정의함으로써, 모델 계층과 데이터 계층을 컨피그에서 완전히 분리할 수 있었다. 이는 바로 해당 코드가 다른 애플리케이션에서도 사용할 수 있는 이식성이 있다는 것을 의미한다.

아마도 가장 중요한 사실은 이제 실행 코드에 대한 테스트 코드를 작성하는 것은 훨씬 더 쉬워졌으며 모든 테스트는 독립적으로 동시에 실행될 수 있다는 점이다. 전역 인스턴스에 대한 링크가 없을 경우에는 몽키 패치를 하지 않아도 된다. 의존성에 대한 링크가 없을 경우, 일반적으로 훨씬 더 이해하기 쉬운 모의, 스텁과 더 작고 집중된 컨피그 인터페이스만 남아있게 된다.

전역 로거 인스턴스는 여러 번의 리팩터링 과정에서도 살아남았지만, 사용되는 유일한 곳은 컨피그를 로딩하는 코드다. 그렇다면 이제 제거해보자. config 로딩 함수는 다음 코드와 같다.

```go
// Load는 환경 변수로부터 로드된 config를 반환한다
func Load()(*Config, error) {
    filename, found := os.LookupEnv(DefaultEnvVar)
    if !found {
        err := fmt.Errorf("failed to locate file specified by %s",
            DefaultEnvVar)
        logging.L.Error(err.Error())
        return nil,
            err
    }

    cfg, err := load(filename)
    if err != nil {
        logging.L.Error("failed to load config with err %s", err)
        return nil, err
    }

    return cfg, nil
}
```

위 함수의 코드는 컨피그 로드에 실패할 경우 서비스가 제대로 동작하지 않을 것이다. 따라서 에러가 발생할 때 표준 에러에 직접 작성하도록 변경할 수 있다. 업데이트된 함수는 다음과 같다.

```go
// Load는 환경 변수로부터 로드된 config를 반환한다
func Load()(*Config, error) {
    filename, found := os.LookupEnv(DefaultEnvVar)
    if !found {
        err := fmt.Errorf("failed to locate file specified by %s",
```

```
        DefaultEnvVar)
        fmt.Fprintf(os.Stderr, err.Error())
        return nil,
        err
    }

    cfg, err := load(filename)
    if err != nil {
        fmt.Fprintf(os.Stderr, "failed to load config with err %s", err)
        return nil, err
    }

    return cfg, nil
}
```

반면에 로그는 컨피그 주입을 통해 전달된다. 컨피그 주입을 사용함으로써, 생성자의 UX를 손상시키지 않으면서 공통의 관심사(예를 들면, 로거와 같은)를 잊을 수 있도록 만들 수 있다. 이제 데이터 경합에 관련된 문제를 겪지 않고도 로깅을 검증하는 테스트 코드를 쉽게 작성할 수 있다. 이러한 테스트가 이상하게 느껴질 수도 있다(로그는 시스템의 출력값이며, 무엇인가 잘못됐을 때 종종 의존하게 된다).

따라서 앞으로의 리팩터링 과정에서도 로그만큼은 예상했던 바와 같이 생성하고 작성하는 것이 개발자에게 큰 도움이 된다. 자주 시험해보고 싶은 항목은 아니지만, 테스트 자체는 다음과 같이 매우 간단하다.

```
func TestLogging(t *testing.T) {
    // 로그 레코더를 빌드한다
    recorder := &LogRecorder {}

    // logger를 사용하는 구조체를 호출한다
    calculator := &Calculator {
        logger: recorder,
    }
    result := calculator.divide(10, 0)
```

```go
        // logger가 호출됐다는 것을 포함해, 기대되는 값을 검증한다
        assert.Equal(t, 0, result)
        require.Equal(t, 1, len(recorder.Logs))
        assert.Equal(t, "cannot divide by 0", recorder.Logs[0])
}

type Calculator struct {
    logger Logger
}

func(c *Calculator) divide(dividend int, divisor int) int {
    if divisor == 0 {
        c.logger.Error("cannot divide by 0")
        return 0
    }

    return dividend / divisor
}

// Logger는 표준 인터페이스다
type Logger interface {
    Error(message string, args...interface {})
}

// LogRecorder는 Logger 인터페이스의 구현체다
type LogRecorder struct {
    Logs []string
}

func(l *LogRecorder) Error(message string, args...interface {}) {
    // 로그 메시지를 빌드한다
    logMessage := fmt.Sprintf(message, args...)

    // 로그 메시지를 기록한다
    l.Logs = append(l.Logs, logMessage)
}
```

마지막으로, 데이터베이스 연결 풀의 전역 인스턴스가 남아있다. 그러나 Config 및 Logger와는 다르게, 프라이빗 유형이므로 제한된 범위와 관련된 리스크가 존재한다.

실제로 JIT DI를 사용해 모델 계층 패키지의 UX를 손상시키지 않으면서 data 패키지에서 모델 계층 테스트를 완전히 분리할 수 있었다.

config 패키지를 통한 강한 결합

4장, 'ACME 등록 서비스 소개'를 처음 시작했을 때 인터페이스를 전혀 사용하지 않았기 때문에 모든 패키지가 서로 강하게 결합돼 있었다. 이 때문에 모든 패키지는 변화에 대한 저항력이 매우 강했다. config 패키지는 원래 Config 구조체와 전역 싱글톤 형태를 띠고 있었다.

```
// App은 애플리케이션 컨피그다
var App *Config

// Config는 컨피그 파일의 JSON 형식을 정의한다
type Config struct {
    // DSN은 데이터 소스 이름이다. (format:
    https: //github.com/go-sql-driver/mysql/#dsn-data-source-name)
    DSN string

    // Address는 바인딩할 IP 주소와 포트 번호를 의미한다
    Address string

    // BasePrice는 등록 가격이다
    BasePrice float64

    // ExchangeRateBaseURL은 환율을 로드하는 URL의 서버 및 프로토콜이다
    ExchangeRateBaseURL string

    // ExchangeRateAPIKey 환율 API를 사용하기 위한 API다
    ExchangeRateAPIKey string
}
```

전역 싱글톤의 조합, 인터페이스의 부족, 거의 모든 패키지가 해당 패키지를 참조했다는 사실 및 Config 구조체에 대한 변경 사항은 시스템 전체를 망칠 가능성이 있다. 이

와 마찬가지로, 평평한 구조의 JSON 형식 파일을 좀 더 복잡한 구조로 변경하기로 결정했을 경우, 상당히 끔찍한 변경의 분산을 겪었을 것이다.

이제 원래의 Config 구조체를 지금 갖고 있는 버전과 비교해보자.

```
// Config defines the JSON format for the config file
type Config struct {
    // DSN은 데이터 소스 이름이다. (format:
    https: //github.com/go-sql-driver/mysql/#dsn-data-source-name)
    DSN string

    // Address는 바인딩할 IP 주소와 포트 번호다
    Address string

    // BasePrice는 등록 가격이다
    BasePrice float64

    // ExchangeRateBaseURL은 환율을 로드하는 URL의 서버 및 프로토콜이다
    ExchangeRateBaseURL string

    // ExchangeRateAPIKey는 환율 API를 사용하기 위한 API다
    ExchangeRateAPIKey string

    // 환경 의존성이다
    logger logging.Logger
}

// Logger는 싱글톤 logger의 레퍼런스를 반환한다
func(c *Config) Logger() logging.Logger {
    if c.logger == nil {
        c.logger = &logging.LoggerStdOut {}
    }

    return c.logger
}

// RegistrationBasePrice는 등록 기준 가격을 반환한다
func(c *Config) RegistrationBasePrice() float64 {
    return c.BasePrice
```

```
}

// DataDSN은 DSN을 반환한다
func(c *Config) DataDSN() string {
    return c.DSN
}

// ExchangeBaseURL은 환율을 로드할 수 있는 기본 URL을 반환한다
func(c *Config) ExchangeBaseURL() string {
    return c.ExchangeRateBaseURL
}

// ExchangeAPIKey는 DSN을 반환한다
func(c *Config) ExchangeAPIKey() string {
    return c.ExchangeRateAPIKey
}

// BindAddress는 서비스가 바인딩할 호스트와 포트 번호를 반환한다
func(c *Config) BindAddress() string {
    return c.Address
}
```

보다시피 코드의 양이 더욱 많이 늘어났다. 지금까지 추가한 코드의 대부분은 패키지의 다양한 컨피그 인터페이스를 구현하는 getter 함수로 구성된다. 이러한 getter 함수는 다른 패키지에 영향을 주지 않고, 컨피그가 로드되고 저장되는 방식을 변경할 수 있는 간접 계층을 제공한다.

여러 패키지에 로컬 컨피그 인터페이스가 도입됨에 따라, 해당 패키지를 config 패키지로부터 분리할 수 있었다. 다른 패키지는 간접적으로 config 패키지를 사용하지만 두 가지 이점이 존재한다. 첫째, 개별적으로 발전시켜나갈 수 있다. 둘째, 패키지는 모두 로컬에서 요구 사항을 문서화하므로 패키지를 처리할 때 작업할 수 있는 범위가 더 적다. 이는 특히 모의와 스텁을 사용할 때 매우 유용하다.

업스트림 서비스에 대한 의존성 제거

6장, '생성자 주입을 통한 의존성 주입'에서는 exchange 패키지로부터 모델 계층을 분리하기 위해 생성자 주입을 사용했다. exchange 패키지는 업스트림 환율 변환 서비스에 대해 간단히 구현된 추상화라는 점을 기억하고 있을 것이다. 이를 통해 모델 계층 테스트를 수행할 때 테스트를 통과하기 위해 업스트림 서비스가 정상적으로 동작할 필요는 없지만, 서비스가 실패한 사례를 적절하게 처리할 수 있는 기능을 제공했다.

8장, '컨피그에 의한 의존성 주입'에서는 업스트림 서비스와 별개로 exchange 패키지를 테스트할 수 있는 능력을 제공함으로써, 업스트림 서비스에 대한 의존성을 더욱 제거한 경계 테스트를 추가했다. 자주 실행되는 단위 테스트에서 업스트림 서비스에 대한 모든 의존성을 제거한 후에는 외부 서비스를 테스트할 수 있는 외부 대면 경계 테스트 external-facing boundary test를 추가했다. 그러나 빌드 태그를 사용해 이 테스트를 보호하고 선택적으로나 가끔씩 실행할 수 있는 기능을 제공함으로써, 인터넷 및 업스트림 서비스와 관련된 문제로부터 보호했다.

짧은 중단 및 대기 시간 예산

7장, '메서드 주입을 통한 의존성 주입'에서는 context 패키지와 요청 범위 의존성을 소개하기 위해 메서드 주입을 사용했었다. context를 요청 범위 의존성으로 사용함으로써, 대기 시간 예산과 짧은 중단을 구현할 수 있었다. 이를 통해 시스템이 비정상적으로 동작할 경우에 리소스의 사용을 줄일 수 있다. 예를 들어 (업스트림 환율 변환 서비스 또는 데이터베이스에서) 데이터를 검색하는 데 시간이 오래 걸린다면, 클라이언트가 더 이상 응답을 기다리지 않는 경우 요청을 취소하고 이후 처리를 중지할 수 있다.

의존성 생성의 단순화

4장, 'ACME 등록 서비스 소개'의 시작 부분에서 main() 함수는 다음 코드와 같이 비교적 단순했다.

```go
func main() {
    // 정지 채널을 컨텍스트에 바인딩한다
    ctx := context.Background()
    // REST 서버를 구동한다
    server := rest.New(config.App.Address)
    server.Listen(ctx.Done())
}
```

9장, 'JIT 의존성 주입'에서 몇 가지 의존성을 주입한 후에 main() 함수는 다음 코드와 같이 변경됐다.

```go
func main() {
    // 정지 채널을 컨텍스트에 바인딩한다
    ctx := context.Background()
    // exchanger를 빌드한다
    exchanger := exchange.NewConverter(config.App)
    // 모델 계층을 빌드한다
    getModel := get.NewGetter(config.App)
    listModel := list.NewLister(config.App)
    registerModel := register.NewRegisterer(config.App, exchanger)
    // REST 서버를 구동한다
    server := rest.New(config.App, getModel, listModel, registerModel)
    server.Listen(ctx.Done())
}
```

보다시피, 코드는 더 길고 복잡해졌다. 그리하여 10장, '오프 더 셀프 주입'에서 와이어라는 툴을 사용함으로써 이 비용을 줄여나갔다. 이를 통해 다음과 같은 간결한 형태의 main() 함수로 되돌릴 수 있었다.

```go
func main() {
    // 정지 채널을 컨텍스트에 바인딩한다
    ctx := context.Background()
```

```go
    // REST 서버를 구동한다
    server,
    err := initializeServer()
    if err != nil {
        os.Exit(-1)
    }
    server.Listen(ctx.Done())
}
```

마찬가지로 9장, 'JIT 의존성 주입'에서는 데이터 계층의 실제 구현이 오직 하나만 존재한다는 것을 인지했으며, 다른 모든 데이터를 주입하는 시간은 테스트하는 동안뿐이라는 사실을 인식했다. 따라서 데이터 계층을 생성자 매개변수로 만들지 않고, 다음 코드와 같이 JIT 주입을 사용하기로 결정했다.

```go
// Getter는 person 객체에 대한 로드를 시도한다
type Getter struct {
    cfg Config
    data myLoader
}

// Do는 get 동작을 수행한다
func(g *Getter) Do(ID int)(*data.Person, error) {
    // 데이터 계층으로부터 person 객체를 로드한다
    person, err := g.getLoader().Load(context.TODO(), ID)
    if err != nil {
        if err == data.ErrNotFound {
            return nil, errPersonNotFound
        }
        return nil, err
    }

    return person, err
}

// 생성자 매개변수를 줄이기 위해 JIT 의존성 주입을 사용한다
func(g *Getter) getLoader() myLoader {
    if g.data == nil {
```

```
        g.data = data.NewDAO(g.cfg)
    }

    return g.data
}
```

여기서 볼 수 있듯이, 생성자의 UX를 손상시키지 않고도, 또한 테스트 과정에서 데이터 계층을 모의할 수 있는 능력을 잃지 않고도 단순화된 로컬 의존성에 대한 생성을 제공한다.

결합 및 확장성

모든 변경 사항이 적용되고 나서, 아마도 가장 중요한 변경 사항으로는 패키지를 분리했다는 사실을 꼽을 수 있다. 가능하다면 패키지는 로컬 인터페이스만 정의하고 그것에 의존해야 한다. 그 결과로 단위 테스트는 다른 패키지와 완전히 분리돼 의존성에 대한 사용을 검증할 수 있으며, 패키지 간에 상호 의존 관계 없이 사용할 수 있다. 이는 패키지에 대한 작업을 진행할 때 최소한의 지식 범위가 필요하다는 것을 의미한다.

아마도 더 중요한 사실은 우리가 만들고자 하는 변경이나 확장이 단일 또는 소수의 패키지에 포함될 가능성이 높다는 것이다. 예를 들어, 업스트림 환율 변환 서비스에 캐시를 추가할 경우에는 모든 변경이 exchange 패키지 내에서만 발생한다. 마찬가지로, 이 패키지를 다른 서비스에서 재사용하고 싶다면 복사하거나 추출해 변경 없이 사용할 수 있다.

▌ 의존성 그래프 복습

이 책 전반에 걸쳐 잠재적인 이슈를 발견하기 위한 목적으로 의존성 그래프를 사용했으며 초창기의 모습은 다음과 같다.

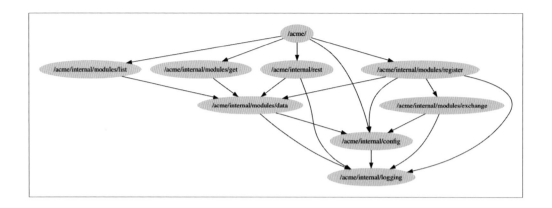

세 개의 엔드포인트를 갖고 있는 소규모의 서비스임에도 다소 복잡한 형태를 띠고 있다. 이 그래프를 통해 data, config, logging 패키지를 가리키는 화살표가 많다는 것을 확인할 수 있다.

패키지로 들어오고 나가는 화살표가 많을수록 위험성, 복잡성, 결합력이 더 커진다는 가정하에 이러한 관계를 줄이는 작업을 하고자 노력했다.

가장 큰 영향을 미치는 변경 사항은 컨피그 주입의 채택이었으며, 여기에는 로컬 컨피그 인터페이스에 대한 정의(이전 절에서 다룬 바 있는)가 포함돼 있다. 제거할 수 없는 main()의 것을 제외하고는 config 패키지로 들어가는 모든 화살표를 제거했다.

더욱이, 컨피그 주입 과정에서 로깅 인스턴스에 대한 모든 참조를 제거하고 대신 로거를 직접 주입했다. 그러나 이러한 변경 사항은 그래프에 반영되지 않았다. 해당 패키지에 정의된 로거 인터페이스를 다시 사용하기로 결정했기 때문이었다.

모든 패키지 내에서 이 인터페이스의 복사본을 정의하고 이 결합을 제거할 수 있었지만, 로거의 정의가 변경되지 않을 가능성이 높다는 점을 고려해서 그러지 않기로 결정했다. 모든 곳에 인터페이스를 복사하면, 그래프에서 화살표를 제거하는 것 이상의 이득을 얻을 수 있는 코드가 추가된다.

모든 리팩터링 및 분리 작업이 완료되고 나면 의존성 그래프는 다음 다이어그램과 같다.

396

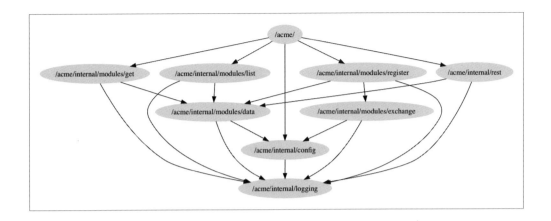

그래프의 모습은 더 좋아졌지만, 안타깝게도 여전히 혼란스럽다. 해당 이슈와 앞에서 언급한 로깅 인터페이스에 관련된 이슈를 해결하기 위해 한 가지 트릭을 더 보여줄 것이다.

지금까지 다음과 같은 명령을 통해 그래프를 생성해왔다.

```
$ BASE_PKG=github.com/PacktPublishing/Hands-On-Dependency-Injection-in-
Go/ch12/acme
godepgraph -s -o $BASE_PKG $BASE_PKG | dot -Tpng -o depgraph.png
```

고디그래프의 제외 기능을 사용해 명령을 다음과 같이 변경함으로써 차트에서 logging 패키지를 제거할 수 있다.

```
$ BASE_PKG=github.com/PacktPublishing/Hands-On-Dependency-Injection-in-
Go/ch12/acme
godepgraph -s -o $BASE_PKG -p $BASE_PKG/internal/logging $BASE_PKG | dot -
Tpng -o depgraph.png
```

그 결과, 마침내 목표로 삼았던 피라미드 형상의 그래프를 확인할 수 있었다.

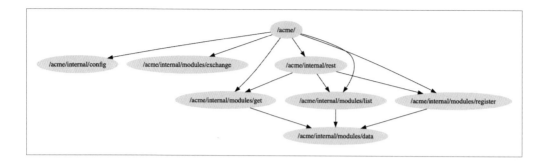

이제 rest 패키지와 model 패키지(get, lis, register) 사이의 링크를 제거해 그래프를 더욱 평평하게 만들 수 있는지 궁금할 것이다.

현재는 model 코드를 rest 패키지에 주입하고 있다. 둘 사이에 남아있는 링크는 model 패키지의 출력 형식이다. 이제 이것을 살펴보자.

리스트 모델 API는 다음과 같다.

```
// Lister 데이터베이스에 존재하는 모든 person 객체를 로드한다
// 데이터 계층으로 인한 오류를 반환할 수 있다
type Lister struct {
    cfg Config
    data myLoader
}

// Exchange는 데이터 계층으로부터 people 객체를 로드한다
func(l *Lister) Do()([]*data.Person, error) {
    // 제거된 코드
}
```

*data.Person 타입의 조각을 반환하고 있으며, 해당 타입은 rest 패키지의 로컬 인터페이스를 다음과 같이 정의한다.

```
type ListModel interface {
    Do()([]*data.Person, error)
}
```

data.Person이 데이터 전송 객체^{Data Transfer Object}(DTO)임을 감안할 때, 실용주의적으로 남겨두고 싶어 하는 경향이 있다. 물론, 그것을 제거할 수 있다. 그렇게 하려면, ListModel 정의를 변경해 interface{}의 조각을 기대하고 사용하고자 할 때 *data. Person으로 형 변환할 수 있는 인터페이스를 정의해야 한다.

이와 관련해 두 가지 주요 이슈가 존재한다. 첫째, 의존성 그래프에서는 한 줄만 제거되지만, 실제 코드를 복잡하게 만드는 많은 작업이 필요하다. 둘째로, rest 패키지의 예상과 다른 모델 계층의 타입이 반환될 경우에는 타입 시스템을 효과적으로 우회하고 런타임에 코드가 실패할 수 있는 방법을 만들고 있다.

❚ 테스트 커버리지와 테스트 용이성 복습

샘플 서비스를 소개할 때, 테스트와 관련된 몇 가지 이슈를 확인했다. 이러한 이슈들 중 첫 번째는 격리의 부족이다. 특정 계층에 대한 테스트를 진행할 때, 다음 코드와 같이 하위 모든 계층에 대해 간접적으로 테스트를 진행하고 있었다.

```
func TestGetHandler_ServeHTTP(t *testing.T) {
    // 제한 시간을 통해 테스트가 항상 실패하도록 한다
    ctx, cancel := context.WithTimeout(context.Background(), 5 * time.Second)
    defer cancel()

    // 서버 생성 및 구동
    // 현재 구현이 아닐 경우, mux가 필요하기 때문에 전체 서버 없이
    // 해당 처리기를 테스트할 수 없다
    address, err := startServer(ctx)
    require.NoError(t, err)

    // 입력값을 빌드한다
    response, err := http.Get("http://" + address + "/person/1/")

    // 출력에 대한 유효성 검사를 수행한다
    require.NoError(t, err)
```

```
    require.Equal(t, http.StatusOK, response.StatusCode)

    expectedPayload := []byte(`{"id":1,"name":"John","phone":"0123456780","currency":"U
SD","price"
    :100}` + "\n")
    payload, _ := ioutil.ReadAll(response.Body)
    defer response.Body.Close()

    assert.Equal(t, expectedPayload, payload)
}
```

위 예제 코드는 REST에 대한 테스트 코드이지만, 실제로는 모델 계층을 호출하고 나서 데이터 계층을 호출하고 있기 때문에 효과적으로 모든 계층을 테스트하고 있다. 따라서 계층이 적절히 함께 작동하는 것을 보장하는 합리적인 통합 테스트를 수행할 수 있다. 그러나 계층이 격리돼 있지 않으므로 단위 테스트 관점에서는 매우 열악하다고 할 수 있다.

단위 테스트는 다음과 같다.

```
func TestGetHandler_ServeHTTP(t *testing.T) {
    scenarios := []struct {
        desc
        inRequest
        inModelMock
        expectedStatus int
        expectedPayload string
        string
        func() *http.Request
        func() *MockGetModel
    } {
        // 제거된 시나리오
    }

    for _,
    s := range scenarios {
        scenario := s
        t.Run(scenario.desc, func(t *testing.T) {
```

```
    // 모델 계층 모의를 정의한다
    mockGetModel := scenario.inModelMock()

    // 처리기를 빌드한다
    handler := NewGetHandler(&testConfig {}, mockGetModel)

    // 요청을 수행한다
    response := httptest.NewRecorder()
    handler.ServeHTTP(response, scenario.inRequest())

    // 결과값에 대한 유효성 검사를 수행한다
    require.Equal(t, scenario.expectedStatus, response.Code,
        scenario.desc)

    payload,
    _ := ioutil.ReadAll(response.Body)
    assert.Equal(t, scenario.expectedPayload, string(payload),
        scenario.desc)
        })
    }
}
```

위 테스트는 다른 계층에 의존하는 대신, 추상화에 의존하고 있기 때문에 격리된 것으로 간주할 수 있다(위와 같은 경우, *MockGetModel이라는 모의 구현체에 의존하고 있다). 일반적인 모의 구현체를 살펴보자.

```
type MockGetModel struct {
    mock.Mock
}

func(_m *MockGetModel) Do(ID int)(*Person, error) {
    outputs := _m.Called(ID)
    if outputs.Get(0) != nil {
        return outputs.Get(0).(*Person), outputs.Error(1)
    }
    return nil, outputs.Error(1)
}
```

보다시피 모의에 대한 구현은 매우 간단하며, 의존성의 실제 구현보다 확실히 단순하다. 이 단순성 때문에 예상대로 동작한다고 믿을 수 있으므로, 테스트에서 발생하는 모든 문제는 모의가 아닌 실제 코드에 의해 발생한다. 이러한 신뢰는 믿을 수 있고 일관된 코드를 생성하는 목커리(3장, '사용자 경험을 위한 코딩'에서 다룬 바 있는)와 같은 코드 생성기를 사용함으로써 더욱 강화할 수 있다.

모의는 또한 다른 시나리오를 쉽게 테스트할 수 있는 능력을 제공한다. 이제 다음과 같은 테스트를 진행해보자.

- 행복 경로
- 요청 시 ID 누락
- 요청 시 유효하지 못한 ID 포함
- 의존성(모델 계층 또는 하위 계층) 실패
- 요청한 레코드가 존재하지 않을 경우

테스트 시나리오 중 많은 부분의 경우 변경 없이는 신뢰성 있는 테스트를 수행하기 어렵다.

이제 테스트가 다른 계층으로부터 격리됐기 때문에 테스트 자체의 커버리지는 훨씬 줄어들었다. 이는 테스트를 위해 많이 알 필요가 없다는 것을 의미한다. 단지 테스트할 계층에 대한 API 정의만 알고 있으면 될 뿐이다.

이번 예제에서는 요청에서 데이터 추출, 올바른 상태 코드 출력, 응답 페이로드에 대한 렌더링 같은 HTTP와 관련된 문제만 신경 쓰고 있으면 된다는 것을 의미한다. 또한 테스트 중인 코드가 실패할 수 있는 방법이 줄어들었다. 이로써 더 적은 테스트 구성, 더 짧은 테스트, 더 많은 테스트 시나리오 커버리지로 테스트를 마무리할 수 있었다.

테스트와 관련된 두 번째 이슈는 바로 노력의 중복이다. 격리된 환경이 없었으므로, 원래의 테스트는 다소 불필요했다. 예를 들어, Get 엔드포인트를 위한 모델 계층 테스트 코드는 다음과 같다.

```
func TestGetter_Do(t *testing.T) {
    // 입력값
    ID := 1

    // 메서드를 호출한다
    getter := &Getter {}
    person, err := getter.Do(ID)

    // 예상 결과에 대한 유효성 검사를 수행한다
    require.NoError(t, err)
    assert.Equal(t, ID, person.ID)
    assert.Equal(t, "John", person.FullName)
}
```

겉보기에는 괜찮은 것 같지만, 이 테스트 시나리오가 rest 패키지 테스트에서 이미 다뤄졌다는 사실을 고려해보면 이 테스트에서 얻은 것은 아무것도 없다. 반면에 현재 갖고 있는 몇 가지 테스트 시나리오 중 하나를 살펴보자.

```
func TestGetter_Do_noSuchPerson(t *testing.T) {
    // 입력값
    ID := 5678

    // 모의 로더를 구성한다
    mockLoader := &mockMyLoader {}
    mockLoader.On("Load", mock.Anything, ID).Return(nil,
        data.ErrNotFound).Once()

    // 메서드를 호출한다
    getter := &Getter {
        data: mockLoader,
    }
    person, err := getter.Do(ID)

    // 예상 결과에 대한 유효성 검사를 수행한다
    require.Equal(t, errPersonNotFound, err)
    assert.Nil(t, person)
    assert.True(t, mockLoader.AssertExpectations(t))
```

```
}
```

이 테스트는 데이터베이스의 현재 상태에 의존하고 있지 않으므로, 이제 100% 예측 가능하다. 위 예제 코드는 데이터베이스를 테스트하지 않으며, 데이터베이스와 상호 작용하는 방식도 테스트하지 않는 대신, 데이터 로더 추상화와 상호 작용하는 방식을 테스트하고 있다. 즉, 테스트 코드를 다시 살펴보거나 변경하지 않고도 데이터 계층에 대한 구현을 자유롭게 변경하거나 업데이트할 수 있다는 것을 의미한다. 또한 이 테스트는 데이터 계층에서 오류를 수신할 경우 API 정의에서 예상한 대로 이 오류를 적절하게 변환하는 것을 검증한다.

여전히 이전과 같이 두 계층 모두에서 테스트를 수행하고 있지만, 그동안 테스트를 통해 아무런 가치를 얻지 못했다고 한다면 이제는 중요한 가치를 얻을 수 있게 됐다.

세 번째로, 테스트할 때 직면하게 되는 또 다른 문제는 바로 장황한 테스트다. 그동안 수행했던 많은 변경 사항 중 하나는 테이블 주도 테스트의 도입이다. Register 엔드포인트 서비스에 대한 원래 테스트 코드는 다음과 같다.

```
func TestRegisterHandler_ServeHTTP(t *testing.T) {
    // 제한 시간을 설정해 테스트가 항상 실패하도록 한다
    ctx, cancel := context.WithTimeout(context.Background(), 5 * time.Second)
    defer cancel()

    // 서버 생성 및 구동
    // 현재 구현이 아닐 경우, mux가 필요하기 때문에 전체 서버 없이
    // 해당 처리기를 테스트할 수 없다
    address, err := startServer(ctx)
    require.NoError(t, err)

    // 입력값 빌드
    validRequest := buildValidRequest()
    response, err := http.Post("http://" + address + "/person/register",
"application/json", validRequest)

    // 출력값에 대한 유효성 검사를 수행한다
```

```
    require.NoError(t, err)
    require.Equal(t, http.StatusCreated, response.StatusCode)
    defer response.Body.Close()

    // 해당 호출은 new person에게 위치를 출력해야 한다
    headerLocation := response.Header.Get("Location")
    assert.Contains(t, headerLocation, "/person/")
}
```

그리고 현재 어떻게 보이는지 확인하고자 다음 코드 블록을 살펴보자.

```
func TestRegisterHandler_ServeHTTP(t *testing.T) {
    scenarios := []struct {
        desc
        inRequest
        inModelMock
        expectedStatus int
        expectedHeader string
        string
        func() *http.Request
        func() *MockRegisterModel
    } {
        // 제거된 시나리오
    }

    for _, s := range scenarios {
        scenario := s
        t.Run(scenario.desc, func(t *testing.T) {
            // 모델 계층 모의를 정의한다
            mockRegisterModel := scenario.inModelMock()

            // 처리기를 빌드한다
            handler := NewRegisterHandler(mockRegisterModel)

            // 요청을 수행한다
            response := httptest.NewRecorder()
            handler.ServeHTTP(response, scenario.inRequest())

            // 출력값에 대한 유효성 검사를 수행한다
```

```
            require.Equal(t, scenario.expectedStatus, response.Code)

            // 해당 호출은 new person에게 위치를 출력해야 한다
            resultHeader := response.Header().Get("Location")
            assert.Equal(t, scenario.expectedHeader, resultHeader)

            // 예상대로 모의가 사용됐는지 유효성 검사를 수행한다
            assert.True(t, mockRegisterModel.AssertExpectations(t))
        })
    }
}
```

여러분이 무슨 생각을 하고 있는지 알고 있으며, 테스트 코드는 좀 덜 장황해졌다. 그렇다. 이 개별 테스트를 수행해봤다. 그러나 원본에서 다른 시나리오를 테스트해야 하는 경우의 첫 번째 단계는 거의 전체 테스트 코드를 복사해 붙여넣는 것이며, 새로운 시나리오에 대한 코드는 중복된 열 줄의 코드와 해당 시나리오에 대한 단 몇 줄의 코드로 구성될 것이다.

테이블 주도 테스트 스타일을 사용하면 모든 시나리오에 대해 실행되는 여덟 줄의 공유 코드를 갖게 되며, 이를 명확하게 확인할 수 있다. 각 시나리오는 다음과 같이 슬라이스의 객체로 깔끔하게 지정돼 있다.

```
{
    desc: "Happy Path",
    inRequest: func() *http.Request {
        validRequest := buildValidRegisterRequest()
        request,
        err := http.NewRequest("POST", "/person/register",
            validRequest)
        require.NoError(t, err)

        return request
    },
    inModelMock: func() *MockRegisterModel {
        // 유효한 다운스트림 구성
```

```
        resultID := 1234
        var resultErr error

        mockRegisterModel := &MockRegisterModel {}
        mockRegisterModel.On("Do", mock.Anything,
        mock.Anything).Return(resultID, resultErr).Once()
        return mockRegisterModel
    },
    expectedStatus: http.StatusCreated,
    expectedHeader: "/person/1234/",
},
```

다른 시나리오를 추가하려면 슬라이스에 다른 항목을 추가하기만 하면 된다. 이는 매우 간단하고 깔끔하다.

마지막으로, API 정의가 변경돼 테스트를 변경해야 하는 경우에는 이제 여러 부분을 변경하지 않고 하나의 테스트 항목만 변경하면 된다.

직면한 네 번째 이슈는 업스트림 서비스에 대한 의존이다. 이것은 나의 불만 사항 중 하나다. 테스트는 신뢰할 수 있고 예측 가능해야 하며 테스트 실패는 수정이 필요한 문제가 있다는 절대적인 지표가 돼야 한다. 테스트가 제3자와 인터넷 연결에 의존할 때, 무엇이든 잘못될 수 있으며 테스트는 어떤 이유로든 중단될 수 있다. 고맙게도 8장, '컨피그에 의한 의존성 주입'에서의 변경 사항을 통해 외부 대면 경계 테스트를 제외한 모든 테스트는 현재 업스트림 서비스의 추상화와 모의 구현에 의존하고 있다. 이러한 유형의 테스트는 신뢰할 수 있을 뿐만 아니라 이전에 설명한 방법과 유사한 에러 처리 조건을 쉽게 테스트할 수 있다.

다음 테스트에서는 환율 변환을 로드하지 못했을 경우 등록이 어떻게 진행되는지 테스트하고자 converter 패키지를 제거하고 이에 대한 모의를 수행했다.

```
func TestRegisterer_Do_exchangeError(t *testing.T) {
    // 모의를 구성한다
    mockSaver := &mockMySaver {}
```

```
mockExchanger := &MockExchanger {}
mockExchanger.
On("Exchange", mock.Anything, mock.Anything, mock.Anything).
Return(0.0, errors.New("failed to load conversion")).
Once()

// 컨텍스트를 정의하고 타임아웃을 테스트한다
ctx, cancel := context.WithTimeout(context.Background(), 1 * time.Second)
defer cancel()

// 입력값
in := &Person {
    FullName: "Chang",
    Phone: "11122233355",
    Currency: "CNY",
}

// 메서드를 호출한다
registerer := &Registerer {
    cfg: &testConfig {},
    exchanger: mockExchanger,
    data: mockSaver,
}
ID, err := registerer.Do(ctx, in )

// 예상되는 결과에 대한 유효성 검사를 수행한다
require.Error(t, err)
assert.Equal(t, 0, ID)
assert.True(t, mockSaver.AssertExpectations(t))
assert.True(t, mockExchanger.AssertExpectations(t))
}
```

여러분은 여전히 exchange 패키지에서 테스트를 진행했다는 점을 기억할 것이다. 사실 두 가지 유형이 있다. 먼저 가짜로 만든 HTTP 서버를 호출하는 내부 대면 경계 테스트를 갖고 있다. 이러한 테스트는 서버가 특정 응답을 제공할 때 다음과 같이 코드가 예상한 대로 반응하는지 확인한다.

```go
func TestInternalBoundaryTest(t *testing.T) {
    // 테스트 서버를 구동한다
    server := httptest.NewServer(&happyExchangeRateService {})
    defer server.Close()

    // 컨피그를 정의한다
    cfg := &testConfig {
        baseURL: server.URL,
        apiKey: "",
    }

    // 테스트를 위한 converter를 생성한다
    converter := NewConverter(cfg)
    resultRate, resultErr := converter.Exchange(context.Background(),
100.00, "AUD")

    // 결과값에 대한 유효성 검사를 수행한다
    assert.Equal(t, 158.79, resultRate)
    assert.NoError(t, resultErr)
}

type happyExchangeRateService struct {}

// ServeHTTP는 http.Handler의 구현체다
func(*happyExchangeRateService) ServeHTTP(response http.ResponseWriter,
request *http.Request) {
    payload := []byte(`
{
    "success":true,
    "timestamp":1535250248,
    "base":"EUR",
    "date":"2018-08-26",
    "rates": {
        "AUD":1.587884
    }
}
`)
    response.Write(payload)
}
```

그러나 여전히 업스트림 서비스를 호출하는 외부 대면 경계 테스트도 갖고 있다. 이러한 테스트를 통해 작성한 코드와 함께 업스트림 서비스가 필요한 만큼의 성능을 내고 있는지 검증할 수 있다. 하지만 테스트를 예측할 수 있도록 하기 위해 외부 테스트를 자주 수행하지는 않는다. 이를 위해 빌드 태그를 이 파일에 추가해 테스트를 포함할 때를 쉽게 결정할 수 있도록 변경했다. 일반적으로 해당 테스트는 무언가 잘못됐을 때만 실행하거나, 특정 상황에서 해당 테스트만 실행하는 빌드 파이프라인에서 특별한 단계를 설정하기 위해서만 사용된다. 테스트 과정에서 어떤 실패 후에 어떻게 진행할 것인지 결정할 수 있다.

테스트 커버리지

잠시 다음 표의 숫자를 살펴보자. 처음 시작했을 때 샘플 서비스의 테스트 커버리지는 다음과 같았다.

```
------------------------------------------------------------------------
|     Branch     |      Dir       |                                    |
|  Cov% |  Stmts |  Cov% |  Stmts | Package                            |
------------------------------------------------------------------------
| 52.94 |    238 |  0.00 |      3 | acme/                              |
| 73.33 |     15 | 73.33 |     15 | acme/internal/config/              |
|  0.00 |      4 |  0.00 |      4 | acme/internal/logging/             |
| 63.33 |     60 | 63.33 |     60 | acme/internal/modules/data/        |
|  0.00 |     38 |  0.00 |     38 | acme/internal/modules/exchange/    |
| 50.00 |      6 | 50.00 |      6 | acme/internal/modules/get/         |
| 25.00 |     12 | 25.00 |     12 | acme/internal/modules/list/        |
| 64.29 |     28 | 64.29 |     28 | acme/internal/modules/register/    |
| 73.61 |     72 | 73.61 |     72 | acme/internal/rest/                |
------------------------------------------------------------------------
```

보다시피 테스트 커버리지는 다소 낮았다. 테스트 코드를 작성하는 데 어려움이 있었고 의존성에 대한 모의 또는 스텁을 사용할 수 없었기 때문에 이것은 그리 놀랍지 않다.

변경 사항을 적용한 후에 테스트 커버리지는 다음과 같이 개선됐다.

```
------------------------------------------------------------------
|     Branch     |      Dir       |                               |
| Cov%  | Stmts  | Cov%  | Stmts  | Package                       |
------------------------------------------------------------------
| 63.11 |   309  | 30.00 |   20   | acme/                         |
| 28.57 |    28  | 28.57 |   28   | acme/internal/config/         |
|  0.00 |     4  |  0.00 |    4   | acme/internal/logging/        |
| 74.65 |    71  | 74.65 |   71   | acme/internal/modules/data/   |
| 61.70 |    47  | 61.70 |   47   | acme/internal/modules/exchange/ |
| 81.82 |    11  | 81.82 |   11   | acme/internal/modules/get/    |
| 38.10 |    21  | 38.10 |   21   | acme/internal/modules/list/   |
| 75.76 |    33  | 75.76 |   33   | acme/internal/modules/register/ |
| 77.03 |    74  | 77.03 |   74   | acme/internal/rest/           |
------------------------------------------------------------------
```

서비스 변경으로 인해 테스트가 더욱 쉬워졌지만, 부가적인 테스트를 추가하는 데는 많은 시간을 투자하지 않았다. 실습을 통해 달성한 개선 사항의 대부분은 시나리오 적용 범위가 확대된 것에서 비롯됐으며, 주로 비행복 경로[non-happy path] 코드를 테스트할 수 있는 것이 포함됐다.

테스트 커버리지를 향상시키고 싶다면, 더 많은 테스트가 필요한 곳을 찾아야 한다. 이를 위한 가장 쉬운 방법은 표준 Go 언어 툴을 사용해 커버리지를 계산하고 HTML로 표시하는 것이다. 이를 위해 터미널에서 다음과 같은 명령을 실행하도록 한다.

```
# 이 장의 코드로 디렉터리 변경
$ cd $GOPATH / src / github.com / PacktPublishing / Hands - On - Dependency - Injection
-in -Go / ch12 /

# 컨피그 위치 설정
$export ACME_CONFIG = cd $GOPATH / src / github.com / PacktPublishing / Hands - On -
Dependency - Injection - in -Go / config.json

# 커버리지 계산
```

```
$ go test. / acme / -coverprofile = coverage.out

# HTML 형식으로 렌더링
$ go tool cover - html = coverage.out
```

위와 같은 명령을 실행한 결과, 커버리지를 기본 브라우저를 통해 확인할 수 있다. 파일을 스캔해 개선할 수 있는 잠재적인 위치를 찾으려면, 빨간색 코드 블록을 찾아야 한다. 빨간색으로 강조 표시된 코드는 테스트 중에 실행되지 않은 행을 나타낸다.

테스트되지 않은 모든 행을 제거하는 것은 실용적이지 않다. 특히 일부 에러는 트리거할 수 없기 때문에 불가능하다(오히려 핵심은 코드를 검사해 테스트해야 하는 시나리오를 제대로 나타내는지 검사하는 것이다).

다음 예제를 살펴보자(다루지 않은 행은 굵게 표시된다). 이제 좀 더 자세히 살펴보자.

```
// 외부 API로부터 rate를 로드한다
func(c *Converter) loadRateFromServer(ctx context.Context, currency string)(*http.
Response, error) {
    // 요청을 빌드한다
    url := fmt.Sprintf(urlFormat,
        c.cfg.ExchangeBaseURL(),
        c.cfg.ExchangeAPIKey(),
        currency)

    // 요청을 수행한다
    req, err := http.NewRequest("GET", url, nil)
    if err != nil {
        c.logger().Warn("[exchange] failed to create request. err: %s", err)
        return nil, err
    }

    // 업스트림 호출에 대한 지연 시간 예산을 설정한다
    subCtx, cancel := context.WithTimeout(ctx, 1 * time.Second)
    defer cancel()

    // 기본 컨텍스트를 사용자 정의 컨텍스트로 대체한다
```

```
    req = req.WithContext(subCtx)

    // HTTP 요청을 수행한다
    response,
    err := http.DefaultClient.Do(req)
    if err != nil {
        c.logger().Warn("[exchange] failed to load. err: %s", err)
        return nil, err
    }

    if response.StatusCode != http.StatusOK {
        err = fmt.Errorf("request failed with code %d", response.StatusCode)
        c.logger().Warn("[exchange] %s", err)
        return nil, err
    }
    return response, nil
}
```

먼저 코드의 다음 부분을 이야기해보자.

```
if response.StatusCode != http.StatusOK {
    err = fmt.Errorf("request failed with code %d", response.StatusCode)
    c.logger().Warn("[exchange] %s", err)
    return nil, err
}
```

위 코드는 업스트림 서비스가 HTTP 200 (OK)를 반환하지 못하는 시나리오를 처리한다. 인터넷과 HTTP 서비스의 성격을 감안할 때 해당 시나리오는 실제로도 발생할 가능성이 매우 크다. 따라서 코드가 이러한 상황을 처리할 수 있도록 테스트를 구성해야 한다.

이제 코드의 다음 부분을 살펴보자.

```
req, err := http.NewRequest("GET", url, nil)
if err != nil {
```

```
    c.logger().Warn("[exchange] failed to create request. err: %s", err)
    return nil, err
}
```

http.NewRequest()가 어떻게 실패할 수 있는지 알고 있는가? 표준 라이브러리를 깊게 파헤쳐본 후에 유효한 HTTP 메서드를 지정하거나 URL 구문 분석에 실패하면 실패할 수 있다는 것을 알게 됐다. 이것들은 프로그래머가 범하기 쉬운 실수이며, 이를 사용하는 사용자의 경우 같은 실수를 범하기는 쉽지 않다. 우리가 만들었다고 해도, 결과는 명백할 것이고 기존의 테스트에 의해 찾을 수 있을 것이다.

또한 이러한 조건에 대한 테스트를 추가하기는 어려울 것이며, 코드의 청결성을 손상시킬 수 있다.

마지막으로, 지금까지 수행했던 테스트는 엔드 투 엔드 테스트의 부족으로 어려움을 겪고 있었다. 10장, '오프 더 셸프 주입'에서 작은 수의 엔드 투 엔드 테스트를 추가했으며, 처음에는 구글 와이어가 예상대로 수행됐는지 확인하기 위해 이 테스트를 사용했다. 장기적인 관점에서 해당 테스트는 우발적으로 발생되는 API 회귀로부터 보호하는 역할을 하게 될 것이다. URL, 입력 또는 출력 페이로드에 관계없이 서비스의 공용 API를 변경하면, 사용자 코드가 손상될 가능성이 크다. 이러한 테스트는 변경이 필요한 경우가 있으면, 사용자에게 알리거나 API 버전을 관리하는 등의 다른 조치도 취해야 한다는 사실을 상기시킨다.

▌ DI를 통해 새로운 서비스 시작하기

이 책의 전반에 걸쳐 기존 서비스에 DI를 적용하는 방법에 관한 실습을 진행했다. 이것이 가장 일반적인 상황이지만, 때로는 새로운 프로젝트를 처음부터 시작하는 '영광'을 누리게 된다.

그렇다면, 다르게 할 수 있는 것은 무엇인가?

사용자 경험

항상 우선적으로 해야 할 일은 잠시 하던 일을 멈추고 해결해야 하는 문제를 생각해보는 것이다. 잠시 UX 찾기 설문 조사(3장, '사용자 경험을 위한 코딩'에서 살펴봤던)로 돌아가보자.

- 사용자가 누구인가?
- 사용자가 무엇을 성취하길 원하는가?
- 사용자의 능력은 어느 정도인가?
- 사용자가 우리가 만든 시스템을 어떻게 사용할 것으로 예상하는가?

ACME 등록 서비스를 시작했다고 가정해보자. 이러한 질문에 어떻게 대답할 것인가?

이러한 질문에 대한 대답은 아마 다음과 같을 것이다.

- **사용자가 누구인가?**: 이 서비스의 사용자는 모바일 애플리케이션과 등록 프런트엔드를 담당하는 웹 개발자가 될 것이다.
- **사용자가 무엇을 성취하길 원하는가?**: 사용자는 등록을 생성하고, 확인하고, 관리할 수 있길 원할 것이다.
- **사용자의 능력은 어느 정도인가?**: 사용자는 HTTP 기반 REST 서비스를 호출하는 데 익숙하다. 또한 사용자는 JSON으로 인코딩된 데이터를 전달하고 사용하는 데 익숙하다.
- **사용자가 우리가 만든 시스템을 어떻게 사용할 것으로 예상하는가?**: 사용자가 JSON과 REST에 익숙하다면 HTTP 요청을 통해 모든 것을 처리할 것으로 예상된다. 첫 번째, 가장 분명한 사용자 집합에 대한 질문을 통해 두 번째로 중요한 그룹인 개발 팀으로 이동할 수 있다.
- **작성한 코드의 사용자는 누구인가?**: 자기 자신과 나머지 개발 부서가 될 것이다.
- **사용자가 무엇을 성취하길 원하는가?**: 사용자는 관리와 확장이 쉬운 시스템을 빠르고 안정적으로 구축하고자 할 것이다.

- **사용자의 능력은 어느 정도인가?**: 개발자 그룹도 HTTP, REST, JSON을 사용하는 데 익숙하다. 또한 MySQL과 Go 언어를 사용하는 데 익숙할 뿐 아니라, 다양한 형태의 DI 기법을 사용하는 데도 익숙하다.
- **사용자가 우리가 만든 코드를 어떻게 사용할 것으로 예상하는가?**: 개발자 그룹은 코드를 느슨하게 결합하고 테스트와 유지 관리를 하기 쉽도록 DI를 사용하고자 한다.

사용자를 고려해 이미 서비스 개요를 작성하기 시작한 것을 볼 수 있다. 개요를 작성할 때 HTTP, JSON, REST에 두 사용자 모두에게 익숙하다는 것을 고려해, 이것들이 통신을 위한 최선의 선택임을 분명히 했다. Go 언어와 MySQL에 개발자가 익숙하다는 점을 고려할 때, 이들은 구현 기술과 관련해 최선의 선택이 될 것이다.

코드의 구조

사용자들을 알게 됨으로써, 제공되는 프레임워크로 무장한 우리는 이제 구현과 코드의 구조를 생각해볼 준비를 마쳤다.

만약 스탠드얼론^{standalone} 방식으로 동작하는 서비스를 계획하고 있다면, main() 함수가 필요할 것이다. 그런 다음, 항상 main()의 하위에 내부 폴더를 추가하게 될 것이다. 이러한 방법은 서비스 코드와 동일한 저장소 내의 그 어떠한 코드 사이에 명확한 경계를 추가할 것이다.

다른 사용자가 사용할 수 있도록 패키지 또는 SDK를 공개하는 경우는 내부 구현 패키지가 공개 API에 누출되지 않도록 하는 가장 손쉬운 방법이라 할 수 있다. 또한 이는 팀이 하나의 저장소에서 단일 저장소나 멀티 서비스 구조를 사용하는 경우 다른 팀과 패키지 이름 충돌이 발생하지 않도록 하는 좋은 방법이다.

샘플 서비스 원본에서 사용했던 계층은 비교적 정상적으로 구성됐기 때문에 여기서 다시 사용할 수 있다. 서비스의 계층은 다음 다이어그램과 같다.

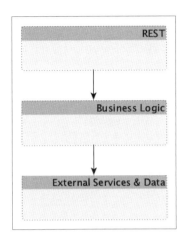

이 특정 계층 세트를 사용하는 주된 이점은 각 계층이 요청을 처리할 때 서로 다른 측면을 필요로 한다는 것이다. REST 계층은 오로지 HTTP와 관련된 관심사만을 다룬다. 특히 요청에서 데이터를 추출하고 응답을 렌더링하는 역할을 한다. 비즈니스 로직 Business Logic 계층은 비즈니스 로직이 상주하고 있는 계층이며, 외부 서비스 및 데이터 계층 호출과 관련된 조정 로직을 포함하는 경향이 있다. 외부 서비스 및 데이터 External Services & Data 계층은 외부 서비스 및 데이터베이스 같은 시스템과의 상호 작용을 처리한다.

보다시피 각 계층은 전적으로 다른 책임과 관점을 갖고 있다. 데이터베이스에 대한 변경이나 JSON에서 다른 포맷으로의 변환 같은 시스템 레벨의 변경은 전적으로 한 계층에서 처리될 수 있으므로 다른 계층에서의 변경을 야기하지 않아야 한다. 계층 간의 의존성 정의는 인터페이스로 정의되며, 이렇게 하면 DI뿐만 아니라 모의와 스텁을 사용한 테스트를 활용할 수 있다.

서비스의 규모가 커짐에 따라, 각 계층은 계층당 하나의 큰 패키지가 아닌 많은 수의 작은 패키지로 구성될 것이다. 이러한 작은 패키지는 자체 공용 API를 외부에 노출 export해 동일 계층의 다른 패키지에서 사용할 수 있도록 한다. 그러나 이것은 계층의 캡슐화를 저하시킨다. 다음 예제를 살펴보자.

데이터베이스에 성능 문제가 있다고 가정하고 캐시를 추가해 호출 횟수를 줄이고자한다. 이러한 요구 사항이 반영된 코드는 아마 다음과 같을 것이다.

```go
// DAO(데이터 접근 객체)는 데이터베이스와의
// 상호작용에 대한 추상화를 제공한다
type DAO struct {
    cfg Config
    db *sql.DB
    cache *cache.Cache
}

// Load는 person 객체에 대한 로드 및 반환을 시도한다
// 요청된 person 객체가 존재하지 않을 경우 ErrNotFound를 반환할 것이다
// 기본 데이터베이스 또는 그 연결 오류 시 기타 다른 에러를 반환한다
func(d *DAO) Load(ctx context.Context, ID int)(*Person, error) {
    // 캐시로부터 로드한다
    out := d.loadFromCache(ID)
    if out != nil {
        return out, nil
    }

    // 데이터베이스로부터 로드한다
    row := d.db.QueryRowContext(ctx, sqlLoadByID, ID)

    // 열을 검색하고, person 객체를 채운다
    out, err := populatePerson(row.Scan)
    if err != nil {
        if err == sql.ErrNoRows {
            d.cfg.Logger().Warn("failed to load requested person '%d'. err: %s", ID,
err)

            return nil, ErrNotFound
        }

        d.cfg.Logger().Error("failed to convert query result. err: %s", err)
        return nil, err
    }

    // 캐시에 person 객체를 저장한다
    d.saveToCache(ID, out)
```

```
    return out, nil
}
```

하지만 이 캐시가 비즈니스 로직 계층에 표시될 필요는 없다. 데이터 폴더 아래에 다른 내부 폴더를 추가함으로써 데이터 계층의 캡슐화를 통해 캐시 패키지가 누출되지 않도록 할 수 있다.

이러한 유형의 변경 사항은 소규모 프로젝트의 경우 불필요한 것처럼 보일 수 있지만, 명백히 좋은 방법이다. 그러나 프로젝트의 규모가 증가함에 따라 여분의 내부 폴더를 추가하는 데 드는 약간의 비용만으로도 큰 효과를 낼 수 있으며, 캡슐화를 통해 외부에 누출되지 않을 것이다.

교차 관심사

앞서 로깅과 컨피규레이션 같은 교차 관심사를 다양한 방법으로 다룰 수 있다는 사실을 확인했다. 따라서 선행 전략을 결정하고 팀에 동의를 구하는 것이 좋다. 몽키 패치, 생성자 주입, 컨피그 주입, JIT 주입은 모두 컨피그 및 로깅 싱글톤에 전달하거나 접근할 수 있다. 선택은 전적으로 선호도에 달려 있다.

아웃사이드-인 전략으로 디자인

프로젝트 시작부터 DI를 적용할 때 가장 좋은 점 중 하나는 더 잘 알게 될 때까지 결정을 연기할 수 있는 능력을 제공한다는 것이다.

예를 들어, HTTP REST 서비스를 구현하기로 결정한 후에는 엔드포인트를 디자인할 수 있다. Get 엔드포인트를 디자인할 때 다음과 같이 설명할 수 있다.

> The get endpoint returns a person object in JSON with the form
> {"id":1,"name":"John","phone":"0123456789","currency":"USD","price":100}

이는 사용자가 필요로 하는 것만 설명하고, 데이터의 출처를 구체적으로 명시하지 않고 있다. 정확한 목적을 달성하기 위해 실제로 엔드포인트에 대한 코드를 작성할 수 있다. 10장, '오프 더 셸프 주입'에서 많이 봤던 것이며, 그 코드는 다음과 같다.

```go
type GetHandler struct {
    getter GetModel
}

// ServeHTTP는 http.Handler의 구현체다
func(h *GetHandler) ServeHTTP(response http.ResponseWriter, request *http.Request) {
    // 요청으로부터 person id를 추출한다
    id, err := h.extractID(request)
    if err != nil {
        // 에러를 출력한다
        response.WriteHeader(http.StatusBadRequest)
        return
    }

    // get 동작을 시도한다
    person, err := h.getter.Do(id)
    if err != nil {
        // 다른 계층에서 수행할 예정이므로 log를 수행할 필요가 없다
        response.WriteHeader(http.StatusNotFound)
        return
    }

    // 행복 경로
    err = h.writeJSON(response, person)
    if err != nil {
        // 해당 오류는 발생하지 않아야 하지만, 그렇지 않은 경우 복구할 수 있다
        response.WriteHeader(http.StatusInternalServerError)
    }
}
```

GetModel은 로컬에서 정의된 추상화이므로, 데이터가 저장되는 위치 또는 방법을 설명하지 않고 있다.

동일한 프로세스가 비즈니스 로직 계층에서 GetModel을 구현하는 데 적용될 수 있다. 데이터를 호출하는 방법이나 데이터가 저장되는 위치를 알 필요는 없으며, 프로세스를 조정하고 데이터 계층의 모든 응답을 REST 계층에서 기대하는 포맷으로 변환해야 한다는 것만 알고 있으면 된다.

방법의 각 단계에서 문제의 범위는 작다. 하위 계층과의 상호 작용은 추상화에 따라 다르며 각 계층의 구현은 간단하다.

그리고 함수의 모든 계층이 구현되면, DI를 사용해 모든 계층을 연결할 수 있다.

▌ 요약

12장에서는 DI를 적용한 후 샘플 서비스의 상태와 품질을 살펴봤고, 원본 상태와 대조해 변경된 이유와 변경으로 얻은 이점을 상기시켰다.

그리고 패키지를 얼마나 잘 분리했는지 시각적으로 확인하기 위해 마지막으로 의존성 그래프를 한 번 더 살펴봤다.

또한 샘플 서비스가 테스트하기 훨씬 쉬워졌고 변경 작업을 한 후에 테스트가 훨씬 더 집중적으로 진행되는 것을 확인했다.

12장의 마지막 부분에서는 DI를 통해 새로운 서비스를 시작하는 방법과 DI가 이러한 노력에 어떻게 도움이 될 수 있는지도 논의했다.

이것으로 Go 언어를 위한 DI를 학습하는 과정을 마무리할 것이다. 시간을 내서 이 책을 읽어준 여러분에게 감사의 마음을 전한다. 이 책에서 살펴봤던 내용이 실용적이고 유용하다는 사실을 잊지 말길 바란다.

행복한 코딩을 기원하며!

▌질문

1. 샘플 서비스에서 가장 중요한 개선점은 무엇이었는가?

2. 의존성 그래프에서 data 패키지가 main 아래에 있지 않은 이유는 무엇인가?

3. 새로운 서비스를 시작한다면, 여러분은 무엇을 다르게 할 것인가?

평가

각 장의 끝부분에 있는 많은 질문은 의도적으로 생각을 자극하며, 프로그래밍의 다른 많은 것과 마찬가지로 종종 프로그래머가 처한 환경이나 세계관에 따라 응답이 달라진다.

따라서 이어지는 답변들은 여러분의 생각과 다를 가능성이 있지만, 괜찮다. 아래의 답변들은 나의 생각이며, 반드시 올바른 대답이 아닐 수도 있다는 점에 유의하길 바란다.

▍1장. 개선을 멈추지 말라

1. DI란 무엇인가?

1장에서는 의존성 주입을 의존하는 리소스(함수 또는 구조체)를 추상화하는 방식으로 변경하는 코딩으로 정의했다.

이러한 의존성은 추상적이므로, 의존성의 변경에 따라 코드를 변경할 필요가 없다고 언급한 바 있다. 이를 표현할 수 있는 멋진 단어는 분리다.

내게 분리는 정말 중요한 속성이자 목표다. 객체들이 분리돼 있을 경우, 작업하기 더욱 쉬워진다. 확장, 리팩터링, 재사용, 테스트가 훨씬 쉬워진다. 이 모든 것이 정말로 중요하지만, 나는 또한 실용적인 측면을 충족할 수 있도록 노력하고 있다. 소프트웨어가 분리되지 않고 의존성 주입을 사용하지 않더라도, 소프트웨어는 결국 똑같이 작동한다. 그러나 이러한 소프트웨어는 함께 작업하고 확장하기가 점점 더 어려워질 것이다.

2. DI의 네 가지 장점은 무엇인가?

- 의존성 주입은 추상화 또는 일반적인 방식을 사용해 의존성을 표현함으로써, 코드의 일부분에 대한 작업을 진행할 때 필요한 지식의 양을 줄여준다.

  이것은 작업의 속도를 향상시켜준다. 특히 대규모 프로젝트에서 코드의 일부분에 참여했을 경우, 특정 섹션(구조체와 같은)의 의존성이 추상화돼 있다면 이해하기 더 쉬워진다. 일반적으로, 이것은 관계가 잘 묘사돼 있고 상호 작용이 명확하기 때문이다(다시 말해, 다른 어떤 객체도 부러워하지 않는다).

- 의존성 주입은 의존성을 격리해 코드를 테스트할 수 있도록 한다.

  첫 번째 포인트와 마찬가지로, 의존성이 추상적이고 상호 작용이 명확한 경우 의존성과의 상호 작용을 조작해 현재 코드를 테스트하는 것이 이해하기 쉽고 그로 인해 더 빠르다.

- 의존성 주입을 사용하면 어렵거나 불가능한 상황을 빠르고 안정적으로 테스트할 수 있다.

  내가 테스트에 많은 관심을 기울이고 있다는 사실을 알고 있다. 나는 사실 테스트에 그리 열정적인 사람은 아니다. 그것은 순전히 자기 보호와 전문성에 대한 개인적인 생각이다. 다른 누군가를 위해 코드를 작성할 때, 가능한 한 자원의 제약 조건 내에서 해결하고자 한다. 더욱이 작성한 코드가 의도한 바와 같이 계속해서 작동하길 바란다. 테스트는 코드의 구성 과정과 미래를 위해 의도를 명확히 하고 문서화하는 데 도움이 된다.

- ○ **의존성 주입은 확장 또는 변경에 따른 영향을 줄여준다.**

    물론, 메서드 시그니처가 변경될 경우에는 메서드의 사용 방법이 변경될 것이다. 자체 코드(로컬 인터페이스와 같은)를 사용하는 경우에는 최소한의 변경 사항에 대응하는 방법을 선택할 수 있다. 다른 의존성으로 전환할 수 있으며, 그 사이에 어댑터를 추가할 수 있다. 어떻게 대처하는지에 관계없이, 코드와 테스트가 변경되지 않은 상태에 의존할 경우 발생하는 모든 문제는 변경된 부분이나 제공되는 기능에 있다고 확신할 수 있다.

3. **어떤 종류의 문제가 해결될 수 있는가?**

    코드 팽창, 변경에 대한 저항, 낭비되는 노력, 강한 결합을 포함하는 코드 속 나쁜 냄새의 전체 섹션이 해당된다.

4. **회의적인 자세를 취하는 것**(기법을 합리적으로 의심하는 것)**이 왜 중요한가?**

    업계에는 문제를 해결하기 위한 방법이 항상 하나 이상 존재한다. 마찬가지로 거의 모든 사람이 직면한 모든 문제를 해결할 수 있는 '마법의 총알^{magic bullet}[1]'을 판매하고 있다. 해결책이 효과가 있을지에 관해 묻는다면, 개인적으로 '상황에 따라 다르다.'고 답할 것이다. 이것은 단순한 대답을 얻고자 하는 사람들에게는 격렬한 자극을 줄 수 있으며, 대신 많은 질문을 받을 수 있다. 이에 확실하게 대답할 수 있는 경우는 극히 드물다. 사실, 이는 내가 계속해서 더 많은 것을 돌려받도록 하는 이유일 것이다. 배울 수 있는 새로운 것이 항상 있고, 시도해볼 수 있는 새로운 아이디어가 있으며, 재발견할 수 있는 오래된 개념이 있다. 그래서 여러분이 항상 듣고, 질문하고, 실패를 두려워하지 말고 실험할 것을 간청한다.

5. **관용적인 Go가 의미하는 것은 무엇인가?**

    이에 대한 절대적인 정답이란 없다. 아무도 여러분에게 달리 말하도록 하지

---

1   만능 도구를 의미한다. - 옮긴이

말라. 함께 작업하고 있는 팀 간에 일관성이 있다면, 이는 충분하다. 이러한 스타일이 마음에 들지 않을 경우, 좀 더 좋은 것을 제안하고 토론하자. 많은 사람이 변화에 저항하는 반면, 훨씬 적은 수의 사람이 더 나은 코드를 반대한다.

▌ 2장. Go 언어를 위한 SOLID 디자인 원칙

1. 단일 책임 원칙은 Go 코드를 어떻게 개선하는가?

코드의 단일 책임 원칙을 적용하면, 나눠져 있는 코드가 더 작고 간결한 코드 조각으로 분해되기 때문에 코드의 복잡성이 줄어든다.

조각이 더 작고 간결해질수록 동일한 코드라고 할지라도 잠재적인 사용성이 증가하게 된다. 더 작은 크기의 조각일수록 가벼운 요구 사항 및 본질적 특성으로 인해 대규모 시스템을 구축하기 더 쉽다.

또한 단일 책임 원칙의 경우, 코드 조각이 한 가지 목적만을 갖고 있기 때문에 테스트 작성 및 유지 관리가 간편해지며 테스트에 필요한 범위(복잡성)는 훨씬 적다.

2. 개방/폐쇄 원칙은 Go 코드를 어떻게 개선하는가?

개방/폐쇄 원칙은 기존의 코드, 특히 외부에 내보낸 API를 변경하지 않도록 함으로써 추가와 확장에 대한 위험을 줄이는 데 도움을 준다.

또한 개방/폐쇄 원칙은 기능을 추가하거나 제거하는 데 필요한 변경 사항의 수를 줄이는 데 도움이 된다. 이것은 특히 switch 문과 같은 특정 코드 패턴에서 벗어날 때 널리 사용된다. switch 문은 훌륭하지만, 하나 이상의 위치에 존재하는 경향이 있으며 새 기능을 추가할 때 하나의 인스턴스를 놓치기 쉽다.

또한 문제가 발생할 경우, 문제의 원인이 새로이 추가된 코드나 해당 코드 사이의 상호작용 중 하나라는 점을 고려할 때 문제를 찾기 더 쉽다.

3. 리스코프 치환 원칙은 Go 코드를 어떻게 개선하는가?

리스코프 치환 원칙에 따라 코드는 주입하는 의존성에 관계없이 일관되게 수

행된다. 반면에 리스코프 치환 원칙을 위반하면, 개방/폐쇄 원칙을 위반하게
된다. 이러한 위반으로 인해 코드에 구현 관련 정보가 너무 많아지면, 주입된
의존성의 추상화가 깨지게 된다.

인터페이스를 구현할 때, 잘못된 추상화와 관련된 코드 속 나쁜 냄새를 감지
하는 방법으로 일관된 행동에 초점을 맞추고 있는 리스코프 치환 원칙을 사용
할 수 있다.

4. **인터페이스 분리 원칙은 Go 코드를 어떻게 개선하는가?**

인터페이스 분리 원칙은 날씬한 인터페이스와 명시적 입력을 정의해야 한다.
이러한 기능을 통해 의존성을 충족시키는 구현에서 코드를 분리할 수 있다.

이 모든 것은 간결하고 이해하기 쉬우며 사용하기 편리한 의존성에 대한 정의
로 이어진다. 특히 테스트 과정에서 모의 및 스텁과 함께 사용할 때 더욱 그
렇다.

5. **의존성 역전 원칙은 Go 코드를 어떻게 개선하는가?**

의존성 역전 원칙은 추상화의 소유권에 초점을 맞추고, 추상화의 사용에서 요
구로 초점을 변경한다.

또한 의존성 정의를 구현에서 분리한다. 인터페이스 분리 원칙과 마찬가지로
결과는 특히 간단하고 사용자로부터 분리된 코드다.

▌ 3장. 사용자 경험을 위한 코딩

1. **코드의 사용성이 중요한 이유는 무엇인가?**

좋은 UX는 나쁜 UX만큼 명백하지 않다. UX가 좋으면 그냥 작동하기 때문
이다.

일반적으로 코드의 조각은 복잡하거나 난독화되거나 특이할수록 이해하기 더
어렵다. 코드를 이해하기 어려울수록 유지 관리나 확장이 어려워지고 실수가
발생할 가능성이 높아진다.

2. **훌륭한 UX를 가진 코드는 누구에게 가장 도움이 되는가?**

프로그래머로서, 우리는 코드를 작성한 사람이자 최고의 사용자다. 그러므로 동료와 우리 자신에게 매우 유익하다.

3. **좋은 UX는 어떻게 구성하는가?**

최고의 UX는 사용자에게 직관적이고 매우 자연스러울 것이다. 따라서 핵심은 사용자의 입장에서 생각하는 것이다. 작성하는 코드가 직관적이고 자연스럽게 작성되길 바라지만, 나머지 팀에게도 동일하게 말할 수 있을까?

3장에서는 몇 가지 사항을 명심해야 한다.

- 간단하게 시작하고, 필요한 경우에만 복잡해져야 한다.
- 충분한 추상화를 적용해야 한다.
- 업계, 팀, 언어의 규약을 따라야 한다.
- 필요한 것만 노출^{export}시켜야 한다.
- 단일 책임 원칙을 적극적으로 적용해야 한다.

또한 사용자의 마음을 사로잡기 위해 UX 찾기 설문 조사를 실시했다. 이 설문 조사는 네 가지 질문으로 구성돼 있다.

- 사용자는 누구인가?
- 사용자는 무엇을 할 수 있는가?
- 사용자는 왜 여러분의 코드를 사용하고 싶은가?
- 사용자가 그것을 어떻게 사용할 것으로 예상하는가?

4. **단위 테스트로 무엇을 할 수 있는가?**

요컨대, 이것은 사람마다 다르며 기본적으로 무엇을 필요로 하는지에 달려 있다. 나는 테스트를 통해 일을 빠르게 처리하거나 큰일을 처리할 수 있다고 확신한다.

또한 테스트는 작성자의 의도를 문서화하는 데 탁월한 역할을 하며, 주석이 쓸모없어질 경우는 거의 없다.

5. **어떠한 유형의 테스트 시나리오를 고려해야 하는가?**

항상 적어도 세 가지 시나리오를 고려해야 한다.

- ○ **행복 경로**: 함수가 예상했던 바와 같이 동작하는가?
- ○ **입력값 에러**: 사용 중 예측 가능한 에러(특히 입력값과 관련됨)
- ○ **의존성 이슈**: 의존성이 실패할 때 코드가 정상적으로 작동하는가?

6. **테이블 주도 테스트는 어떻게 도움이 되는가?**

테이블 주도 테스트는 동일한 함수에 대한 여러 테스트 시나리오로 인한 중복을 줄이는 데 유용하다.

일반적으로 많은 양의 테스트를 복사/붙여넣기하는 것보다 생성하는 것이 훨씬 더 효율적이다.

7. **테스트가 어떻게 소프트웨어 디자인을 손상시킬 수 있는가?**

테스트로 인한 손상이 발생할 수 있는 여러 가지 상황이 있으며, 그중 일부는 매우 주관적이거나 개인적이다. 그러나 3장에서는 몇 가지 일반적인 원인을 간략하게 설명했다.

- ○ 테스트로 인해 존재하는 매개변수, 컨피그 옵션 또는 출력
- ○ 추상화 누출로 인해 발생하거나 유발되는 매개변수
- ○ 프로덕션 코드에서의 모의 퍼블리싱
- ○ 과도한 테스트 커버리지

▌4장. ACME 등록 서비스 소개

1. **4장에서 살펴본 서비스에서 여러분이 개인적으로 가장 중요하게 생각하는 목표는 무엇인가?**

이것은 주관적이므로 정답이 없다. 개인적으로는 가독성이나 테스트 용이성이 있어야 한다고 생각한다. 코드가 읽기 쉬운 경우라면, 쉽게 알아차릴 수 있으므로 더 많은 정보를 기억할 수 있다. 반면에 더 많은 테스트가 가능할 경우에는 해당 사실을 이용해 더 많은 테스트 코드를 작성할 수 있다. 더 많은 테

스트를 실시하면 기억할 필요가 없으며 테스트를 통해 필요한 모든 기능을 수행할 수 있다.

2. 어떤 이슈가 가장 시급하고 중요하다고 생각하는가?

이 질문 또한 다소 주관적이다. 대답에 놀랄 수도 있지만, 나는 테스트 과정에서 격리의 부족이라고 말할 것이다. 테스트가 있는 경우 모든 테스트는 엔드투 엔드 테스트와 거의 유사하다. 즉, 테스트 설정이 길고 문제가 발생할 경우 문제의 원인을 파악하는 데 많은 시간이 소요되는 것을 의미한다.

▌5장. 몽키 패치를 통한 의존성 주입

1. 몽키 패치가 어떻게 동작하는가?

가장 기본적인 수준에서 Go의 몽키 패치는 런타임 시 한 변수를 다른 변수로 변환하는 것을 포함하고 있다. 이 변수는 의존성의 인스턴스(구조체 형태) 또는 의존성에 대한 접근을 래핑하는 함수일 수 있다.

2. 몽키 패치를 적용하기 위한 가장 이상적인 사용 사례는 무엇인가?

몽키 패치는 다양한 상황에서 사용될 수 있지만 가장 주목할 만한 것은 다음과 같다.

- 싱글톤에 의존하는 코드가 있는 경우
- 현재 테스트 및 의존성 주입이 없고, 최소한의 변경으로 테스트 코드를 추가하려는 코드가 있는 경우
- 의존하고 있는 패키지를 변경하지 않고, 두 패키지를 분리하려는 경우

3. 의존 관계에 있는 패키지를 변경하지 않고 몽키 패치를 사용해 두 패키지를 분리할 수 있는 방법은 무엇인가?

의존성 패키지를 호출하는 타입 함수의 변수를 도입할 수 있다. 그런 다음, 의존성을 변경하지 않고 로컬 변수를 몽키 패치할 수 있다. 5장에서는 변경할 수 없는 코드(예: 표준 라이브러리)를 분리하는 데 특히 유용하다는 사실을 확인했다.

6장. 생성자 주입을 통한 의존성 주입

1. **생성자 주입을 채택하고자 취한 조치는 무엇인가?**

   1. 추출하고자 하는 의존성을 확인했고, 해당 의존성을 주입했다.
   2. 의존성을 생성하는 부분을 제거하고, 멤버 변수로 승격시켰다.
   3. 의존성을 추상화해 로컬 인터페이스로 정의했고, 실제 의존성을 대신해 이를 사용하도록 멤버 변수를 변경했다.
   4. 그런 다음, 추상화된 의존성을 매개변수로 하는 생성자를 추가해 항상 의존성을 사용할 수 있도록 변경했다.

2. **보호 절은 무엇이며 언제 사용하는가?**

   보호 절을 의존성이 제공되도록 보장된 코드(즉, 다시 말하자면 널^{NULL}이 아닌)로 정의했다. 어떤 경우에는 의존성이 제공된 것을 100% 보장할 수 있도록 생성자에서 사용했다.

3. **생성자 주입이 의존성의 수명 주기에 어떤 영향을 미치는가?**

   의존성이 생성자를 통해 전달될 때는 다른 메서드에서 항상 사용 가능해야 한다. 따라서 의존성 사용과 관련해 널 포인터 충돌 위험이 존재하지 않는다.
   또한 생성자에는 이러한 유효성 검사만 존재하면 되므로 보호 절이나 정밀 검사 등이 포함될 필요가 없다.

4. **생성자 주입의 가장 이상적인 사용 사례는 무엇인가?**

   생성자 주입은 다음과 같은 상황을 비롯한 많은 경우에 매우 유용하다.

   - 의존성이 필요한 경우
   - 객체의 대부분 또는 모든 메서드에 의해 의존성이 사용되는 경우
   - 의존성에 대해 여러 구현체가 있는 경우
   - 요청 간에 의존성이 변경되지 않는 경우

▌ 7장. 메서드 주입을 통한 의존성 주입

1. **메서드 주입의 이상적인 사용 사례는 무엇인가?**

   메서드 주입은 다음과 같은 경우에 매우 유용하다.

   - 함수, 프레임워크, 공유 라이브러리
   - 컨텍스트 또는 사용자 자격 증명과 같은 범위가 제한된 의존성을 요청하는 경우
   - 무상태 객체
   - 요청 과정에서 컨텍스트 또는 데이터를 제공하는 의존성 및 호출마다 예상되는 의존성이 달라지는 경우

2. **메서드 주입으로 인해 주된 의존성을 저장하지 않는 것이 중요한 이유는 무엇인가?**

   의존성은 함수 또는 메서드의 매개변수이므로, 매번 함수 또는 메서드를 호출할 때 새로운 의존성이 제공될 것이다. 다른 내부 메서드를 호출하기 전에 의존성을 저장하면 매개변수를 의존성으로 전달하는 것보다 더 간단해 보일 수 있지만, 이러한 방법은 여러 동시 사용 간에 데이터 경쟁을 유발할 것이다.

3. **메서드 주입을 너무 많이 사용하게 되면, 무슨 일이 발생하는가?**

   이 질문은 다소 주관적이며, 테스트로 인한 손상과 코드 UX에 대한 여러분 개인의 의견에 따라 응답이 달라진다. 개인적으로는 UX에 꽤 신경을 쓰는 편이다. 따라서 매개변수를 줄임으로써 함수를 사용하기 쉽게 만드는 것(생성자의 경우는 제외)을 항상 염두에 두고 있다.

   테스트 관점에서 보면, 의존성 주입이 어느 정도 있는 것이 아예 없는 것보다 훨씬 더 유연한 구조를 갖는다. 실용적이려면 작업에서 균형을 찾아야 한다.

4. **짧은 중단이 시스템 전체에 유용한 이유는 무엇인가?**

   시스템 요청에 대해 아무도 응답하지 않을 경우, 요청에 대한 처리를 중지하는 것은 매우 유용하다. 이는 시스템을 사용자의 기대에 좀 더 가깝게 만들 뿐만 아니라, 시스템의 전체 부하를 줄일 수 있다. 시스템에서 작업하고 있는 리

소스의 대부분이 유한하며, 특히 데이터베이스의 경우가 그렇다. 이러한 시스템의 경우, 실패로 끝날지라도 요청을 더 빨리 처리하기 위해 할 수 있는 모든 일을 하는 것이 유리한 편이다.

5. 대기 시간 예산은 어떻게 사용자를 위한 UX를 개선하는가?

대기 시간 예산은 분명 내가 자주 언급하지 않은 주제다. 오늘날 우리 산업에서 API가 널리 보급돼 있는 것을 감안할 때, 이는 더 많은 논의가 필요한 주제다. 그 중요성은 두 부분으로 나눠 생각해볼 수 있다(짧은 중단을 위한 트리거를 설정하고 사용자에 대한 경계 및 기대치를 설정하는 것이다).

API 문서에 최대 실행 시간을 공개할 경우, 사용자는 최악의 경우에 얻는 성능에 대한 명확한 기대를 갖게 될 것이다. 또한 대기 시간 예산에서 생성된 에러를 사용해 좀 더 유익한 에러 메시지를 반환함으로써, 사용자가 좀 더 많은 정보에 근거해 결정을 내릴 수 있게 됐다.

▌ 8장. 컨피그에 의한 의존성 주입

1. 컨피그 주입은 메서드 주입 또는 생성자 주입과 어떻게 다른가?

컨피그 주입은 메서드 주입과 생성자 주입의 확장된 형태다. 컨피그 주입은 공통의 환경적 관심사를 숨김으로써 코드의 UX를 개선하는 것이 목적이다. 이처럼 메서드의 매개변수를 줄임으로써 메서드에 대한 이해, 확장, 유지 관리를 기존보다 더 쉽게 만든다.

2. 컨피그 주입으로 변경할 매개변수를 어떻게 결정하는가?

고려해야 할 핵심 사항은 해당 매개변수가 메서드 또는 생성자와 얼마나 연관돼 있는지다. 만약 의존성이 로거 및 계측과 같이 중요하지는 않지만 반드시 필요하다면, 이를 컨피그에 숨김으로써 함수 시그니처의 의미가 좀 더 명확해진다. 마찬가지로, 컨피그 파일에서 읽어오는 컨피규레이션은 종종 필요하기는 하지만 그다지 유용하지 않다.

3. 모든 의존성을 컨피그 주입을 통해 주입하는 것은 어떤가?

모든 의존성을 하나로 합치는 것에 대해 두 가지 중요한 이슈가 존재한다. 첫 번째 이슈는 가독성이다. 이렇게 되면 메서드/함수의 사용자는 사용 가능한 매개변수를 확인하기 위해 매번 컨피그에 대한 정의를 열람해야 한다. 둘째, 인터페이스로서 사용자는 모든 매개변수를 제공할 수 있는 인터페이스를 작성하고 유지 관리해야 한다. 모든 컨피그는 동일한 곳에서 가져올 수 있지만, 의존성의 경우는 그렇지 않다. 환경적 의존성을 포함하는 것은 언뜻 경솔해 보일 수도 있지만 어디서나 이와 같이 사용하고 있으며, 모든 생성자에서 중복은 실제로 성가신 일이 될 수 있다.

4. 로거와 같은 환경적 의존성을 전역 공용 변수를 사용하는 대신 컨피그를 통해 주입하려는 이유는 무엇인가?

프로그래머로서, DRY 원칙을 좋아한다. 환경적 변수를 모든 곳에서 주입하는 것은 반복적이기 때문이다.

5. 경계 테스트가 중요한 이유는 무엇인가?

테스트가 중요하다는 데는 모두가 동의할 것이다. 테스트의 가치 중 일부는 반복적 실행을 통해 가능한 한 빠르게 회귀를 찾는 것이다. 테스트를 자주 실행하는 비용을 최소화하려면, 테스트가 합리적으로 짧은 시간 안에 진행돼야 하고 절대적인 신뢰성을 보장해야 한다. 외부 시스템에 의존해 테스트를 진행할 경우, 특히 해당 시스템에 대한 책임이 없는 경우에는 테스트를 위험에 빠뜨리기 쉽다.

외부 시스템은 언제든지 문제가 발생할 수 있다. 해당 시스템의 주인이 시스템을 망가뜨릴 수 있으며, 시스템의 인터넷/네트워크 등을 강제로 다운시킬 수 있다. 내부 대면 경계 테스트는 단위 테스트와 유사하다. 내부 대면 경계 테스트는 코드를 회귀로부터 보호한다. 외부 대면 경계 테스트는 문서화와 외부 시스템이 필요한 작업을 수행하는 것을 보장하는 자동화된 방법이다.

6. 컨피그 주입의 이상적인 사용 사례는 무엇인가?

컨피그 주입은 생성자 주입 또는 메서드 주입과 동일한 상황에서 사용될 수 있다. 핵심 결정 요인은 의존성 자체가 컨피그 주입에 의해 결합되거나 숨겨질 수 있는지와 코드의 UX를 얼마나 향상시키거나 저하시키는지에 달려 있다.

▌ 9장. JIT 의존성 주입

1. JIT 주입은 생성자 주입과 무엇이 다른가?

이것은 생성자 주입이 어떻게 사용되는지에 달려 있다. 특히 존재하는 의존성에 대해 얼마나 많은 다른 구현이 존재하는가? 프로덕션 구현이 하나만 있는 경우에는 기능적으로 동일하다고 할 수 있다. 유일한 차이점은 UX다(즉, 생성자에 주입할 의존성이 하나 더 적어지는지 여부에 달려 있다).

하지만 둘 이상의 프로덕션 구현이 있는 경우에는 JIT 의존성 주입을 사용할 수 없다.

2. 선택적 의존성에 대한 작업을 진행할 때, NO-OP 구현체가 중요한 이유는 무엇인가?

생성자에 의해 멤버 변수가 설정되지 않은 경우에는 사실상 선택 사항이다. 따라서 멤버 변수의 값이 설정돼 있거나 비어있다는 것을 확신할 수 없다. 선택적 의존성의 NO-OP 구현을 추가하고 이를 멤버 변수에 자동으로 설정함으로써, 의존성이 항상 널 값이 아니며 보호 절의 필요성을 무시할 수 있다고 가정할 수 있다.

3. JIT 주입에 대한 이상적인 사용 사례는 무엇인가?

JIT 주입은 다음과 같은 경우에 이상적이다.

○ JIT 주입이 아닐 경우, 생성자에 주입되고 하나의 프로덕션 구현만 있어 의존성을 대체하는 경우

○ 객체와 전역 싱글톤 사이에 간접 계층이나 추상화 계층을 제공하는 경우. 특히 테스트 중에 전역 싱글톤을 교체하는 경우에는 더욱 그렇다.

- 의존성을 사용자가 선택적으로 제공하도록 허용하는 경우

▌10장. 오프 더 셸프 주입

1. DI 프레임워크를 적용할 때 무엇을 얻고자 하는가?

물론 이것은 프레임워크마다 크게 다르지만, 일반적으로 다음 사항들을 보길
원할 것이다.

- 상용구 코드의 감소
- 의존성 생성 순서를 구성하고 유지 관리하는 복잡성의 감소

2. DI 프레임워크를 평가할 때 어떤 유형의 이슈를 조사해야 하는가?

앞서 언급한 DI 프레임워크 적용에 따른 이점 외에도, 나의 주요 기준으로 코
드에 미치는 영향도를 꼽을 수 있다. 다른 방식으로 표현하자면, 프레임워크
가 적용된 후에 코드가 어떻게 보이는지 확인해야 한다.

또한 프레임워크 자체의 구성 가능성도 고려할 것이다. 일부 컨피규레이션이
예상되지만, 너무 많을 경우 UX가 복잡해질 수 있다.

마지막으로 고려해야 할 측면은 프레임워크 프로젝트의 상태다. 해당 프레임
워크가 계속해서 유지 관리되고 있는가? 보고된 버그를 확인하고 수정해나가
고 있는가? 프레임워크 간 전환 비용이 저렴하지 않을 수 있다. 장기적인 관점
에서 봤을 때, 선택한 프레임워크가 실제로 적합한지 확인하는 데 약간의 시
간을 투자하는 것이 좋다.

3. 오프 더 셸프 주입을 적용하기 위한 이상적인 사용 사례는 무엇인가?

일반적으로, 프레임워크는 생성자 주입만을 지원한다. 따라서 오프 더 셸프
주입은 이미 생성자 주입을 사용하고 있는 프로젝트에서 사용할 수 있다.

4. 실수로 API를 변경하지 않도록 서비스를 보호하는 것이 중요한 이유는 무엇인가?

서비스의 API는 종종 계약contract이라고도 한다. '계약'은 API와 사용자 사이의
관계가 얼마나 중요하고 구속력이 있는지, 그 의미를 전달하고자 신중하게 선

택된 표현이다.

API를 공개할 때는 사용자가 API를 사용하는 방식을 통제할 수 없으며, 사용자의 소프트웨어가 API의 변경에 반응하는 방식을 통제할 수 없다는 사실이 더욱 중요하다. 계약을 이행하려면, 계획에 없는 방식으로 API를 변경해 소프트웨어를 중단시키지 않도록 가능한 모든 방법을 동원해야 한다.

▌ 11장. 열정을 억제하라

1. **어떤 형태의 DI에 의한 손상이 가장 잘 나타나는가?**

   내게 이것은 과도한 매개변수의 사용이라고 할 수 있다. 한 예로 의존성 주입을 학습하고 난 후에는 DI의 매력에 흠뻑 빠져 모든 것을 추상화하고 주입하기 십상이다. 각 객체의 책임이 줄어들면서 테스트가 훨씬 쉬워지는 경향이 있다. 단점은 너무 많은 객체와 주입이 존재한다는 것이다.

   스스로를 뒤돌아봤을 때 너무 많은 의존성이 존재하고 있다면, 한발 뒤로 물러서서 객체의 디자인을 검사하고 특히 단일 책임 원칙과 관련된 이슈를 찾아낼 것이다.

2. **DI를 항상 맹목적으로 적용하지 않는 것이 왜 중요할까?**

   무엇인가 멋지고 새롭다고 해서 그것이 작업에 가장 적합한 툴이라는 의미는 아니다. 우리는 항상 문제에 대한 솔루션을 개선해나가기 위해 노력해야 하며, 카고 컬트 프로그래밍Cargo cult programming[2]을 피하기 위해 노력해야 한다.

3. **구글 와이어와 같은 프레임워크를 채택하면 모든 형태의 DI에 의한 손상이 제거되는가?**

   안타깝게도 이에 대한 대답은 '아니오'다. 구글 와이어와 같은 프레임워크는 생성자 주입만 지원하기 때문에 모든 상황에 적용할 수 없다. 그 외에도 과도한 매개변수와 관련된 고충을 덜어준다.

---

2   실제 목적을 달성하지 못하는 코드 – 옮긴이

고충을 덜어준다는 측면에서 프레임워크는 좋은 것이지만, 고충을 덜어준다는 사실은 우리가 근본적인 문제를 해결해야 할 필요성을 크게 느끼지 못하는 것을 의미할 수도 있다.

▎12장. 진행 사항 복습

1. **샘플 서비스에서 가장 중요한 개선점은 무엇이었는가?**

   이것은 주관적인 질문이므로 정답이 없다. 내게 가장 중요한 개선점은 분리나 전역 변수를 제거했던 것이다. 일단 코드가 분리되면, 테스트하기가 쉬워지고 각 코드 조각이 적정 사이즈가 돼서 작업하기 쉬워진다. 이에 대해 기본적으로 너무 많이 생각하거나 너무 많은 컨텍스트를 기억하지 않아도 된다.

   전역 변수와 관련해서는 과거에 여러 번 다뤘으며, 특히 테스트 과정에서 발생하는 데이터 경합이 그랬다. 나는 테스트의 신뢰성이 떨어지는 것을 견딜 수 없다.

2. **의존성 그래프에서 data 패키지가 main 아래에 있지 않은 이유는 무엇인가?**

   물론 이런 방식으로 리팩터링할 수 있지만, 현재는 모델 계층과 데이터 계층 사이에 JIT 주입을 사용하고 있다. 이는 코드의 UX가 향상됐지만 의존성 그래프가 평평하지 않다는 것을 의미한다. 데이터 계층은 기본 데이터 타입 대신 DTO를 출력하므로, 모든 사용자는 data 패키지를 사용하게 될 것이다.

   이것을 제거하기로 결정했다면 DTO를 위한 특별한 패키지를 만들고 의존성 그래프에서 해당 패키지를 제외시킬 수 있지만, 이 시점에서는 많은 장점을 얻지 못하는 추가 작업일 뿐이다.

3. **새로운 서비스를 시작한다면, 여러분은 무엇을 다르게 할 것인가?**

   이것은 주관적인 질문이므로 정답이 없다. UX 찾기 설문 조사를 한 후에는 아직 의존성을 사용하지 않더라도 웹 서버를 시작하기에 충분한 코드를 작성했다. 그런 다음, 모든 엔드포인트를 디자인하고 하드 코딩된 응답으로 구현했다. 예를 들면, 이를 통해 결과물을 사용자와 논의할 수 있다. 또한 API 회귀를 방지하기 위해 엔드 투 엔드 테스트를 수행할 수도 있다.

그러면 사용자는 API에 대한 확신과 명확성을 바탕으로 계속 진행할 수 있으며 세부 정보를 채울 수 있게 된다.

| 찾아보기 |

U

Y

Go 프로그래밍 개발 환경에서 의존성 주입 실습

Go 개발 환경에서 읽기 쉽고, 유지 관리와 테스트가 편리한 클린 코드 작성법

발 행 | 2020년 5월 29일

지은이 | 코리 스캇
옮긴이 | 이   준

펴낸이 | 권 성 준
편집장 | 황 영 주
편 집 | 이 지 은
디자인 | 박 주 란

에이콘출판주식회사
서울특별시 양천구 국회대로 287 (목동)
전화 02-2653-7600, 팩스 02-2653-0433
www.acornpub.co.kr / editor@acornpub.co.kr

한국어판 © 에이콘출판주식회사, 2020, Printed in Korea.
ISBN 979-11-6175-415-4
http://www.acornpub.co.kr/book/dependency-injection-go

이 도서의 국립중앙도서관 출판시도서목록(CIP)은 서지정보유통지원시스템 홈페이지(http://seoji.nl.go.kr)와
국가자료공동목록시스템(http://www.nl.go.kr/kolisnet)에서 이용하실 수 있습니다.(CIP제어번호: CIP2020020000)

책값은 뒤표지에 있습니다.